湖南省"十二五"重点建设学科：
比较文学与世界文学学科成果之一

湖南省湖湘女性文学研究基地成果之一

2011年湖南省哲学社会科学基金资助项目
"英语世界的张爱玲研究"成果

中外女性文学研究丛书 | 主编 罗婷

# 英语世界的
# 张爱玲研究

柳星 著

中国社会科学出版社

# 图书在版编目（CIP）数据

英语世界的张爱玲研究/柳星著.—北京：中国社会科学出版社，2016.4

ISBN 978-7-5161-7341-1

Ⅰ.①英… Ⅱ.①柳… Ⅲ.①张爱玲(1920~1995)—人物研究 Ⅳ.①K825.6

中国版本图书馆 CIP 数据核字(2015)第 313128 号

---

| 出 版 人 | 赵剑英 |
|---|---|
| 责任编辑 | 罗 莉 |
| 特约编辑 | 王家明 |
| 责任校对 | 李 林 |
| 责任印制 | 戴 宽 |

| 出　版 | 中国社会科学出版社 |
|---|---|
| 社　址 | 北京鼓楼西大街甲 158 号 |
| 邮　编 | 100720 |
| 网　址 | http://www.csspw.cn |
| 发行部 | 010-84083685 |
| 门市部 | 010-84029450 |
| 经　销 | 新华书店及其他书店 |
| 印　刷 | 北京明恒达印务有限公司 |
| 装　订 | 廊坊市广阳区广增装订厂 |
| 版　次 | 2016 年 4 月第 1 版 |
| 印　次 | 2016 年 4 月第 1 次印刷 |
| 开　本 | 710×1000  1/16 |
| 印　张 | 14.75 |
| 插　页 | 2 |
| 字　数 | 243 千字 |
| 定　价 | 56.00 元 |

---

凡购买中国社会科学出版社图书，如有质量问题请与本社营销中心联系调换
电话：010-84083683
**版权所有　侵权必究**

# 编 委 会

主 编 罗 婷

编 委（按姓氏笔画排序）

刘克邦　刘晓敏　肖百灵

罗　婷　柳　星　彭江红

# 总　序

德国学者西美尔在其著作《金钱、性别、现代生活风格》中说:"人类文化并不是没有性别的东西,绝对不存在超越男人和女人的纯粹客观性的文化。"作为人类文化最重要组成部分之一的文学,自然也具有性别的维度,与"性别"有着千丝万缕的联系,"作家必然表现出性(性别)的经历,如同他们必然表现出民族、时代、语言之精神"①。

法国女性主义批评家埃莱娜·西苏呼吁妇女必须参与写作:"妇女必须写妇女,促使妇女开始写作。"② 从古希腊抒情女诗人萨福到中国第一位女诗人许穆夫人;从日本女文学家紫式部到中国女词人李清照;从19世纪英国女作家简·奥斯丁、乔治·艾略特及勃朗特姐妹,到中国"五四"时期浮出历史地表的女作家群……不同时代、民族、阶层的女性通过写作这一共同的艺术方式,保存并发现了自己。女性写作从遥远的历史深处走来,用社会和时代所赋予的身体、价值观和情感体验创造了独一无二的语言,涓涓细流绵延至海,汇成了一条浩瀚无涯、异彩纷呈的女性文学长河,在人类审美之旅中留下了耀眼而温暖的光芒。尤其是20世纪以来,女性写作更是蔚为大观,进入了"前无古人"的黄金时代。女性文学的发展与繁荣,为反思经典文本、文学观念、文学现象,构建"女性美学"体系奠定了深厚的基础;成为人们审视和批判以男性为中心的传统性别秩序的重要途径;能有效促进女性的自尊、自信、自立、自强精神,并探求、憧憬、渴望人类一种可能的更合理、更美好的生存状态。

---

① 柏棣:《西方女性主义文学理论》,广西师范大学出版社2007年版,第5页。
② 罗婷等:《女性主义文学批评在西方与中国》,中国社会科学出版社2004年版,第85页。

基于文学与性别的必然联系，性别也成为了继时代、社会、经济因素、种族因素、地域因素等之后文学研究的又一个重要维度，为文学研究开拓了一块广阔的空间。湖南女子学院校长、女性文学文化研究专家罗婷博士、教授、博士生导师主编的"中外女性文学研究丛书"正是以20世纪湖湘女性文学、中国女性文学和英美女性文学所取得的卓越成就为基础，主要运用女性主义批评、比较文学相关理论，综合吸收语言学、精神分析学、接受美学等文学批评理论的观点及文化批评的宏阔视野，在多元理论资源的互动与对话中所进行的潜心研究成果。

湖南女子学院是新中国成立后第一所公办女子普通高等学校，是全国妇联与湖南省人民政府共建的一所女子学院，是世界女子教育联盟成员之一，已有29年的办学历史，2010年3月18日经教育部批准升格为全日制普通本科院校，办学规模和办学水平均实现了跨越式发展。目前，该校拥有全国首批妇女/性别研究与培训基地、湖南省湖湘女性文化研究基地、湖南省高等教育（女性教育）学科研究基地等多个学术机构，在女性学、女性教育、女性文学等方面的研究卓有成效，呈现出鲜明的、独特的科研特色。"中外女性文学研究丛书"这套百万余字的学术理论著作，是该校近期在女性文学学科研究领域的一项重要内容，同时也是湖南省"比较文学与世界文学'十二五'重点建设学科"与"湖南省湖湘女性文化研究基地"的研究成果之一。

丛书主编罗婷教授长期从事女性文学/文化与教育的研究，取得了丰硕成果。已出版《女性主义文学与欧美文学研究》《克里斯特瓦的诗学研究》《女性主义文学批评在西方与中国》等5部著作，主编"女性文学与文化研究丛书"、《女子高校发展战略研究》等著作多部。她是四川大学与湘潭大学比较文学专业博士生导师、"新世纪百千万人才工程"国家级人选、享受国务院政府特殊津贴专家、"湖南省新世纪121人才工程"第一层次人选、全国妇女/性别研究与培训基地负责人、湖南省湖湘女性文化研究基地首席专家、湖南省比较文学与世界文学重点建设学科负责人、湖南省高等教育（女性教育）学科研究基地负责人，兼任中国妇女研究会妇女教育专业委员会副主任等职务。曾在加拿大多伦多大学、澳大利亚悉尼大学、英国剑桥大学、美国芝加哥大学等国外高校做访问学者，多年来一直在女性文学文化与女性教育领域执着追求与探索。

丛书撰写成员都是多年从事中外女性文学、英美文学与比较文学研究的中青年学者，均具有博士、硕士学位或教授、副教授职称。丛书由3本著作组成，分别是《比较视域下的湖湘女性文学研究》《20世纪中国女性文学研究》《20世纪英美女性文学研究》，该套丛书在比较视域下对湖湘女性文学进行了颇有创新的研究，并对20世纪中国女性文学、英美女性文学进行了多视角、多侧面、多层次的阐释，在一定程度上改变了女性文学批评方法单一的局面，促进了女性文学研究的多元化和百花齐放。

湖湘文化源远流长，泽厚播广。它始自屈子"九死未悔"的爱国情怀和"上下求索"的创新精神，以"忠诚、担当、求是、图强"为精神内核。作为湖湘文化重要一脉的湖湘女性文化，风格独具，千年流芳。在湖南这片神奇、美丽的土地上，涌现出了一批才华横溢的女作家，如陈衡哲、白薇、谢冰莹、丁玲、杨沫等，她们不仅使湖湘女性文化熠熠生辉，而且为湖湘文学和中国女性文学的发展谱写了绚丽华彩的篇章。然而，与同时期的男性作家相比，她们大部分人没有得到应有的、足够的重视，其文学成就被研究界所忽略，甚至一些有相当实力的女作家还被排除在文学史之外，留下令人遗憾的学术空白。

在研究女性文学与文化的过程中，罗婷教授发现湖湘女性文学是一块亟待开垦、饶具兴致、富有意义的学术园地，是一个值得大书特书、颇有价值的研究课题。近十年来，她带领她的硕士研究生团队，以湖湘女作家与外国文学的关系为题，通过对10多位具体作家的深入研究，揭示20世纪湖湘女性文学的发生、发展和流变及其在世界文坛上的影响。《比较视域下的湖湘女性文学研究》这部著作就是罗婷教授等人在这一领域辛勤耕耘的成果。该书从特定时代、多元文化、社会性别等视角入手，采用比较研究、文献研究等多种方法，对中国现代以来湖湘女性文学的发生、发展和流变进行全面探讨，并集中选取陈衡哲、袁昌英、白薇、谢冰莹、丁玲、杨沫、叶梦、残雪、蒋子丹、龙应台、琼瑶等湖湘女作家与外国文学的关系进行专题研究，从而揭示湖湘女性文学特有的文化品格、女性意识和美学意蕴，彰显湖湘女作家在中国女性文学史以及世界文坛上所具有的独特作用和影响，丰富湖南地域文学和中国女性文学的内涵，促进湖湘女性文学和湖湘文学的发展。《比较视域下的湖湘女性文学研究》一书研究视角颇为独特，用世界主义眼光来研究湖湘这一特定地域中的女性文学，可谓独具匠心。

彭江红副教授、博士负责的《20世纪中国女性文学研究》一书，旨在对20世纪中国不同历史时期那些文学创作成果丰富、作品社会影响力较大的女性作家进行美国著名比较文学理论家韦勒克所说的"透视主义"批评与研究，即把具体的女作家及其文学作品放在20世纪中国文学整体历史的适当位置来考察，既研究作品的个别性特征，也寻求不同作品之间的某种程度上的共性和普遍性；以女作家的写作文本和生活为中心，追溯她们的写作史和社会史的多重变奏，以两者之间的动态关系为分析阐释的焦点。该书以线性时间为主，兼顾地域特点，涉及冰心、凌叔华、苏雪林、丁玲、萧红、张爱玲、苏青、杨沫、茹志鹃、宗璞、张洁、舒婷、王安忆、铁凝、残雪、方方、徐坤、迟子建、龙应台、聂华苓、严歌苓等女作家，并以多种方法对这些女作家及其作品进行新的阐释，以期为20世纪中国女性文学研究添砖加瓦。

柳星副教授、博士负责的《20世纪英美女性文学研究》这部著作，以女性主义理论研究为重点，在文本细读的基础上梳理和探究当代女性文学经典的内涵与形式。在不忽视作品社会内涵的同时，注重考察作家与作品所体现的女性人生经验、女性审美心理以及富于女性特色的艺术表达方式，力求形成比较开阔的研究视野和比较合理的研究格局。该书以英美女性作家及作品为研究对象，既有19世纪女性文学传统的发现与整理，也有现当代女性创作风貌的探索与追寻；既有对创作主体的研究、对创作现象的分析，也有对社会文化、读者心理的剖示；既有对女性创作群体特色的开掘，也有对女作家个性特征的揭示；既有关于英美女性创作的地域性研究，也有东方女性文学与之联系与区别的比较研究，等等。该书积极而富于创造性地吸收了当代各种批评流派的成果，初步实现各种研究方法的多元并存、相互补充。在掌握和运用女性主义文学批评理论的同时，根据不同研究对象的实际，引进和尝试运用心理学、原型批评、传播学、叙事学、读者接受理论、新批评、结构主义批评及解构主义理论等多种方法，从不同角度展开研究，不乏研究新意。

总之，"中外女性文学研究丛书"以20世纪中西女作家为研究对象，综合运用当下多元的文艺批评资源与理论，在解构与建构对立统一的写作姿态中，拓宽、丰富了女性文学研究的内容与空间，反思、批判了中西历史文化与文学中的性别霸权意识，这对匡正女作家的文学声誉，书写女性文学历史，促进女性文学发展以及弘扬男女平等的性别价值观，建立更为健康与和谐的性别文化，都具有可资借鉴的作用与意义。

2014 年 3 月 22 日

# 目 录

**绪论** …………………………………………………………… (1)
  第一节 张爱玲研究述评 ………………………………… (1)
    一 海外华人学者研究现状 …………………………… (2)
    二 港台研究现状 ……………………………………… (7)
    三 中国大陆研究现状 ………………………………… (11)
  第二节 研究方法和研究对象 …………………………… (16)
    一 研究方法 …………………………………………… (16)
    二 研究对象 …………………………………………… (18)

**第一章 英语世界的张爱玲研究综述** …………………… (24)
  第一节 张爱玲的生平及双语写作研究 ………………… (24)
    一 张爱玲的生平及作品研究 ………………………… (24)
    二 张爱玲的双语写作研究 …………………………… (26)
  第二节 张爱玲与其他作家的对比研究 ………………… (28)
    一 张爱玲与女性作家的对比 ………………………… (29)
    二 张爱玲与男性作家的对比 ………………………… (34)
  第三节 不同理论的多元融合 …………………………… (36)
    一 视觉影像与张爱玲的文学文本 …………………… (37)
    二 后殖民视角下的张爱玲研究 ……………………… (39)

**第二章 空间的记忆:现代女性与城市想象** ……………… (43)
  第一节 物质生活:女性和城市的自我救赎 …………… (44)
    一 都市"小市民"的日常生活 ………………………… (45)
    二 物质世界里的物质女孩 …………………………… (50)

## 第二节 战争期间的女性生存 …………………………… (55)
一 战争和日常生活实践 ……………………………… (55)
二 沦陷区上海的传奇故事 …………………………… (60)
## 第三节 女性视野中的现代城市想象 ……………………… (65)
一 现代城市空间的想象 ……………………………… (66)
二 倾城:现代城市里的女性视野 …………………… (70)

# 第三章 回环往复:张爱玲的双语写作 ……………………… (78)
## 第一节 双语写作中女性身体的重构 ……………………… (80)
一 监禁与解放:女性身体的表现 …………………… (80)
二 自译中的身体政治 ………………………………… (85)
## 第二节 双语写作中的女性欲望书写 ……………………… (90)
一 从民族寓言到性别寓言 …………………………… (93)
二 寒冷的悲哀:迷失的苍凉 ………………………… (96)
三 《北地胭脂》:自译的诱惑与颠覆 ………………… (100)

# 第四章 双生花:张爱玲与女性作家的对比研究 …………… (122)
## 第一节 "我就是我"——张爱玲与费·维尔登作品比较 …… (122)
一 张爱玲与费·维尔登作品中女性意识的发展 …… (124)
二 张爱玲和费·维尔登作品的异同 ………………… (132)
## 第二节 哥特变异——张爱玲与尤多拉·威尔蒂和卡森·
麦卡勒斯之比较 ……………………………… (147)
一 传奇的文本:女性哥特小说的不同风格 ………… (148)
二 跨领域研究的尝试:女性哥特文学地图中的《传奇》
比较研究 …………………………………………… (151)
## 第三节 另类写作——张爱玲与赛珍珠和谭恩美之比较 … (154)
一 另类写作:二元对立的本土与他者 ……………… (155)
二 另类(另類)的解读:口、力、頁、米、犬 ………… (159)
三 张爱玲:他者与本土的跨越 ……………………… (167)
## 第四节 暗香:伍尔芙与张爱玲比较研究 ………………… (174)
一 不可靠的现实:文学空间的家庭化 ……………… (175)
二 跨国女性主义中情感的政治 ……………………… (181)

**第五章 "参差的对照":中国与英语世界的张爱玲研究的差异** …… (189)
  第一节 意识形态分析:文学的政治性 ………………………… (189)
    一 张爱玲:意识形态的表象 ………………………………… (190)
    二 《秧歌》与《赤地之恋》:意识形态的冲突 ……………… (192)
  第二节 文学现代性:影响与融合 …………………………… (197)
    一 英语世界张爱玲研究的现代性立场 …………………… (198)
    二 国内张爱玲研究的现代性反思 ………………………… (202)

**结语** ……………………………………………………………… (207)

**参考书目** ………………………………………………………… (209)

# 绪　论

张爱玲在20世纪40年代几乎一夜成名成为一个"传奇",但是1952年她前往香港,1955年远赴美国,从此开始了自我放逐的生涯。在多年的被忽视和经济窘困之后,由于夏志清在《中国现代小说史》中对她的高度评价,使她在台湾和香港重新获得了很高的声望,到20世纪80年代中期,张爱玲的名气也重新传到了中国大陆,她的艺术性使她成为中国现代文学的一位不可回避的巨匠。张爱玲为中国现代文学留下了一笔丰厚的遗产,她的作品,特别是短篇小说对台湾、香港和中国大陆的年轻作家有着非常大的影响。张爱玲在中国现代文学史上是独一无二的,总是站在主流之外独立思考的女性,不论好坏她都拒绝让自己去适应任何特定的模子,保持着自己作为作家的完整性。

20世纪80年代掀起"张爱玲热"以来,国内外专家学者对张爱玲及其作品进行了深入的研究,研究成果十分丰富,这就需要我们对新时期以来张爱玲的研究成果进行综合性的梳理、评析和总结,找到一个较清晰的研究路线,进行整体性归纳,以获得新的突破性研究。

## 第一节　张爱玲研究述评

从20世纪40年代张爱玲的"横空出世"到现在对其研究的众声喧哗,对张爱玲的研究已越来越呈现出多元的趋势,在"量"与"质"、广度和深度上都有很大突破,出现了新的研究方向。如从翻译理论的角度,探讨张爱玲小说的自译和英译;以张爱玲的小说为文本基础,从语言学角度切入,对其进行微观分析;结合文化研究理论,对张爱玲的电影剧本和张爱玲小说改编的电影进行研究;运用视觉艺术理论,探讨张爱玲小说中的服饰特点和色彩意象,等等。

笔者对英语世界的张爱玲研究以及国内外有关张爱玲的相关著作和论文进行了梳理，自1980年至今，国内关于张爱玲研究的学术论文有4000余篇，博士论文43篇，硕士论文454篇，国外的相关著作有36部，学术论文43篇，博士论文25篇，硕士论文8篇。通过这些研究发现，在对海外张爱玲研究的系统考察、张爱玲与外国思想文化的专题比较研究，以及张爱玲晚期创作和生活等方面缺乏较为系统、全面和深入的研究。关于英语世界的张爱玲研究本书将在其他章节详述，本章主要对海外华人学者、港台及大陆学者的张爱玲研究进行梳理。

## 一　海外华人学者研究现状

做张爱玲研究的，没有人可以避开夏志清、李欧梵和王德威三位学者，他们构成的三足之鼎成为海外张爱玲研究领域中的一个学术基石，其著作自从在大陆出版之后，对中国现代文学研究的范围和对象，以及方法和策略都产生了极为重要的影响。

### （一）夏志清：意识形态之争

海外的华人学者中对张爱玲的研究影响最大的是美国华人学者夏志清。夏志清1947年赴美前就读于北京大学，1951年获得耶鲁大学博士学位，1961年开始任教于哥伦比亚大学东方语言文化系。夏志清是西方汉学界研究中国现代文学的先行者和权威。夏志清在耶鲁大学师从波特、布鲁克斯等"新批评"派的重要批评家，直接受到"新批评"的耳濡目染，受过严格的学院派训练，深谙"新批评"派的理论精髓，运用"新批评"的批评方法也得心应手。布鲁克斯认为："我相信，如果放弃了好和坏的评判标准，我们也就等于开始放弃了我们对诗歌本身的概念。"[①] 可见"新批评"派特别重视对于"文本"自身审美价值的发掘和鉴赏，倡导一种"文本批评"。"承认作品文本是一个独立存在的客体，也意味着强调文学批评的根本使命，就是对作品文本的分析和评价"[②]。夏志清深受其影响，认为文学史家的"首要任务是'优美作品之发现和评审'，这个宗

---

① [美]布鲁斯克：《批评、历史和批评相对主义》，《精致的瓮》，郭乙瑶、王楠、姜小卫等译，上海人民出版社2008年版，第200页。

② 杨冬：《文学理论：从柏拉图到德里达》，北京大学出版社2009年版，第243、244页。

旨我至今仍抱定不放"。① 正是遵循这种文学批评理念，夏志清在选择《中国现代小说史》中的作家和篇目时才仔细斟酌，他发掘出了几位在现代文学史上被忽视的"新人"，如张爱玲、沈从文、钱锺书等。但也正是由于这种信念，他在评价左翼作家的时候被认为带上了政治的"偏见"，受了意识形态的影响，使之与政治、党派相关联。他对中国现代文学有一个总体性的评判："读五四时期的小说，实在觉得它们大半写的太浅露了。那些小说家技巧幼稚且不说，看人看事也不够深入，没有对人心作深一层的发掘。这不仅是心理描写细致不细致的问题，更重要的问题是小说家在描绘一个人间形象时，没有提供比较深刻的、具有道德意味的了解。"②

1961 年，夏志清在《中国现代小说史》（*A History of Modern Chinese Fiction*）一书中，专章论述了张爱玲的创作，从专业阅读的角度肯定了张爱玲在中国小说发展史上的地位。在这本书中，关于张爱玲的一章有 42 页，而关于鲁迅的一章只有 26 页（英文版），可见夏志清对张爱玲的重视超过了鲁迅。夏志清在书中将张爱玲列为单章给予详细分析评述，并在章节开篇称张爱玲是"今日中国最优秀最重要的作家"。他认为《金锁记》是"中国自古以来最伟大的中篇小说"，《秧歌》"在中国小说史上已经是不朽之作"。

书中那些富有洞见的观点、别样的研究视角对整个中国现代文学研究产生了重大的影响。夏志清将张爱玲置于中外文学的大背景中考察，发掘她创作思想和艺术手段的渊源——对于中国传统文化、人情风俗以及西方文学意象、心理刻画技巧的把握。同时夏志清继承了胡兰成所说的张爱玲对普通人弱点包容和同情的观点，指出其小说的苍凉意味。王德威就曾盛赞："更重要的是，在《中国现代小说史》初版问世近四十年后的今天，此书仍与当代的批评议题息息相关。世纪末的学者治现代中国文学时，也许碰触到许多当年夏无从预见的理论及材料，但少有人能在另起炉灶前，不参照、辩难、或反思夏著的观点。"③ 郑树森也认为，如果没有夏志清对张爱玲的定位，也就没有后来创作上的"张派、研究上的'张学'、读

---

① ［美］夏志清：《中国现代小说史》，复旦大学出版社 2005 年版，第 15 页。
② 同上书，第 11 页。
③ 同上书，第 31 页。

者群中的'张迷'"。①

(二) 李欧梵：张爱玲的时尚

李欧梵1961年毕业于台湾大学外文系，随后赴美，先是在芝加哥大学学了一年的国际关系学，然后转学至哈佛大学专攻中国近代思想史与中国现代文学，1970年获得博士学位，其主要研究领域包括现代文学及文化研究、中国电影等。李欧梵的研究是以"现代性"的多重面孔为核心，无论是他的博士论文《中国现代作家的浪漫一代》，还是《现代性的追求》《上海摩登——一种新都市文化在中国（1930—1945）》，都是其对"现代性"的理解。李欧梵对上海的商业场所、咖啡馆、建筑、公园等进行了详细的描述，探寻旧上海的风貌和文化气质，关注商业发达的上海给都市作家带来的生活方式上的变革，以及这种变革给文学创作带来的变化。同时，李欧梵还着意探究了摩登上海的电影院，以及电影这一以声音、影像为核心的视觉媒介。

在对张爱玲的研究中，李欧梵看重的是张爱玲与摩登上海的关系，这个繁华都市给张爱玲的创作带来的影响以及张爱玲与上海之间的感性关系。李欧梵认为："张爱玲的那个平常世界则更令人感受到它的地方性和互动性。在这个更'地方化'的世界里，生活的节奏似乎'押着另一个时间的韵律'，生活在其中的人们似乎有太多的空闲。"②

在李欧梵看来，张爱玲就是以"普通人的传奇"对现代中国历史的宏大叙事进行了巨大的颠覆，用"超乎历史书写和超乎信仰的类型"的"传奇"，填充那些被"宏大叙事"和"进步主义"书写所遗忘的角落。时尚意识在时间与空间上的交织、扑朔与迷离，使得张爱玲的作品在苍凉废墟中展现了其特有的华丽姿态。"张爱玲作为一个女性作家，借着她小说中的美学资源，也在试图超越她自身写作的历史境遇。因此，张爱玲凭着她的小说艺术特色，对现代中国历史的大叙述造成了某种颠覆。"③

(三) 王德威：祖师奶奶的鬼魂

哈佛大学东亚语言系教授王德威，是海外中国现代文学研究界继夏志

---

① 许子东、梁秉钧、刘绍铭编：《再读张爱玲》，山东画报出版社2004年版，第5页。

② [美]李欧梵：《上海摩登——一种新都市文化在中国（1930—1945）》，毛尖译，北京大学出版社2001年版，第274页。

③ 同上书，第307页。

清、李欧梵之后的第三代领军人物,是中国现代文学界最重要的优秀学者之一。王德威在当代批评家中,文学理论素养深厚,饱学雄辩,分析细腻,文采飞扬且具有宽阔的文学史视野,他运用大量理论资源进行的文本分析颇能说明当代先进的文学批评论述。

王德威受福柯的"考古学"和"系谱学"影响很大,他运用"系谱学"的方法,分析建构了现代中国作家的"文学谱系"和文学类型,在文学批评中打通近代文学、现代文学与当代文学之间的时空界限,构成带有某种共性特征的"文学谱系"。从鲁迅的"与鬼为邻"到张爱玲"鬼魅想象",再到20世纪末海峡两岸文学创作中的"魂兮归来",王德威以其广阔的文学视野,为我们打开了一扇"人鬼情未了"的鬼魅世界之门。王德威认为新文学里与鬼为邻的作者除了鲁迅,"站在光谱的另一端是张爱玲"。他认为张爱玲的故事"架构于写实观点之上,却显得阴气袭人"。①

对于张爱玲的"鬼魅"书写,王德威认为,出版于1993年的家庭相簿集《对照记》是张爱玲面对死亡及鬼魅登峰造极的演出。这本张爱玲最后的照片选集,包括了她的父母和祖父母的影像,"他们只静静地躺在我的血液里,等我死的时候再死一次"。张爱玲这种由照片观看死亡的做法"让我们想到了巴特的话:'不论相片中的人物是否已经死去,每张相片都是一场已经发生了的劫数。''我自己的死亡已经铭刻在其中,而在死亡到来前,我所能做的只有等待。'"②

王德威在《"祖师奶奶"的功过》一文中提到:"1992年,当时台湾媒体知道张爱玲正在准备她的《对照记》这本最后的相片回忆录的时候,他们接触我,希望我写一个关于张爱玲以及台湾以及香港的所谓张派传统的作家的时候,我虚拟了这么一个词。当时用'祖师奶奶'这个词也许语带轻佻,也多少表示我自己的一点张爱玲式的梦魇。"③ 王德威在《"女"作家的现代"鬼"话——从张爱玲到苏伟贞》一文中认为施叔

---

① [美]王德威:《现代中国小说十讲》,复旦大学出版社2008年版,第370页。
② 同上书,第372页。
③ [美]王德威:《"祖师奶奶"的功过》,许子东、梁秉钧、刘绍铭编:《再读张爱玲》,山东画报出版社2004年版,第344页。

青、李昂、西西、钟晓阳到苏伟贞都继承了"张派"的传统,以当代流行的女性主义理论为基础。他强调,女作家写故事内景多于外景,其故事中的内景,或古屋,或回廊,或密室,远离光天化日,显示出"幽闭症"(claustrophobia)是女性文学阴郁的独特风格。他指出这常见的自闭是对阴暗僻寂的迷恋,可以看成是"女性探讨自身意识的表征",它们是女作家对性、死亡以及种种对外界的憧憬与焦虑等错综欲望或恐惧的投射或转移。

(四) 其他海外华人的张爱玲研究

除了上述三位学者在海外张爱玲研究领域中的重要学术建树,近几年来,其他学者也运用不同学术方法,在不同领域对张爱玲研究提出了各自独到的见解。

毕业于香港大学,后获得斯坦福大学博士学位的周蕾,被认为是美国华人文化研究界的一位重要学者,她的著作和观点在华人文化研究界颇具影响,她主要从事女性主义批评、文学与现代性反思、中国电影阐释等跨界文化研究。周蕾运用心理分析、女性主义、后殖民主义等理论,用一些之前没有尝试过的方法,理论化地研读了张爱玲的小说文本,"希望借此探索出通俗文化与现代性之间,一些少为人尝试的思路"。① 周蕾1990年出版的《女性与中国现代性——西方与东方之间的阅读政治》(*Women and Chinese Modernity: The Politics of Reading Between West and East*) 一书,依照视觉影像、文学历史、叙事结构以及情感接受四种批判路径构成四个章节。其中第三章"现代性与叙事——女性的细节之处"以细节作为问题的切入点,通过对张爱玲作品的阅读,探讨了现代中国叙事里"历史"探究底层矛盾的情感结构。她认为张爱玲小说中"女性的问题是其关切焦点,透过感官细节的着墨,她的小说产生出对于现代性与历史的另类探究途径"。②

现任美国威斯康星大学麦迪逊分校东亚语言文学系的黄心村,毕业于北京大学中文系,然后赴美留学,获加州大学洛杉矶分校东亚语言文化系博士,随后于加州大学伯克利分校从事博士后研究,他的学术论著主要涉

---

① [美] 周蕾:《妇女与中国现代性》,蔡青松译,上海三联书店2008年版,第1页。

② 同上书,第132页。

及20世纪华语文学及视听文化。黄心村的《乱世书写——张爱玲与沦陷时期上海文学及通俗文化》（*Woman, War, Domesticity: Shanghai Literature and Popular Culture of the 1940s*）英文版于2005年出版，作者在中文版序中认为虽然华语世界里的"张学"已是门庭若市的显学，但在华语世界之外，这本书仍然是用英文书写的研究张爱玲的唯一一部专著。针对张爱玲两极分化的接受史，黄心村在书中重现了张爱玲作为历史人物的诸多层面，通过对张爱玲不同文本的重新诠释来展现沦陷时期上海的文化生活图景。[①] 全书关注于文学及通俗文化如何以最个人化的形式再现人类穿越战争及暴政的集体经验。李欧梵评价此书"大大丰富了我们对沦陷时期上海文学及通俗文化的细腻体认，值得我们高度关注"。[②]

## 二 港台研究现状

上海与香港，是张爱玲创作的"双城记"，1943年的两篇作品就是以香港为背景的故事。1943年，张爱玲在上海以《沉香屑·第一炉香》一鸣惊人；1954年，香港天风出版社以《张爱玲短篇小说集》为名重印她的小说集《传奇》，使张爱玲为香港读者熟知；1957年至1964年，张爱玲为香港国际电影懋业公司写了至少九部电影剧本；1966年，台湾皇冠出版社出版第一本张爱玲小说《怨女》，在台湾掀起"张爱玲热"，她在台湾的文学影响力，同时代的任何一位作家都无法比肩。对于张爱玲这样一个流行的文化符号，港台学者十分重视其在文坛的独特存在，对其人其作品的研究较为全面，各类学术著作层出不穷，不管是在史料的钩沉还是对文本的细读上，都做出了很大的贡献。张爱玲在港台所受到的重视程度，已经超越了文学批评的层面，并且内化在港台作家的创作意识中了。

（一）史料的重新"发现"

台湾著名学者唐文标比较全面地搜集张爱玲的资料，他通过对史料的搜集整理，编辑了具有重要史料价值的《张爱玲资料大全集》，为了解和研究张爱玲提供了较为翔实的资料。尽管他对张爱玲更多的是一种批判的态度，但是这些资料亦从反面肯定了她的文学史地位。郑树森和苏伟贞分

---

① [美]黄心村：《乱世书写：张爱玲与沦陷时期上海文学及通俗文化》，胡静译，上海三联书店2010年版，第1页。

② 同上。

别编辑了《张爱玲的世界》和《张爱玲的世界续编》两本文集，收集了大量研究张爱玲的文章，为读者和研究者提供给了一些新材料和不同的观点。苏伟贞的《孤岛张爱玲——追踪张爱玲香港时期（1952—1955）》则以香港为窗口，眺瞰张爱玲文学历程，扭转了阅读上的空间立场。苏伟贞编辑的《鱼往雁返——张爱玲的书信因缘》和庄信正的《张爱玲来信笺注》整理了张爱玲往返信件的来龙去脉，将书信视为另一种史料的研究。2012年苏伟贞出版了《长镜头下的张爱玲》，通过张爱玲去世后披露的生前大量书信，建构了张爱玲创作的另一个图景，勾画出一张不同的创作图式，给我们打开了一扇理解张爱玲的窗口。

张爱玲的莫逆之交林以亮的文章《私语张爱玲》《张爱玲语录》等，近距离地描写了张爱玲的创作与生活，是我们研究张爱玲的第一手资料。台湾女学者周芬伶在《哀与伤——张爱玲评传》一书中，对张爱玲与赖雅的生活做了较详细的评传，还特别附录了六封张爱玲的家书和赖雅的相关日记，在一定程度上弥补了张爱玲在美国生活资料的缺乏。蔡登山的《传奇未完张爱玲》和张盛寅的《细读张爱玲》等有关张爱玲的传记都是对张爱玲的一种重新"发现"。

（二）文本细读研究

台湾学者水晶在美国柏克莱大学进修时，幸运地得到访谈张爱玲的机会，他对这次访谈的记载成为张学专家们非常宝贵的资料。水晶的系列研究从作品着手，对张爱玲的作品做出系统性的分析与解读，他剖析张爱玲文学的内在结构，对其进行艺术的考察。无论是在《张爱玲的小说艺术》，还是在《张爱玲未完——解读张爱玲的作品》中，水晶都从意象、细节等方面挖掘张爱玲小说的艺术魅力，不管是镜子意象还是神话结构分析，都是纯粹的对文学作品本身进行艺术的考察，这也成为张爱玲研究批评体系的一个方面。

以林幸谦为代表的学者，运用西方女性主义批评的方法对张爱玲作品进行了研究。林幸谦在《荒野中的女体》《女性主体的祭奠》两书中，在"运用西方女性主义理论的同时，旁及心理分析、身体诗学和政治、文化批判以及国族论述。一方面，时时不忘以历史理性的眼光审视张爱玲的小说，另一方面又充分彰显女性论述作为一种新的批评策略的独特功能和价值，用女性文学、闺阁话语与女性主义边缘化作为张爱玲的临界点，为张爱玲研究以及文本隐喻提出自己的创见",① 从生理层次、心理层次和文化层次上剖析了张爱玲小说中的集体压抑意识,确定了张爱玲文本的压抑主题。另外,林幸谦将2006年香港浸会大学五十周年校庆举办的"张爱玲:文学·电影与舞台"系列活动中学者专家的交流成果结集成书,充分呼应了张爱玲的文化现象。由于这次活动"是跨学科的、多媒体的,是文学与艺术的结合、文学与视觉艺术的结合、理性与感性的结合、怀旧与创新的结合",② 为张爱玲研究提供了更宽阔的平台。

周芬伶和赵秀敏对张爱玲电影剧作的研究可以说是对张爱玲作品研究的一个重要补白。周芬伶在《艳异——张爱玲与中国文学》一书中指出张爱玲是一个被低估的剧作家,认为张爱玲的剧作"填补了一个时代的空白"。周芬伶的研究较为系统地介绍了张爱玲电影创作的历程,以时间为主线廓清了张爱玲影剧创作的脉络,并从文化分析的角度指出张爱玲的"反男性凝视",指出了张爱玲影剧创作在电影史上的划时代意义。赵秀敏的《张爱玲电影剧作文本解读:边缘的现代性》研究了张爱玲创作的17个剧本,开拓了新空间,是突破纯文学领域的新研究。她对张爱玲的影评、电影剧作文本的细读分析以及对张爱玲电影视觉文化的讨论有很多精彩独到的见解。1998年第二十二届香港国际电影节以"超前与跨越:胡金铨与张爱玲"为主题并出版同名书籍,收录了傅葆石、罗卡、也斯等专家学者对张爱玲与香港电影等论题的文章,在多元文化混杂兼容的香港文化背景下对张爱玲具有超前与跨越的风格进行了论述。

另外,陈静宜的《张爱玲长篇小说的女性书写》不仅仅是停留在作品文字表面的解析,而是求得文本的内层含义,为了突显"女性书写",引用女性主义理论,探讨张爱玲长篇小说中的细节描述、情欲书写、母女关系、女性意识等情节,呈现张爱玲这位与主流文学对立的女作家的边缘叙述。张健主编的《张爱玲的小说世界》收集了多篇张爱玲小说研究的论文,如曹淑娟的《张爱玲小说中的日月意象》、郭玉雯的《张爱玲小说中的女性》等。张健所著《张爱玲新论》则是对张爱玲文学成就的一个

---

① 林幸谦:《荒野中的女体——张爱玲女性主义批评Ⅰ》,广西师范大学出版社2003年版,第4页。

② 林幸谦编:《张爱玲:文学·电影·舞台》,牛津大学出版社2007年版,第7页。

总透视,既是导读,是作品赏析,也是活泼的文学批评。严纪华的《看张·张看:参差对照张爱玲》以张爱玲"看","看"张爱玲以及"看"张爱玲的"看"为线索,对张爱玲小说研究、张爱玲的影剧王国,以及影响与比较(毛姆与张爱玲,苏青与张爱玲,张爱玲与白先勇等)进行了较为全面的分析。

(三)"文学因缘"研究

作为作家的张爱玲,晚年花了整整10年的时间,写了一部《红楼梦魇》,然后又把韩邦庆的《海上花列传》全书译成英文,再把原作的吴语注译成普通话,可见这两本书作为"潜文本"对张爱玲的深刻影响,因此,对张爱玲小说"文学因缘"的研究有着深刻的意义。郭玉雯在《红楼梦学——从脂砚斋到张爱玲》一书中讨论了《红楼梦魇》与红学,指出了《红楼梦魇》的考证意见与价值。红学的发展从索隐派开始一直都是历史的,而不是文学的。郭玉雯认为,作为张爱玲唯一的学术性著作,《红楼梦魇》并不完全依循考据的规矩,更是一种文学的而非历史的考据,她那别具一格的文学洞见与品位,仍然在这本原本应该沉闷的书中到处闪炫。郭玉雯以《红楼梦魇》中五篇考证文章为纲对此进行了说明,指出张爱玲主要用校勘之法来说明作者多次更改的痕迹,证明了《红楼梦》是虚构的文学作品,总括来说,红学走到《红楼梦魇》才真正还给《红楼梦》以小说的本来面目,《红楼梦魇》已将红学转向文学考证与批评的大道,是为"文学的考证"做了最佳示范。

陈永健的《三擎海上花——张爱玲与韩邦庆》是一本研究《海上花列传》与张爱玲的"文学因缘"的专书,是对作者韩邦庆及译者张爱玲的回响式礼赞。其中《初擎海上花》基本属于个人的"读书报告",《再擎海上花》是补充前文及搜集有关其他作家及学人对苏白《海上花列传》及"国译本"与"英译本"的研究资料,在填补"初擎"的不足之处的同时,亦能反映及比较外界对原著和翻译本的不同意见。陈永健认为张爱玲是直接延续了中国古典小说即将中断的优良传统,注释《海上花列传》和考据《红楼梦》充分表现了她对中国传统小说的终极关怀,她用"再创造"的方式塑造出了《红楼梦魇》和国译《海上花》,确定了《红楼梦》(未完本)的崇高地位和《海上花列传》的艺术定位。

张爱玲以参差对照书写小说,以参详对照考据《红楼梦》,因此,红楼梦未完,张爱玲未完,两个文本,如何对照?康来新从家族史对照人与人，从小说史对照文与文，从红学史对照评与评，他的《对照记——张爱玲与〈红楼梦〉》以张爱玲的方法学"对照"为线，对史传观点下的张爱玲对照曹雪芹、文学承传中的传奇对照大旨谈情、红楼论述里的梦魇对照脂评等几个方面做了较有新意的分析。

毋庸置疑，张爱玲的作品已经进入了中国文学的经典长廊，而文学作品能否流传千古，还受制于不同形式、不同层次的体制化规则，这就决定了海峡两岸和香港不同的阅读和写作活动。因此，对港台学者张爱玲研究的考察，不仅仅是对"张爱玲现象"资料的简单罗列，而是以此为切入点，从文化政治等领域深入思考在海峡两岸和香港不同政治环境、意识形态和文化氛围下的对作家作品的接受和评价以及其反作用。

通过对海外及港台张爱玲研究现状进行梳理与分析，我们注意到海外华人和港台学者的研究相对而言较为成熟，对张爱玲作品各方面都给予了充分的关注。张爱玲在美国生活了40年，虽并未被西方主流文学接受，但西方学者对张爱玲的研究从"他者"的视角来重新发现和认识张爱玲及其作品，试图建构异质文化之间学术的互识、互证与互补，将张爱玲作为一种异质文化的产物或表现来进行考察。对海外张爱玲研究的分析能让我们思考西方理论与中国现代文学研究之间各自的洞见与不见以资借鉴。

### 三 中国大陆研究现状

张爱玲1943年公开发表作品，1944年出版小说集《传奇》，傅雷当时就发表评论，将《金锁记》誉为"我们文坛最美的收获之一"。[①] 张爱玲在文坛曾经红极一时，但是1949年以后出版的新文学史和现代文学史都把她摒弃在外，她的名字始终没有出现。直到20世纪80年代中期，随着学界对中国现当代文学史的重新认识，沦陷区文学这一页被历史尘封已久的文学面目逐渐受到重视。1981年11月张葆莘在《文汇月刊》发表《张爱玲传奇》，但文章未引起太大注意。这个时期关于张爱玲的论文还有颜纯钧的《评张爱玲的短篇小说》、赵园的《开向沪港洋场社会的窗口》等，都从专业的角度分析了张爱玲小说在题材、手法与风格上的特色，也注意到了张爱玲与新文学"主流"不太一样的性质。1984年，黄

---

① 子通、亦清主编：《张爱玲评说60年》，中国华侨出版社2001年版，第62页。

修己的《中国现代文学简史》在第十七章用四分之三页的篇幅介绍了张爱玲，简略分析了《金锁记》和《等》两篇小说，这是大陆出版的现代文学史著作中最早有关张爱玲的描述。其后，钱理群、吴福辉、温儒敏合编的《中国现代文学三十年》在论及"孤岛"与沦陷区文学时，用了800多字来写张爱玲，并指出她的小说"古典"与"市井"共存的艺术特色。

（一）艺术特性的发掘

20世纪80年代是张爱玲研究的一个重要时期。1984年，作家柯灵在《读书》第4期发表《遥寄张爱玲》一文，1985年第3期《收获》杂志也刊载此文，同一期，《收获》还重刊了张爱玲的《倾城之恋》，这是"文化大革命"以后张爱玲作品首先在大陆面世。这篇文章和张爱玲的小说在大陆读者中产生了广泛影响。这时期的学者们以有别于以前的新鲜方法从意象、象征、心理分析等方面选取研究张爱玲小说的角度。代表论文有胡凌芝的《论张爱玲的小说世界》、饶芃子的《张爱玲和张爱玲的"冷"》、饶芃子和黄仲文的《张爱玲小说艺术论》等。同时，如宋家宏的《一级一级的走向没有光的所在》和《张爱玲的失落者心态及其创作》，还有张国祯的《张爱玲启悟小说的人性深层隐秘与人生关照》等论文，都开始触及张爱玲小说较深层的人性内涵，注意到张爱玲小说里的现代性特征。

这一时期的学术论文使张爱玲研究更加贴近本体。如颜纯钧的《评张爱玲的短篇小说》、赵园的《开向沪港"洋场社会"的窗口——读张爱玲的小说集〈传奇〉》、宋家宏的《张爱玲的"失落者"心态及创作》、张淑贤的《精神分析与张爱玲的〈传奇〉》等都从不同角度切入作品，进行精辟的分析和论证，为张爱玲研究做出了贡献。

另外，这一时期还有一项不容忽视的研究成果就是陈子善对张爱玲佚文的搜集和发现工作。自1987年发现中篇小说《小艾》之后，陈子善先后发现了四批十一篇张爱玲被长期湮没的佚文，1995年发现了张爱玲1932年发表的短篇小说《不幸的她》，从而使张爱玲的文学生涯提前了整整四年，为张爱玲的文学世界填补了若干空白。

以上这些研究成果，都是从某一侧面来解读张爱玲的作品，对张爱玲作品的思想意蕴、艺术手法，以及作家心理、心态的分析较有深度，对张爱玲艺术特性的把握也较为准确。但整体的研究水准还不算特别高，研究视野还相对狭窄，宏观把握的力度还尚待强化，思维和研究空间还有待拓展。

（二）消费时代的宠儿

20世纪90年代，随着消费主义热潮的兴起和商业话语对文学越来越深的渗透，张爱玲也由此成了都市消费文化的经典符号。丰富的张爱玲被拆解成了商业运作机器里的碎片，在各种传媒形式中得到认可和流传，下面的资料可以说明这些：截至2014年2月7日，打开Google网站，输入"张爱玲"三个字检索，电脑显示："约10,300,000项符合张爱玲的查询结果"，输入"张爱玲研究"几个字，电脑显示："约3,260,000项符合张爱玲研究的查询结果"。在这种大众消费热的驱使下，专业阅读和专业研究再次兴旺起来。1992年以后，出版界大量出版各种版本的张爱玲作品。《张爱玲全集》的发行也在1995年张爱玲去世时达到高潮。

在这个热潮的影响下，首先是对张爱玲生平的研究也越来越多。从1992年下半年至2013年，单是关于张爱玲的生平传记就有8部之多，如王一心的《惊世才女张爱玲》、于青的《天才奇女张爱玲》、阿川的《乱世才女张爱玲》、余斌的《张爱玲传》、孔庆茂的《张爱玲传》、费勇的《张爱玲传奇》、刘川鄂的《张爱玲传》、于青的《才女奇情张爱玲》，等等。另外，还有一些年轻学者从现代性、创作心理学等方面对张爱玲的创作进行了深入的研究，如王朝彦、鲁丹成的《苍凉的海上花——张爱玲创作心理研究》、陈晖的《张爱玲与现代主义》等。至今，海内外学界研究张爱玲的著作还在不断出版。

其次，这一时期的小说史、专题史、女性文学史也对张爱玲给予了足够的重视。杨义先生的《中国现代小说史》对张爱玲的文学成就和地位更是加以充分肯定，从心理分析的角度切入张爱玲的作品，这在严家炎的《中国现代小说流派史》中已初见端倪，王才路在他的《中国现代小说流派史》中又以专章论证这个观点。女性文学史则从性别叙事的视角对张爱玲的创作进行了阐释，其中孟悦、戴锦华的《浮出历史地表》"超越了那种个别性的再评价工作，试图把现代文学的发展过程作为一个整体来把握"。[①] 刘思谦"走出女性神话"的观点新颖又有独到之处，她认为"反超人、反英雄、反神话"作为一种人生观渗透在张爱玲的小说里。刘思谦敏锐地洞察到觉醒的女性意识贯穿了张爱玲的小说创作。此后现代女性

---

[①] 孟悦、戴锦华：《浮出历史地表》，中国人民大学出版社2004年版，第8页。

文学史家谭正壁在《论苏青与张爱玲》中也指出:"张爱玲在技巧方面始终下着极深的功夫",[①] 谭正壁以她的女性眼光和手笔准确地指出了"情欲"在张爱玲小说中的重要作用,对于挖掘张爱玲小说的深层内涵有着十分重要的作用。

再次是研究论文的大量涌现,这一时期的文章更多地关注张爱玲的悲剧意识和悲剧文化心理,对张爱玲的人生观、婚恋观也从新的角度重新审视,另外,张爱玲小说的艺术技巧仍然是研究者关注的热点。如姚玳玫的《闯荡于古典与现代之间——张爱玲小说悖反现象研究》是从文化心理角度贴近张爱玲。朱文娟在《浅析张爱玲的悲剧生命意识与悲剧文化心态》一文中指出,张爱玲潜意识中的文化心理指向传统性,对东西方文化的认识是悲剧性的。赵顺宏的《张爱玲小说的错位意识》指出了张爱玲小说中强烈的历史意识。

从人物分析入手阐释张爱玲文学世界建构的独特性,也是这一时期研究的一个重要特点。张景华的《沪港洋场"病王狂孽"——张爱玲〈传奇〉中人物的劣根性》,明确指出张爱玲的小说是对人性恶的揭露,通过人物形象的塑造渗透她对生命本体、人生价值的思考。于青在《论〈传奇〉》中,从形象出发,多方面、多角度地论述了《传奇》的特色,有着巨大的开创意义。陈兴的《三仙姑与曹七巧》分析了三仙姑与曹七巧的共同之处,论述充分,令人信服,研究者从中可以获得许多有益的信息。

这一时期的研究在前辈研究者成果的基础上,更加深入创作本体,既有微观的作品分析,又有宏观的整体把握。

(三) 多元的众声喧嚣

进入21世纪以来,对张爱玲的研究越来越呈现出多元的趋势,在"量"与"质"、广度和深度上都有很大突破。特别是随着《重访边城》《小团圆》《异乡记》《张爱玲私语录》《雷峰塔》和《易经》的出版,张爱玲再一次成为焦点,海内外的张爱玲研究都进入了一个新阶段。特别是《小团圆》2009年出版之后,同时占据海峡两岸和香港畅销书的榜首,以至于在"张学"领域,如果没有读过《小团圆》就不可能对张爱玲的作品和生平做严肃研究。这本书彻底颠覆了张爱玲之前华丽而苍凉的自我镜

---

[①] 子通、亦清主编:《张爱玲评说60年》,中国华侨出版社2001年版,第97页。

像，以一种惊心动魄的方式进行了自我探索。因此，最新的张爱玲研究除了进一步从性别诗学角度对张爱玲及其作品进行深度解读，将张爱玲与中外其他作家进行多方位的对比这种传统的解读方式之外，开始出现了新的研究方向。第一，结合文化研究理论，对张爱玲的电影剧本和张爱玲小说改编的电影进行研究。如刘澍、王纲编著的《张爱玲的光影空间》不仅追溯了张爱玲从影迷到影评家的转变，更对电影剧作家张爱玲和张爱玲相关的影视剧进行了全面的记录和解析。从1947年张爱玲自己编写的电影剧本《不了情》到2007年李安导演根据张爱玲短篇小说改编的电影《色，戒》，探索了张爱玲小说与电影之间的颠覆与重生。第二，从翻译理论的角度，探讨了张爱玲小说的英译本和她所翻译的小说。陈吉荣的《基于自译语料的翻译理论研究——以张爱玲自译为个案》采取实证研究与理论描述相结合的研究方式，以张爱玲自译为实证性个案，基于张爱玲自译语料的各个方面进行综合研究，比较了纳博科夫、费蕾和萧乾等与张爱玲的自译，总结了自译理论构建的初步理论形态。杨雪的《多元调和：张爱玲翻译作品研究》将张爱玲翻译作品及其译者角色作为探讨对象，运用多角度分析方法对其进行了全方位的探讨，展示了张爱玲翻译实践所特有的价值和贡献，在一定程度上填补了中国翻译史中关于张爱玲作为译者的空白。第三，运用视觉艺术理论，探讨了张爱玲小说中的服饰特点、色彩意象等。邓如冰的《人与衣——张爱玲〈传奇〉的服饰描写研究》另辟蹊径，从服饰的角度研究张爱玲的人和文，对张爱玲的小说作品进行了文本细读，揭示了服饰描写对于张爱玲作品的意义。孙文清在《广告张爱玲——一个作家成长的市场经验》一书中则旨在探讨张爱玲作品中的广告和张爱玲广告式的文学活动和创作理论，试图从广告这一经济—文化现象来探索张爱玲创作的文学意味和市场意识。王一心的《深艳——艺术的张爱玲》较为别致地从音乐、舞蹈、电影、戏剧、绘画、服饰和摄影七个方面对张爱玲的艺术素养进行了分析。

为纪念张爱玲冥诞九十周年、逝世十五周年，2010年11月30日，在北京大学举办了内地的首次张爱玲纪念研讨会，分为"张爱玲的文学视野""张爱玲的双语创作""张爱玲与视觉艺术"和"张爱玲的晚期风格"四个部分。宋以朗、符立中、陈子善、止庵等学者从不同角度全方位地解析了真实的张爱玲，会后由宋以朗、符立中主编，新星出版社于2013年1月出版了《张爱玲的文学世界》纪念文集。由于像双语创作、视觉艺术和晚期风格等都是以往张爱玲研究中较少关注的新视角，因此也为张爱玲研究领域提出了很多新的观点和史料。

通过对张爱玲研究的梳理，我们看到张爱玲研究逐渐从零散走向整合，从单一走向多元，这使我们逐渐把握了一个完整而真实的张爱玲，同时也欣喜地发现研究理论框架的变迁和研究方法的更新，给我们的启示是巨大的。但总体说来，目前对"英语世界的张爱玲研究"这个课题的研究还是比较薄弱、零散的，缺乏理论深度，总体的研究几乎没有，尚无专著出现。

## 第二节 研究方法和研究对象

英语世界的张爱玲研究其成果在批评阐释上达到了一定高度，而且在历史、地理、政治类型的覆盖面上也都更为全面，把理论思考与文本分析结合在一起，虽然无法回答张爱玲研究的所有问题，但提出了不少富于想象的见解。只有通过跨文化的比较文学研究，"多方位"的参照，多元素的吸纳，才能"在反思中整合，在梳理中建构"真正意义上的英语世界的张爱玲研究。

首先要对本书中所使用的两个重要概念进行一个界定。

第一个是"英语世界"。本书所指的"英语世界的张爱玲研究"，包括以张爱玲为研究对象和涉及张爱玲的用英语撰写的译作、著作、论文、书评、传记等。从地理界限上来说，本书的研究将英语世界主要定位为官方语言为英语的欧美国家，以美国和加拿大为主。

第二个是"张爱玲研究"。本书的研究视角主要聚焦于英语世界中学界对张爱玲的小说、散文以及张爱玲的双语写作的研究，对英语世界中张爱玲研究的理论视角、研究方法、批评立场和姿态等进行了详细的阐述，凸显出与国内（包括港台地区）的张爱玲研究的强烈对比，以此相互对照，相互融合。

### 一 研究方法

英语世界的张爱玲研究是一个动态发展的过程，不同的学者在不同的历史时期中，受到意识形态、阶级、种族、性别等方面政治文化因素的影响，各自依据自身所掌握的原始材料和所选取的理论进行分析，其所拥有的学术视野、所运用的方法以及带给我们的洞见各不相同。任何一项研究都必然是在原有研究的基础上推进的，本书没有先进行理论观点的预设，只是将本书定位为对英语世界的张爱玲研究这一课题的基础研究阶段，即着重于对原始材料的收集、整理、研读和分类，希望从中透视出其发展的基本脉络并能在此基础上进行更深入的理论研究。

本书是在比较文学和文学变异学的视域下对英语世界的张爱玲研究进行全面的梳理，在占据大量原始资料和海内外学者既有研究成果的基础上，通过文献梳理法、文本细读法、比较法、翻译法、整合描述法等研究手段，多角度、全方位地分析、阐述英语世界的张爱玲研究。

比较文学研究领域，除了法国学派的"影响研究"和美国学派的"平行研究"，中国学者提出的比较文学变异学是比较文学学科理论的重要突破，开启了注重异质性和变异性的比较文学学科理论的新阶段。变异不仅仅是文化与文学交往中的重要概念，也是比较文学中最有价值的内容，更是一种文化创新的重要路径。

不同文明文学的异质性与变异性大于共同性，而异质性与变异性研究是中国比较文学学科理论的一大收获，也是跨文明比较文学研究中的一个核心问题。异质性是跨文明语境下的必然产物。应当说，变异性在没有跨异质的同质文明中也是存在的，而在跨文明研究中则更进一步突显出来，成为一个几乎绕不开的重要问题。鉴于此，在2005年中国比较文学第八届年会暨国际学术研讨会上，比较文学变异学（The Theory of Variation of Comparative Literature）设想首次被中国学者正式提出。

变异学是指对不同国家、不同文明的文学现象在相互影响交流中呈现出的变异状态的研究，以及对不同国家、不同文明的文学相互阐发中出现的变异状态的研究。通过研究文学现象在影响交流以及相互阐发中呈现的变异，探究比较文学变异的规律。[①]

变异学的研究范围包括跨国变异研究、跨语际变异研究、文学文本变异研究、文化变异学研究和跨文明研究五个方面，它们共同构成了比较文学变异学的研究领域。比较文学变异学直接面临跨异质文明间的交流与对话，而文学在不同的文化模子中穿梭，必然受到本土文化的限

---

① 曹顺庆：《东西方不同文明文学比较的合法性与比较文学变异学研究》，《外国文学研究》2013年第5期，第55页。

制、筛选、歪曲、变形，引起文学表现的歧义。其结果要么是在强化接受者的主体意识和自我认同的基础上吸收被接受对象，要么是在削弱接受者主体意识、弱化自我认同的基础上，给自我文化增添新的文学元素。这些新的文学元素正是在跨文明互动过程中文化过滤作用的结果，它源于文学因文化模子的不同而产生的不可避免的变异。比较文学变异学的研究重视的正是所有变异现象背后的深层原因和促使发生变异的内在规律。

从张爱玲这个个案，我们可以看到因不同的国家、语言、文化、心理、意识形态、历史语境等因素，她的作品在译介、流传、接受的过程中存在着语言、形象、主题等方面的变异。张爱玲相对于其他中国作家，她的优势在于她本人能熟练地使用中文和英文两种不同的语言进行创作，同时张爱玲的很多作品，都有中文和英文不同的版本，其中既有别人翻译的，也有她自译的作品。本质上讲，翻译就是译者在两种语言范围内的文化对话与交流，是两种不同文化内涵的异质语言的比较。在跨文化文学的交流中，作为"文字流传物"的作品必须首先与特定的读者或译者遭遇，也就是说，首先起作用的是读者或译者所经历过，同时也为社会群体所经历过的生活，及其属于个人的独特生活体验、人生遭遇、个人志趣和由此所决定的道德观、生活观和文化观等。翻译的过程必然使得交流信息在内容和形式方面发生不同程度的变异，变异是接受主体文化过滤的结果，所以变异是接受者主体性、选择性、创造性的表现。

翻译实际上是文化之间的潜对话、文化之间的协商。对翻译的研究，尤其是跨异质文化文学翻译的研究，在很大程度上是研究受到自己的本土文化制约的译者在特定时空中采取什么样的翻译策略筛选、删减、切割原著，研究译者的文化因子如何渗入其间，使原著变形、扭曲，使原文本信息进入目的语的文化语境中并发挥作用。张爱玲的自译尤其反映了文学与文化从一国传到另一国必然会面对的语言翻译的变异、接受的变异等问题。

## 二 研究对象

本书的研究对象是英语世界的张爱玲研究，但是本书目前不能穷尽所有的英语世界的张爱玲研究资料，只能是在有限的材料里探索张爱玲作品中值得读者发现的不同可能性。本书旨在通过表明张爱玲的作品可以怎样被解读、阐释和分析，将张爱玲推向学术话语的前台。文学舞台的灯光永远那么炫目，所有对张爱玲的研究都只是希望能将聚光灯重新打在张爱玲身上。它将照耀着一位梦想变成天才的女性，看到超过她个人和她性别所希望的愿景。本书希望通过我们的介绍，能使读者对这位天才的作家的作品有更深入的、更广泛的兴趣：就像她的母亲是她那个时代的先锋，张爱玲自己也是她那个时代的开拓者。

张爱玲文集就像一幅丰富的"充满细节"的画作，吸引了人们一再地进行研究。有学者从传统学界所看重的美学角度，研究她的风格和技巧，也有学者从弗洛伊德理论的角度和拉康理论对她进行了重新评价，研究她作品中的女性概念。除此之外，还有殖民主义和后殖民主义的理论研究。本书可能更像齐泽克说的斜目而视，通过对英语世界张爱玲研究的分析，为目前大陆的张爱玲研究揭示更多的可能性，通过不同的理论视角得到新的启示。英语世界的张爱玲研究不仅是独立的思路，而且作为一个整体，各种理论的跨文化运用都从各自不同的角度揭示了张爱玲研究的建构。这些英语世界学者的学术研究成果使本书对张爱玲能有更深入的解读。

很多研究者都认为张爱玲作为作家的独特性是从她成为一名女性小说家开始的。她将新与旧、陌生与熟悉、传统与现代交错在一起，成为了掌控自己权力的先锋，因为她反抗那些试图控制她的创造性和风格的占统治地位的父权制的文学和社会结构。说到底，张爱玲可能继承了她那位勇敢的母亲的某种开放的叛逆性。张爱玲选择在沦陷区上海这个特别的空间里写作，这使她在某种程度上获得了自由去写个人的意识和心灵启示，而没有加入当时流行的英雄主义的国家话语。张爱玲的边缘性使她能通过复杂的生活来揭露对男女两种性别都不利的社会结构。

从中国的上海、香港到美国，对于张爱玲，这些"苍凉"的地点是所有故事、所有阐释可能发生的空间。张爱玲受到了西方文学影响这一点几乎是众所周知的，她的小说也反映了这种影响。但是她深受上海文化的影响，当时的上海是东方遭遇西方，现代与传统碰撞的地方，张爱玲将她的角色放置在这种变化的不确定性中，放在上海和香港这种混杂的城市里，这一点使研究者可以运用后殖民理论从非欧洲中心的角度来研究假定的"他者"。张爱玲写下了她所熟悉的观察，她很好地运用了上海和香港的物质和文化景象。在这两座混杂的城市里,新与旧互相融汇,传统与现代互相交汇、互相逃避,形成了一种新颖的特点。正是在张爱玲的"双城记"中,她搭建了自己试验的舞台,不仅是在社会秩序中,而且也是作为文学的策略。

另外,张爱玲表现了女性可以通过想象、模仿和引诱逃离限制她们的空间,这一点使作品的女主角们处于主体的位置,而不仅仅是男性的客体。作为言说的主体,空间是被倒转的,他者的奥妙与神奇是被揭穿的。在阈限性中,张爱玲重写并修正了女性的地位。作为实用主义者的张爱玲,意识到当女性在生活之间或其中交织前行时存在着等待中的困难。英语世界中的张爱玲研究集中在"主体性""现代性""民族性""女性意识"等方面,将张爱玲置于性别政治网络之中。本书希望通过对这些研究的分析,培养读者对张爱玲的丰富性和天才的深度赏析。不同的分析方法都只是手段,是为了让读者在人物的平凡的时刻中,从阐释和揭示的承诺中发现自我。

英语世界的张爱玲研究的学者们运用了多种理论方法来论证张爱玲对"女性地位"的解构和重构。张爱玲用独特的艺术风格和方法揭露了男性秩序对男性和女性的操控,也质疑了社会所强加给两性的性别建构。张爱玲的写作清楚地表达了无数"女性"的社会现状,并突破了传统观念所希望的女性和男性应完成的各自特定性别角色限制。也就是说,当男性将特定性别特征强加于女性的时候,实际上,他们也囚禁了自己。张爱玲还挑战了"女性"的现实概念,指出人们所理解的并不一定是真实的。人们戴上面具,伪装和模仿成传统观念所期待的社会角色和行为,以此作为男性和女性在父权制结构中争夺权力的战术策略工具。处女和荡妇或者学者和恶棍可以分享同样的身体和思想,可能只有空间和时间才能决定每个人的不同人生道路。

这些研究在多样化的平台上处理了政治语境和性别建构在同一文本的语境下相互作用的不同方面,对张爱玲的文本、故事诉说的方式,以及铭记神话和传说的传统方法进行的探讨,表现了张爱玲作品的复杂性和多层次,以及描述这些故事的不同方式。

本书除了绪论和结语外,一共分为五个章节。第一章对英语世界的张爱玲研究进行了整体的梳理,分为"张爱玲的生平及双语写作研究""张爱玲与其他作家的对比研究""不同理论的多元融合"三个小节,将目前英语世界的张爱玲研究现状进行了分类整理，为后面的章节提供了基本的背景信息。

第二章主要分析了周成荫和张英进两位学者的研究，他们的研究论述了20世纪30年代和40年代的上海都市文化对张爱玲及其作品的影响。张爱玲作为物质世界里的物质女孩，城市空间对她产生了很大的影响，同时她对物质文化也进行了语境重构。以这两位学者的研究为基础，本章指出，在英语世界的张爱玲研究中，"城市""性别""现代性"是论述性别与城市空间、女性参与中国现代性建构的几个关键词。

第三章讨论的重点是张爱玲的双语写作。对张爱玲的作品和生平，国内很多学者都从不同的研究视角给予了深入的分析，但是对于张爱玲自译及双语写作却没有足够的综合研究，国内对张爱玲的翻译研究主要集中在对张爱玲不同版本的中英文作品进行微观分析。针对这一研究现状，本章以李翠恩和谢俐丽两位学者对《秧歌》和《北地胭脂》两部作品的双语写作研究为蓝本，论述了张爱玲利用双语写作的优势对女性身体及欲望进行的重构，以及这些作品的不同版本间的改变所体现的不同时代、不同文化、不同生活环境和不同政治背景下张爱玲自译的回环往复和自我颠覆。

第四章是传统的作家对比研究，分析了英语世界的张爱玲研究中将张爱玲与其他女性作家的比较研究。本章选择了陈琼珠、马祖琼和吴美玲的博士论文作为研究对象，她们分别将张爱玲与费·维尔登、尤多拉·威尔蒂和卡森·麦卡勒斯以及赛珍珠和谭恩美进行了对比研究。根据笔者对国内张爱玲研究现状的梳理，由于我们所处的文化背景不同，国内研究者会较多地选择伍尔芙、王安忆、丁玲、萧红等女作家与张爱玲进行对照。本章主要揭示了受到中美两种文化熏陶的海外学者致力于以跨文化的比较方法来拓宽张爱玲研究的领域，其不同的学术方法、思想立场和学术训练都包容了更多的话语空间。张爱玲与费·维尔登比较的立足点主要在她们小说中女性意识的发展。张爱玲与尤多拉·威尔蒂和卡森·麦卡勒斯的作品都可以纳入女性哥特小说的范畴，这就给了她们比较的空间。张爱玲、赛珍珠和谭恩美三位女作家的共同点相对而言比较明显，在她们的身上都可以看到"他者"的烙印。

第五章对中国和英语世界的张爱玲研究的差异进行了比较。本章集中讨论了在意识形态和文学现代性两个方面国内和英语世界的张爱玲研究学者们的不同研究视角和方法。他们或对张爱玲研究中传统的文学性和写作技巧问题提出更深层次的探求，或对性别政治、民族主义等张爱玲研究的新领域发出不同的声音。在这些路径各不相同的反思中，由于学术传统、思想氛围的差异，英语世界的张爱玲研究和国内的相关研究出现了不同的话语空间，但都值得我们予以关注。本章通过对比国内与英语世界的张爱玲研究的差异，希望能帮助我们更好地建构张爱玲研究的理论大厦，在研究问题多元化的现状中形成自己的独立思考。

英语世界的张爱玲研究其对张爱玲作品的多样化解读可以使我们对她的天赋和才华有更多新的视点。但对张爱玲的所有研究都只是揭开了她全部作品的一部分宝藏。本书通过对英语世界的张爱玲研究的梳理，展示出张爱玲研究的丰富性，希望将来的读者有兴趣进一步冒险和深入研究张爱玲写作的迷宫，去发现和揭开更多的宝藏。本书还没有充分讨论和研究的是诸如张爱玲的戏剧和电影剧本、她的自传及心理影响等，对这些论题的缺失并不是认为它们不重要，反而是要强调这些内容值得更加深入地研究，事实上必须有更具针对性的讨论。从张爱玲作品的丰富性来说，很明显，对她的作品值得也需要多篇文章从不同的角度和深度进行研究。

本书关注于英语世界的张爱玲研究，根据上面对海外华人和港台学者的研究现状的描述可以看出，夏志清、李欧梵、王德威及港台一些学者的著作很多确实都是直接用英语撰写并出版，但是国内学界对他们的很多英文著作已经进行了引进并翻译成中文出版，同时作为母语为汉语的学者，他们也直接用中文进行书写。在国内张爱玲研究领域，对夏志清、李欧梵和王德威三位学者的研究比较深入，相关资料也比较丰富，对他们的理论也非常熟悉。目前国内对海外张爱玲研究资料的引用也多集中在这三位学者和港台一些学者的相关论著。国内张爱玲研究的相关论文数量虽然已经很多，但是多是利用海外华人和港台学者英文著作的中文版本或者其中文著作的相关理论进行研究，理论的原创性较弱，资料的重复引用率较高。

英语世界的张爱玲研究自 20 世纪末以来已成为张爱玲研究的前沿课题，是一个崭新而且相当有意义的课题。虽然关于张爱玲的研究成果非常丰富，但是尚没有中国学者对英语世界的张爱玲研究进行系统的搜集和整理。笔者从此点出发，广泛搜集英文原始资料，自己翻译成中文，在文献材料上具备一定的原创性与稀缺性,希望通过对英语世界一些学者尚未被广泛介绍的张爱玲研究成果的介绍,为国内的张爱玲研究填补一些资料的空白。

# 第一章

# 英语世界的张爱玲研究综述

人世间的许多人许多事，无论当时曾经是何等惊心动魄、悱恻缠绵，到最后，却也不免是雪泥鸿爪、浮花浪蕊。英语世界里的张爱玲，到底是怎样的一个轮廓？对于张爱玲在美国的生活和创作，我们应该基于已经掌握的材料进行客观的分析、合理的阐释。

## 第一节 张爱玲的生平及双语写作研究

杜拉斯夫人说，真或许有可能存在，假则纯属人为。① 英语世界的学者在进行张爱玲研究时通常都会对其生平进行或深或浅的探讨，有的将自己看成是有距离的研究者，有的视自己为近距离的知己者，前者有过专业的训练，不过分地介入其中，雕刻的成分居多，后者书写传主如同书写自我，铭刻的成分居多。

### 一 张爱玲的生平及作品研究

何杏枫教授（Hoyan, Carole H. F.）② 在《张爱玲生平及作品研究》(The Life and Works of Zhang Ailing: A Critical Study, 1996) 中对张爱玲进行了全面的审视，带有一定的传记性质，旨在对她的文学事业提供一个深度的全景视角。除了对张爱玲的生平和作品做了介绍之外，尤为可贵的

---

① ［德］瓦尔特·本雅明：《摄影小史——机械复制时代的艺术作品》，王才勇译，凤凰出版传媒集团、江苏人民出版社2006年版，第34页。

② 何杏枫（Hoyan, Carole H. F.），现任教于香港中文大学中国语言及文学系，加拿大英属哥伦比亚大学（卑诗大学）博士。

是对她早期的英文文化评论和影评的意义进行了分析,并对其作为编剧、译者和学者的身份进行了审视。论文探讨了张爱玲的家庭经历和战争对她反浪漫视角形成的影响,以及这些是怎样影响到她其后的创造性写作,并追踪了张爱玲小说、散文等不同类型作品的发展,这些作品反映了她私人生活和个人心理的改变。何杏枫认为张爱玲的创造性写作有两个主要类型:短篇小说和散文随笔。其短篇小说在现代都市背景下探索了个人心理,表现了普通人的解脱和生活的反讽,被看成是中国现代主义最早的表现之一。而张爱玲的散文表现出一种强烈的感官感和充满同情的理解,也是对女性主义和日常生活的确认。张爱玲在细节上的关注表现出与其他现代中国女性作家的相似性,但通过独特的机智幽默的语气让自己脱颖而出,因此张爱玲的诗化用词和杰出的意象也与她同时代的大多数作家那种乏味的风格形成极大的对比。[1]

《去神话的爱情:张爱玲作品的意义和影响》(Love Demythologized: The Significance and Impact of Zhang Ailing's Works, 1998)是陈雅淑(音译)(Chen, Ya-Shu)[2] 对张爱玲的生活和作品进行研究的博士论文。第一部分对张爱玲生活中一些主要事件进行了说明,以便让读者能了解张爱玲在中国和美国都是作为边缘人,是一位非传统的作家。第二部分分析了张爱玲关于爱和婚姻的反浪漫主义的概念,这种理念表现在张爱玲本人及其作品的流行以及她对海峡两岸的"张派"作家的影响上。论文不仅强调了张爱玲的贵族家庭背景和她的边缘文学地位,还讨论了张爱玲对于爱情和婚姻的独特概念:真正的爱情只存在于真空的环境中。俗世的考量一般都会阻碍爱情的发展,与此类似,即使是因为爱情而结合的婚姻也会因为婚后生活的平凡而扼杀爱情。同时陈雅淑还探讨了张爱玲对台湾、香港和大陆的四位有代表性女作家的影响。这四位作家是蒋晓云、朱天文、钟晓阳和须兰。作者认为就像张爱玲一样,这些女作家都是运用流行的浪漫传奇文类来拷问爱情和婚姻的传统观念。通过这一系列的分析,在结论部分强调"真实性"和"非语境化"是张爱玲生活哲学、爱情哲学和文学哲学的关键概念。她的生活和作品表明,被边缘化对于一个作家的完整性

---

[1] Hoyan, Carole H F., "The Life and Works of Zhang Ailing: A Critical Study", Doctoral Dissertation, University of British Columbia, 1996.

[2] Chen, Ya-Shu, 威斯康星大学麦德逊分校博士。

而言，绝对不是一个障碍。①

2003年罗萨（音译）（Roza George A. Da）② 在《女性地位的重新想象：张爱玲小说作品的再发现》（Re-imagining the Site of the Feminine: A Rediscovery of Zhang Ailing's Fictional Works）中认为张爱玲是现代中国最有成就也最值得仰慕的小说家之一。罗萨认为张爱玲的作品没有像当时的主流作品那样反映被战争蹂躏的中国那样广阔的社会意义，而是凝视于有着共同人性的个人的灵魂，关注男男女女机关算尽想要穿越生活的迷宫时那短暂的痛苦和稍纵的快乐。张爱玲通过写作来挑战将世俗男女囚禁的社会结构和性别的迷思。论文通过对张爱玲的小说文集进行深入研究，试图超越目前现有的研究资料，认为张爱玲对人物和城市的有意识的运用颠覆了理解性别及其相互影响的传统范例。作者首先集中讨论了张爱玲作品中重新建构的无数女性表达，即摆脱了传统的对女性不是处女就是荡妇的两极解读，然后探讨了张爱玲对模仿和伪装的使用，认为凭借这样的手法，张爱玲笔下的女性角色可以在父权制统治的社会结构中为自己创造并确立一个权威地位。论文的一个亮点在于研究了张爱玲对阈限性的运用，指出张爱玲对于女性的再定位即女性并不是欲望的客体，而是欲望的主体，这种阈限性使女性主义有了可能性和可转换型。而对于作为"参差对照"技巧一部分的城市的功能的研究也成为论文的另一个亮点，罗萨认为城市创造了不熟悉的景物以此给香港和上海提供了一种别样的解读。③

## 二　张爱玲的双语写作研究

张爱玲前期的英文长篇小说有三本——《秧歌》《赤地之恋》《怨女》，其中《秧歌》是先写成英文 The Rice Sprout Song，后翻译成中文；第二本是中文《赤地之恋》在先，英文 The Naked Earth 在后；第三本是先写了英文的 Pink Tears（《胭脂泪》，又译《粉泪》），然后翻译成中文的

---

① Chen, Ya-Shu, "Love Demythologized: The Significance and Impact of Zhang Ailing's Works", Doctoral Dissertation, University of Wisconsin-Madison, 1996.

② Roza, George A. Da, 南加州大学博士，主要研究方向为东亚语言与文化。

③ Roza, George A. Da, "Re-imagining the Site of the Feminine: A Rediscovery of Zhang Ailing's Fictional Works", Doctoral Dissertation, University of Southern California, 2003.

《怨女》，再翻译成英文的 The Rouge of the North（《北地胭脂》）。张爱玲到了美国之后写了 The Fall of the Pagoda（《雷峰塔》）、The Book of Change（《易经》），1961年，她把《桂花蒸——阿小悲秋》节译成英文，收进聂华苓编译的《中国女作家的八部短篇小说》。双语写作，在张爱玲还是中学生时即已开始。可以说，当张爱玲自觉以文学向公众表达自己与世界的关系时，母语与英语，就成为两种平行的语言媒介。

对张爱玲的双语写作作系统研究的主要有李翠恩（Li，Tsui-Yan）[①] 2007年的博士论文《张爱玲小说和自译中女性身体的重新书写》（Rewriting the Female Body in Eileen Chang's Fiction and Self-translation）。论文指出女性身体的跨文化表现在张爱玲的小说和自译中，通过隐含的再评价和明确的再次语境化得到体现。李翠恩认为张爱玲的小说和自身有一种矛盾的关系。她的自译在情节和人物的翻译中"表现"了被翻译的文本，但是后一个版本并不完全是前一个版本的"再创作"。不同的版本之间是相互依赖，而不是互相孤立或独立的，因此产生互补的意义。张爱玲自译的最显著的好处就是她拥有进行再创作的特权，因此使她的自译成为她自己特定的种族、性别、阶级和文化地位的再阐释。根据版权法的授权或个人的权利，张爱玲在自译过程中享受法律和道德的自由。尽管在中文和英文的不同文本中有差异，但经过转化后的中国传统和输入中国社会的西方思想都得到了详细说明。

由于张爱玲的小说和它们的自译的版本挑战了女性身体表现方面多样的文化影响，根据中文对"身体"这一术语的理解，作者认为张爱玲作品中建构的女性身体表现并没有被限制在女性的外貌上，也指她们被人所欣赏的内在品质以及她们与他人和外部世界的互动方式。西方对女性身体的表现通过具体化、反复和表演的形式受到社会规范和实践的影响，这些都在张爱玲的作品中得到反映。通过对《金锁记》《北地胭脂》《怨女》以及《秧歌》《赤地之恋》等小说中两种不同语言对女性身体的描写，李翠恩指出，张爱玲早期的作品试图确定儒家女性品行的规范，她后期的作品更多地展现了跨文化的女性力量的意象，以及为女性的反抗提供更多可能性。在张爱玲的自译中，对女性身体的同性的和可靠的意象取代了同性

---

[①] 李翠恩（Li，Tsui-Yan），现为约克大学亚洲研究中心教授，多伦多大学比较文学中心博士。

的但是动态的意象,因此将女性身体的重构作为意义的有价值的一点。毫不让人吃惊的是,这些改变与她自己移民到美国和她自己个人宽广的文化环境是一致的。[①]

谢俐丽(Hsieh, Lili)[②]《情感的政治性:伍尔芙和张爱玲笔下的愤怒、忧郁和跨国女性主义》(2005)(The Politics of Affect: Anger, Melancholy, and Transnational Feminism in Virginia Woolf and Eileen Chang)的第六章,通过对《北地胭脂》一书中张爱玲自译的语言及文化的分析,提出在我们对张爱玲的阅读中,可以看到或者理解张爱玲那"美丽而苍凉的手势"吗?或者将这个问题变成两个类似的问题:我们可以感觉到他者的痛苦吗?也就是说,情感可以被转移或者被翻译吗?谢俐丽指出,在英语世界里,这个张爱玲定居下来了,但从来没有成功地融入其中,她的作品会不会被喜欢和接受,就像她的中国读者一样呢?在这两个完全不同的世界里对她的接受程度迥异,那么是什么阻碍了这种流动,造成了转移的障碍?

《北地胭脂》和它的前传《金锁记》被很多张爱玲的评论家看成是张爱玲女性寓言的终极版本。《金锁记》和《北地胭脂》的情节中有很多意味深长的不同,例如女儿这个人物的删除,使故事更加专注于母亲和儿子之间的关系,但是事实上这个故事被张爱玲自己写作和重写了很多次,就使重复这个问题变成一个有趣的和引人关注的问题。因此谢俐丽通过对这两个文本的选择,从情感的政治的角度切入,分析了张爱玲的作品在英语世界的接受问题。[③]

## 第二节 张爱玲与其他作家的对比研究

众所周知,比较文学研究的两个关键概念就是"比较"和"文学"。"文学"概念相对而言更容易理解,既包括文学创作,也包括文学理论、

---

① Li, Tsui-Yan, "Rewriting the Female Body in Eileen Chang's Fiction and Slef-Translation", Doctoral Dissertation, University of Toronto, 2007.
② 谢俐丽(Hsieh, Lili)台湾学者,美国杜克大学博士。
③ Hsieh, Lili, "The Politics of Affect: Anger, Melancholy, and Transnational Feminism in Virginia Woolf and Eileen Chang", Doctoral Dissertation, Duke University, 2005.

作家作品的批评等方面的文学研究。"比较"则不仅仅是"文学比较",而是在一个更高层面上审视文学,研究不同民族文学之间的关系,包括事实的和审美的。对于比较文学的定义,曹顺庆教授在法国学派和美国学派所奠定的跨国和跨学科的基础上,创造性地提出了"跨文明"这一新的跨越。他认为:"比较文学是以世界性眼光和胸怀来从事不同国家、不同文明和不同学科之间的跨越式文学比较研究。它主要研究各种跨越中文学的同源性、类同性、异质性和互补性,以影响研究、平行研究、跨学科研究和跨文明研究为基本方法论,其目的在于以世界性眼光来总结文学规律和文学特性,加强世界文学的相互了解和整合,推动世界文学的发展。"[1]

在张爱玲的研究中,不仅中国大陆学者和港台及海外华人学者将张爱玲与国内外其他作家进行比较研究,英语世界的学者也将张爱玲与中外其他作家进行多方位的对比研究。

### 一 张爱玲与女性作家的对比

伊利诺伊大学的伊丽莎白·成·斯图亚特(音译)(Stewart, Elizabeth Cheng)[2] 在《乔治·艾略特和张爱玲小说中的女性问题意识》(Awareness of the Woman Question in the Novels of George Eliot and Eileen Chang, 1987)这篇博士论文中首先对张爱玲和乔治·艾略特分别进行了介绍并对两位小说家的观点进行了评述,然后通过张爱玲的《十八春》和《北地胭脂》以及乔治·艾略特的《弗洛斯河上的磨坊》和《米德尔马契》这四部小说的文本细读,全面分析了在这两位作家身上体现出来的东方和西方的女性问题、自我问题和社会的问题,以及各自对爱、婚姻和幸福的追求。[3]

《伍尔芙和张爱玲的家庭空间》(Domestic Space in Virginia Woolf and

---

[1] 曹顺庆:《跨文化语境中的比较文学》,汪介之、唐建清编:《跨文明比较文学研究》,译林出版社2004年版,第471页。

[2] Stewart, Elizabeth Cheng, 伊利诺伊大学比较文学博士学位。

[3] Stewart, Elizabeth Cheng, "Awareness of the Woman Question in the Novels of George Eliot and Eileen Chang", Doctoral Dissertation, Universityof Illinois, 1987.

Eileen Chang，1999）是蔡秀妆（Tsai，Hsiu-Chuang）[1] 就文学空间家庭化这个主题对伍尔芙和张爱玲两位有共性的女作家所进行的研究。论文并没有利用太多的细节来探究两位作家写作的历史和政治环境，而是指出伍尔芙和张爱玲都自觉地家庭化了一种叙述的现实，这种叙述的现实既是对她们文化和政治环境的表现，也是一种反映。这两位女作家都试图将家庭空间看成是一种现代主义现实的形式——具体的和抽象的、完整的和碎片的——这是对现代性环境的一种反映。作者致力于解读伍尔芙和张爱玲的美学"家庭化"中的多样的复杂性，论证了在理解现代女性写作中家庭空间的特殊作用时这两位作家做出的无与伦比的贡献。除此之外，为了准确描述张爱玲的心理现实主义美学，论文还将《红楼梦》和《金锁记》进行了比较阅读，将曹雪芹和张爱玲进行了对比，指出两位作者通过房间的内在装饰来刻画在家中的女性的社会和个人危机的不同方法。同时，作者还比较了张爱玲和毛姆作品中东方和西方之间殖民碰撞时不同的特征，探讨了张爱玲使用家庭空间来反映现代中国殖民现实的方法。通过这些不同的比较，作者论证了伍尔芙和张爱玲将家庭空间看成是一个资源丰富的来源：伍尔芙运用现代主义技巧将现实主义的"屋子"转换成了客观的和去性别化的生活空间，张爱玲则通过现实主义方法来展现东方和西方之间的文化冲突。[2]

童璐丁（音译）（Tong, Luding）[3] 在《写作与转型：现代中国女性小说中的女性主体性研究》（Writing and Transformation: in Search of Female Subjectivity in Modern Chinese Women's Fiction, 2000）中，从女性主体性的角度比较了20世纪中国三位杰出的女作家：丁玲、张爱玲和王安忆，探讨了20世纪中国女性写作和女性主体性的关系。这三位女作家代表了不同的时代，她们各自在文学创作和其他文化活动领域都特别活跃，而每位作家在其各自的时代又都是有争议的。作者选取了三位作家的不同

---

[1] 蔡秀妆（Tsai, Hsiu-Chuang），现任教于美国欧柏林学院，威斯康星大学麦德逊分校博士。

[2] Tsai, Hsiu-Chuang, "Domestic Space in Virginia Woolf and Eileen Chang", Doctoral Dissertation, University of Wisconsin-Madison, 1999.

[3] Tong, Luding, 美国玛丽埃塔学院现代语言系主任，亚洲研究项目主任，华盛顿大学博士。

作品来进行深入的比较研究。丁玲的《阿毛姑娘》和《一个女人和一个男人》清楚地表达了当女性经验遭遇了快速变化的社会的混乱和沦陷时的痛苦。小说描述了新女性的形象,她们颠覆了20世纪20年代到30年代男性知识分子提倡的希望和独立的观念。尽管张爱玲公开声明她不关心政治,她的《沉香屑·第一炉香》寓言化了一个沦陷的国家里一个女人的堕落,并且描绘了当时生活在殖民地香港的一部分人,他们承受着无家可归的痛苦,有一种既不是中国人又不是英国人的身份危机。王安忆在用社会主义修辞评论时,常将女性塑造为党员积极分子和家庭妇女模范,《锦绣谷之恋》塑造了一个神奇的世界,书中女主角通过婚姻以外的关系获得了她身体和精神上的双重满足。在一段特定的时间里,因为主体性在很大程度上被影响,被构成,这篇论文的小说分析探求了在形成女性意识时作为文化使命的社会和政治因素。通过文本细读和互文阅读,作者认为丁玲、张爱玲和王安忆都在探索作为女作家的意义,她们各自选择自己的方法对其当时所处时代的中国女性问题提出了自己的看法。这些女作家自觉地创造了女性主体性,以此来挑战国家政治与女性和文学、女性和国家、女性和现代性相关的主流意识形态。①

吴美玲(音译)(Wu, Meiling)② 在《另类:赛珍珠、张爱玲和谭恩美的他者,本土和/或其他文学和文化表现》(The Alter-Native: Other, Native and/or Alternative Literary and Cultural Representations of Peal S. Buck, Eileen Chang and Amy Tan, 2000)一文中,将赛珍珠、张爱玲和谭恩美划为非主流作家,在女性主义和后现代主义的理论框架下对这三位不同时代的华裔女作家进行了研究,将重点放在她们的中美"跨界"身份,即她们的"中国"与"美国"的关系上。为了将她们置于被接受的历史背景中,也就是说她们的作品被评论家建构和批评的方式,作者首先讨论了他者、本土和另类的概念,然后提供了某些特定的文本,通过一系列比喻进行解读——驯服的(犬)、教化的(米)和剧本的(页),最后按照驯服、教化和剧本这三种特定比喻,对三位"边缘"作家的文本进行了分析。通过对"本土"这个概念的复杂性以及它与"替换"或"他者"之

---

① Tong, Luding, "Writing and Transformation: in Search of Female Subjectivity in Modern Chinese Women's Fiction", Doctoral Dissertation, Washonton University, 2000.

② Wu, Meiling, 纽约州立大学比较文学博士。

间关系的深入分析,作者从对"边缘"的研究中梳理出在后殖民主义、现代性和民族身份构成中形成的裂缝,指出这三位作家在对"旧中国"和"新中国"的重新想象中进行了妥协。①

陈琼珠(Chen Chiung-chu)② 分析了张爱玲和费·威尔登小说中的女性意识发展,在论文《张爱玲和费·威尔登小说中女性意识的发展》(The Development of Female Consciousness in the Fiction of Eileen Chang and Fay Weldon, 2003)中着重探讨了两位女作家是怎样聚焦于女性境况,描绘在父权社会中被压抑的女性的主体和欲望,以及一些女性是如何在其他女性失败的情况下完成她们自身的自我意识的觉醒的。作者认为西尔维娅·普拉斯的"我就是我"在这两位女作家的小说中是个不断出现的主题,张爱玲和威尔登将女性意识或女性成长和女性发展结合起来,因此,她们都运用了最重要的文学类型——教育小说。在对女性意识和女性教育小说进行了讨论之后,论文重点研究了张爱玲的四部小说:《金锁记》《北地胭脂》《连环套》和《半生缘》,认为这四部小说非常明显地展示了女性意识的完整发展。同时通过威尔登的三部小说找寻女性意识的发展轨迹。这三部作品是《习惯》《女恶魔》和《分裂》,分别出版于20世纪70年代、80年代和90年代,可以使读者了解不同女性主义运动发展的轨迹,还可以理解为什么威尔登作品中的女主角即使在家长制权威压迫下,还可以拥有彻底的、复仇的、难以置信的力量。威尔登作品中的女主角都能在不同的世俗环境和自然环境中经历觉醒和自我意识。③

对伍尔芙和张爱玲两位作者的比较成为谢俐丽的研究主体。她在论文《情感的政治:伍尔芙和张爱玲的愤怒、忧郁和跨国女性主义》中,提出"情感的政治"这样一个观点来处理情感方面的问题,以此帮助我们在新的视角下重新思考政治的和女性主义的问题,诸如个人与政治、大众、翻译等。通过对伍尔芙和张爱玲在战争期间作品的仔细分析,谢俐丽认为现

---

① Wu, Meiling, "The Alter-Native: Other, Native and/or Alternative Literary and Cultural Representations of Peal S. Buck, Eileen Chang and Amy Tan", Doctoral Dissertation, State University of New York, 2000.

② 陈琼珠(Chen, Chiung-chu),美国南卡罗来纳大学比较文学博士。

③ Chen, Chiung-chu, "The Development of Female Consciousness in the Fiction of Eileen Chang and Fay Weldon", Doctoral Dissertation, University of South Carolina, 2003.

代主义女性作家的美学主张在主权、理想社会、权力建构等当代政治问题上都进行了直接表达。论文首先描绘了当代各种有关情感和政治的理论地图，包括雅克·拉康、克里斯蒂娃、朱迪·巴特勒、德勒兹和瓜塔里，以此来证明女性主义和批评理论之间复杂的相互影响和相互转变。回顾这些理论时，作者强调愤怒的含蓄修辞和悲伤的主题，这两者在历史上依次致力于对女性主义的促进和对不同女性主义的责难。论文对伍尔芙不受重视的反战散文《三个基尼》进行了全新的阐释，运用拉康的"四种话语"理论，将后结构主义关于权力、霸权和抵抗的理论与伍尔芙"局外人社会"的观点进行了对比。对于张爱玲这位著名的中国女作家，意味深长的是，很少被认为是用英语写作的作家，作者通过考察她的"荒凉美学"和中国现代性之间的关系，深入分析了文化特性和可译性的问题。一种政治或心理分析的阅读的提出，不仅针对张爱玲的主要作品，而且针对她用英语写作的《北地胭脂》的创作、重写、修订、翻译、自译这样一个复杂的过程。以此提出几十年来一直奇怪地被张爱玲评论家们所逃避的一些问题：主体性翻译、移情、翻译的和流散的经历。通过将这两位不同文化背景下的女作家在社会性和翻译方面进行比较，这篇论文在比较文学领域提出了一个新的研究问题，比较文学常常被看成陷入了在互相孤立的领域研究的困境。这些领域常常被认为是为政治服务的，无穷的比较，类似的描述，这些让正在崩溃的意识形态更加不受约束。①

对美国女作家尤多拉·威尔蒂和卡森·麦卡勒斯的研究在国内本来不是一个热点，但将她们两位与张爱玲进行比较则让人觉得眼前一亮。马祖琼（Ma Zuqiong Cardine）② 在路易斯维尔大学的博士论文《女性哥特小说，中国和美国风格：张爱玲的〈传奇〉与尤多拉·威尔蒂和卡森·麦卡勒斯的小说比较》（Female Cothic, Chinese and American Styles: Zhang Ailing's Ghuanqi in Comparison with Stories by Eudora Welty and Carson Mccullers, 2010），试图将张爱玲的《传奇》理解为全球妇女通过劫持父权制的文学传统以建立一个她们自己的声音这一努力的一部分。为了表明张

---

① Hsieh, Lili, "The Politics of Affect: Anger, Melancholy, and Transnational Feminism in Virginia Woolf and Eileen Chang", Doctoral Dissertation, Duke University, 2005.

② 马祖琼（Ma, Zuqiong Cardine），北京外国语大学硕士，美国路易斯维尔大学人文博士学位，现任教于北京外国语大学。

爱玲是有意识地创作具有中国风格的女性哥特小说，作者在论证中用了两条平行的路线。首先，张爱玲认为人类经验是普通和非凡的相互影响，从这一独特视野出发，文章指出她对于"哥特小说"，特别是中国传统"传奇"这一文类的吸收和反抗。为了阐释张爱玲在文集《传奇》中的现代浪漫和书名与传统文类恰恰同名这一共同的存在的理由，论文特意忽视了西方哥特小说的历史和文化特性，提出一个可以包括中国特质的"哥特小说"定义。其次，为了证明张爱玲的创造性意象和被广泛认可的女性哥特小说家身份，作者将张爱玲的小说和美国同时代两位作家——尤多拉·威尔蒂和卡森·麦卡勒斯——的代表作进行了文本细读和分析。通过集中讨论女性哥特小说的三个主题——女性的奇形怪状、拘禁和逃跑，用比较的方法引出中国哥特小说和美国哥特小说的不同点和相似点。在理论层次，论文将女性哥特小说的视域从西方扩展到了东方，证明了其作为充满活力的女性文学形式的力量。[1]

## 二 张爱玲与男性作家的对比

肖继伟（音译）（Xiao, Jiwei）[2]将张爱玲与沈从文、王安忆进行了对比研究，他2004年的论文《中国现代文学中的记忆与女性：沈从文、张爱玲与王安忆》（Memery and Woman in Modern Chinese Literature-Shen Congwen, Zhang Ailing, and Wang Anyi），从记忆与欲望、记忆与现代性和记忆与理想主义三个方面分别讨论了沈从文小说中的抒情、死亡和女性，张爱玲小说中的现代主义、大众文化和女性幻想以及王安忆作品中寻根的主题。尽管任何剧烈的社会变革都可能会将巨大的压力强加在这个社会，对传统和历史造成重大的影响，但在中国20世纪，整个国家都经历了"现代性"的创伤。论文的一个目的是要在现代中国文学中确立一个位置，即记忆为个体提供了一个意义非凡的场所，让他们克服由现代性危机带来的焦虑和压力，特别是时间与主体性的一致的分裂。在对记忆和现代性这一复杂议题的分析中，沈从文的抒情、张爱玲的美学现代主义和王

---

[1] Ma, Zuqiong Cardine, "Female Cothic, Chinese and American Styles: Zhang Ailing's Ghuanqi in Comparison with Stories by Eudora Welty and Carson Mccullers", Doctoral Dissertation, University of Louisville, 2010.

[2] Xiao, Jiwei, 美国新泽西州立大学比较文学专业博士。

安忆的乌托邦理想主义为我们提供了三种独特的个案。文章的另一个目的是描绘对过去的叙述重构中的欲望的经济学。因为作者发现在作家对记忆的使用中有一种性别的移动。在这三位作家的作品中，"过去"常常被具体化，被比喻成与身体之类相关的"女性"、无意识、自然和家庭性。因此，对性别、政治和社会历史意义来说，回忆过去常常与被压抑的"女性主义"的重新发现相结合。作者认为在历史视野中呼唤女性主义可以帮助重新唤回女性主义的乌托邦一面，无论在构成颠覆性方面或是探讨特别的文本时，是什么造成了在记忆与女性兴趣之间的联系最后成为一个事实，即三位作家在传统和历史上的模糊位置常常与他们在女性和女性主义上的模糊是相互交织的。[1]

中美学界已经拟定了一个"荒原传统"，即在艾略特《荒原》的影响下将小说看成一个整体。"荒原传统"对现代主义经典是很关键的，因为对于精神幻灭、道德崩溃和身体受伤的战后世界，"荒原"已经成了占统治地位的隐喻。形式主义对诗歌本身进行了创新，"荒原"小说也被认为是现代主义的代表。普渡大学的朱梅（Zhu, Mei）[2] 撰写博士论文《我们的世界，荒原：20世纪初美国和中国的现代主义小说》(Our World, The Waste Land: American and Chinese Modernist Fiction in the Early Twentieth Century, 2006)，她基于对西方世界的了解，试图扩展这种传统，而不仅仅是限于英美范围。西方作家用"荒原"表现第一次世界大战后社会的绝望形象，对于20世纪20年代到50年代的中国作家，在经历了战争和社会分裂之后，荒原的象征变得同样真实，因此，"荒原传统"是可以超越国家、民族和时间界限的一个概念。

该论文分析了"荒原"美学在美国和中国各自环境中的意义，总结了中国现代主义是如何与西方现代化既平行又不同的，作者对中美作家用两两对照的方式进行了细读和分析，这些分析是直线进程，也就是幻灭感和荒凉感随着时间而加深。其中将对大规模战争和革命的恐怖做出了反映的海明威和张爱玲放在一起进行了对比研究，分析了暴力和战争对两位作

---

[1] Xiao, Jiwei, "Memery and Woman in Modern Chinese Literature-Shen Congwen, Zhang Ailing, and Wang Anyi", Doctoral Dissertation, The State University of New Jersey, 2004.

[2] 朱梅（Zhu, Mei），现任教于华侨大学外国语学院，美国普渡大学博士。

家的冲击以及受伤害的作家对战争和现代生活中暴力的考察。①

普渡大学殷聪（音译）（Yin, Cong）②的论文《张爱玲和纳博科夫的文学声誉》（The Literary Reputations of Eileen Chang and Vladimir Nabokov, 2011）对两位作家的文学声誉进行了深入的比较研究。他指出，尽管张爱玲和纳博科夫的文学事业有所不同，但两位作家有着同样的轨迹，他们都创作了个性鲜明的年轻女性形象，对自己政治观点都坚持了不妥协的立场。20世纪40年代张爱玲在上海为杂志写女性小说而声名鹊起；她对于社会对年轻女性的压迫的描写给她带来的名声在之后的几年逐渐上升，除了她那两本被认为是反共的英文小说的失败。反共产主义同样也使纳博科夫的名声受损，他的政治反面乌托邦小说并不成功，但是他塑造的小女孩洛丽塔经久不衰，给了他巨大的声誉。张爱玲的文学事业从她50年代去国离乡后被划分为两个部分；同一时期的纳博科夫，另一个从共产主义国家的自我流放者，他因《洛丽塔》获得巨大成功，他的文学成就的轨迹告诉我们真实的文学描述的长期价值。

尽管原因不尽相同，但两位作家都保持了自己相对独立的政治观点，这在一定程度上阻碍了他们当时的文学发展（纳博科夫没得到诺贝尔奖，张爱玲在美国遇到了障碍）。随着时间的流逝，今天人们回过头来看，这一点却又成了增加他们的文学声誉的一个因素。③

## 第三节 不同理论的多元融合

英语世界的张爱玲研究还有一个重要特点是离开传统文本定义，运用不同理论，成为多元、跨学科的研究。包括后殖民理论、城市研究理论、视觉研究理论、女性主义与后现代理论、政治研究理论等。

---

① Zhu, Mei, "Our World, The Waste Land: American and Chinese Modernist Fiction in the Early Twentieth Century", Doctoral Dissertation, Purdue University, 2006.

② Yin, Cong, 美国普渡大学博士。

③ Yin, Cong, "The Literary Reputations of Eileen Chang and Vladimir Nabokov, Doctoral Dissertation, Purdue University", 2011.

## 一 视觉影像与张爱玲的文学文本

张英进教授（Zhang, Yingjin）① 在《中国现代文学和电影中的城市形象》（Configurations of the City in Modern Chinese Literature and Film, 1992）中结合张爱玲和苏青的文本，讨论了上海这座城市中的性、禁欲主义、恋物癖、虐待狂及女性主义和父权主义的相互影响。这篇论文重点是讨论中国现代文学和电影中城市形态的各种形式，从文本的层次和概念的层次分析了现代中国的城市意象，并区别了现代中国城市形态构成中多种知识分子图像，以及他们与其社会历史话语的复杂关系。论文对张爱玲的讨论主要是将其作为典型个案来对大都市上海20世纪三四十年代"现代女性"的影像和文学形态进行批判性阅读，以此来讨论与性别相关的问题。②

在《镜花缘：视觉，性别，映像与中国现代性》（Flowers in the Mirror: Vision, Gender, and Reflections on Chinese Modernity, 2000）这篇博士论文中，罗鹏（Rojas, Carlos）③ 对10位19、20世纪的作家，其中包括张爱玲、鲁迅、王朔、金庸等，进行了详细的讨论并将他们放在现代中国文化中的视觉状况，特别是视觉实践与性别建构的相互关系中进行了探讨。通过对不同的中文文学作品的文本细读，结合考虑其他文化产品和社会实践，作者考察了中国现代文化中视觉的地位。在不同的时代和不同的文化当中，性别是怎样被想象的？图像概念自身是怎样产生的？在不同的历史环境下，性别的不同是怎样使之有可视性或被封闭？影像和性别假定是怎样重新产生并传播的？在讨论这些问题时，罗鹏指出三个特别的场所是视觉和性别这两条轴线相互贯穿的：性别表演和图像显示之间的关系；性的比喻和图像"再生产"的相互涵盖；"妇女/符号"和图像记号的循环之间的潜在相似。通过分析这些问题，论文主要集中于三个普遍历史

---

① 张英进（Zhang, Yingjin），1984年福建师范大学外语系硕士毕业，1992年获美国斯坦福大学比较文学博士学位，现任美国圣地亚哥加州大学中国研究中心主任。

② Zhang, Yingjin, "Configurations of the City in Modern Chinese Literature and Film", Doctoral Dissertation, Stanford University, 1992.

③ 罗鹏（Rojas, Carlos），现任美国杜克大学中国文化研究与女性研究助理教授，美国哥伦比亚大学博士。

"时期":晚清时期、20世纪早期至中期和当代,认为每一个时期都被不同的图像典范所主导:也就是说,"镜子""观众"和"幽灵的回归"。作者试图确认每一个时代的"观察制度"的方式都是由当时的影像技术和文化实践所决定的。[1]

在运用文化研究理论对张爱玲文本进行研究方面,新泽西州立大学的卢迎九(Lu, Yingjiu)[2]希望通过论述张爱玲有代表性的小说写作中的社会学和文化意义,以达到张爱玲作品的本质。她的论文《方言现代性:张爱玲与都市中国的现代高雅小说与低俗小说》(Vernacular Modernism: Zhang Ailing and High and Low Modern Fiction in Urban China, 2009)认为张爱玲的小说文本阅读应该与作者称之为的"一般现代性"的广泛阅读相对抗,这种广泛阅读是在城市环境下的中国现代经验。论文认为张爱玲的小说语言——以丰富的普通和风格层次,穿越了高雅与低俗的巨大差别——是其普通市民文化的文化逻辑,其"丰富的风格"与后者的偏狭的世界大同主义和折中的文化无政府主义是一致的。

在雷蒙德·威廉斯的"文化是大众的"这一信念的前提下,利用马克思结构主义批评方法来进行小说阅读是有效的和必要的。卢迎九将这一普通批评方法用于张爱玲三部最有代表性的小说:《沉香屑·第一炉香》《倾城之恋》和《红玫瑰与白玫瑰》,其特点分别代表了形成城市中国的高雅和低俗现代小说的中心主题:(城市)现实、个人主义(和爱)、(现代)性。通过并置在互相完成和互相验证的与这些主题相关的高雅和低俗文学的文化反映,张爱玲的小说在两种传统中有可能进行深入对话和互相改变。通过对现代经验和文化的广泛和深入理解,张爱玲形成了她自己的、本质上的"现代主义",以此对现代性的中心主题进行回应。

最后,卢迎九指出,张爱玲在她的小说思想和实践中创造了一种新的文学范式,这是在定义中国现代文学文化的关键联系时——那些在艺术、文化和人们之间的联系——重新想象的。[3]

---

[1] Rojas, Carlos, "Flowers in the Mirror: Vision, Gender, and Reflections on Chinese Modernity", Doctoral Dissertation, Columbia University, 2000.

[2] 卢迎九(Lu, Yingjiu),美国新泽西州立大学比较文学博士。

[3] Lu, Yingjiu, *Vernacular Modernism: Zhang Ailing and High and Low Modern Fiction in Urban China*, Doctoral Dissertation, The State University of New Jersey, 2009.

## 二 后殖民视角下的张爱玲研究

《现代的产生：中国文学文化中的女性形象》（Engendering the Modern: Configurations of Femininity in Chinese Literary Culture, Late-Qing – 1940's, 2003）的作者周成荫（Cheng, Eileen Joy）[①] 讨论了从晚清到20世纪40年代，在一些特殊的历史节点，性别和现代性的定义彼此牵涉的不同方式。性别和中国现代性的交叉点是非常吸引人的，因为关于性别和女性的新可能性的最热门的争论发生在知识分子们拼命寻求一个中国现代危机的解决办法和试图定义中国现代性的时候。作者认为这绝不是巧合。为什么在20世纪之交女性作为一个讨论的热门话题浮现出来了？这些关于性别的话语是怎样与民族性和中国现代性产生联系的？由于女性和写作作为定义现代性的范畴出现，那么女性与写作的关系是怎样配置的？女性自身是怎样参与和想象中国现代性的建构的呢？

论文的主体部分研究了性别和消费主义在20世纪30年代至40年代上海流行文化中互相缠绕的方式。特别解释了以下几个论题：晚清女子学校和传统"女性主义"文学类别的争论；五四时期妇女与新小说；20世纪30年代上海流行画报中女性主义的模糊的轮廓；20世纪40年代上海的女性与流行文化。由于女性的解放是作为民族解放的一种方法和中国现代性的一个象征来提升的，新的自由意味着女性继续被新旧不同的控制形式所约束。但是同时，由此产生的这些话语和性别改革仍然给女性打开了新的空间和机会，她们有时候会用一些新的和意外的方法。通过研究秋瑾、凌叔华和张爱玲三位作家及其作品，张爱玲也表明女性参与确定女性主义和现代性的不同方式，不仅是通过她们的写作，还通过她们的实践和"表演"。[②]

---

[①] 周成荫（Cheng, Eileen Joy），现任哈佛大学中国文学与文化研究副教授，美国加州大学东亚语言与文化博士。

[②] Cheng, Eileen Joy, *Engendering the Modern: Configurations of Femininity in Chinese Literary Culture, Late-Qing – 1940's*, Doctoral Dissertation, University of California, 2003.

邹林（Zou, Lin）[1] 是抓住中国传统文论中的"境界"一词来进行文学研究的。其论文《变与互变中的情感自我：20世纪初中国作家对经典中国美学的反应》（The Emotive Self in Change and Exchange-Early 20$^{th}$ Century Chinese Writers' Response to Classical Chinese Aesthetics, 2003）探讨了现代中国作家对中国经典美学原则"境界"的重新评估和他们在殖民和后殖民背景下的情感重建。作者认为"境界"构造了情感模式，这种模式既表达了庄子通过"无我"的观点体现的"天人合一"，还构造了超越失去或缺席所造成的悲伤的"情"。不管哪种情况，主体通过考虑宇宙的境况，即一种使欲望和激情成为不可解决的两种情感的状态，创造了它自身的"无穷"和无限的自我。"境界"恰好吸引了现代作家，因为它的情感形式与"真实"的力量一起表现为无限的和一致的。同时，在它们传统的背景下，被认为超越了由具体的事物或目的所造成的经验主义的欲望。"境界"之所以成为一个有问题的论题，是因为在这种概念下成长的现代作家正面临着理性和科学的后启蒙话语、西方浪漫主义和后浪漫主义观念，以及20世纪初中国面临的历史政治形势。现代作家再现"境界"是为了借用这种形式，赋予它一种新的无限自我感，使其既可以融入新的历史背景又可以抵抗物质欲望。

通过分析王国维、鲁迅、张爱玲、李金发等作家通过丰富的情感形式来构建自我和社会的方法，文章强调了情感和客体欲望之间复杂的关系。邹林指出，这些作家借鉴西方哲学、文学和艺术的相关理论，通过不同的写作方式，探索了从"境界"的视角来描写人物情感的可能性。在殖民和后殖民复杂关系编织的历史背景下，作者以"欲望"和"情感"为关注点，从后殖民理论的角度对20世纪初中国作家建构现代中国文学美学情感等方面深层问题进行了探讨。[2]

《皮影戏：欧洲和中国交流中的想像与主体性》（Shadow Play: Fantasies and Subjectivities in Chinese-European Crossings, 2004）是一篇视角独

---

[1] 邹林（Zou, Lin），1992年毕业于南京大学，2003年获美国加州大学伯克利分校比较文学博士。

[2] Zou, Lin, "The Emotive Self in Change and Exchange-Early 20th Century Chinese Writers' Response to Classical Chinese Aesthetics", Doctoral Dissertation, University of California, 2003.

特、富有想象力的论文。作者林玉婷（音译）（Lin, Yu-Ting）[①] 将欧洲和中国现代性的跨文化产生看成是互相魅惑、祛魅、幻觉效应和批评性的接触。她将皮影戏、文学和电影三者置于中国和欧洲互相交流的前提之下，这种交流通过翻译等形式进行，可以沟通中国和欧洲之间的文化价值、相互塑造的欲望和意识形态想象。这种想象和欲望的出现为我们理解下列问题提供了非常重要的线索：文化界线是怎样被绘制和再绘制的？主体性是怎样形成和消失的？东方主义、民族意识和自我东方化是怎样在追求现代性的过程中成为可能的？

林玉婷首先分析了欧洲和中国各自围绕皮影戏起源的不同叙述，质疑了被广泛接受的关于中国的皮影戏进入欧洲的理论。林玉婷认为，通过皮影戏，18世纪后期和19世纪的欧洲虚构了一个中国，这成为之后欧洲的中国理论的一个基础。作者然后分析了香港鬼片的美学，以及政治上的"鬼魂"是如何到达不断变化的文化边界的。林玉婷重点研究了张爱玲的作品，认为张爱玲将自己看成是上海沦陷时期大都市和殖民审美的一个标尺。在她的中文和英文作品中，张爱玲探讨了在跨文化理解、双语感受力、跨语言和跨文化现代性产生中会遭遇到的限制和障碍。通过将张爱玲重新评价为跨越中文和英文媒介的小说家、插图画家和剧作家，林玉婷思考了文学经典的历史和比较研究的未来。[②]

另外，陆敬思（Lupke, Christopher. M）[③] 的论文《后殖民流散下的中国现代文学》（Moern Chinese Literature in the Postcolonial Diaspora, 1993）也利用后殖民主义理论对中国现代文学进行了探讨，内容涉及民族主义文学政策、夏济安与反霸权主义、国家的产生等。其中，在"夏济安与反霸权主义"一章中对张爱玲进行了重新评估。[④] 布朗大学的李明

---

[①] 林玉婷（Lin, Yu-Ting），美国加州大学伯克利分校比较文学博士。

[②] Lin, Yu-Ting, "Shadow Play: Fantasies and Subjectivities in Chinese-European Crossings", Doctoral Dissertation, University of California, 2004.

[③] 陆敬思（Lupke, Christopher. M），美国汉学家，现任教于华盛顿州立大学，1993年获美国康奈尔大学博士学位。

[④] Lupke, Christopher. M, "Moern Chinese Literature in the Postcolonial", *Diaspora*, Doctoral Dissertation, Cornell University, 1993.

(音译)(Lee, Christopher Ming)① 在《美国亚裔的主体性：美学调和与写作道德》(The Asia American Object: Aesthetic Mediation and the Ethics of Writing, 2005)一文中主要从政治的角度切入，对张爱玲的《秧歌》和《赤地之恋》两部作品进行了分析，虽然这篇论文带有一定的政治倾向，但对于美国亚裔文学史上很少受到关注的张爱玲，其独特之处在于希望能挖掘出张爱玲作品对"红色中国"的所谓"真相"的描写，以及在当年美国的"反共"宣传中的地位和作用。②

综上所述，英语世界的张爱玲研究始自夏志清，经过李欧梵、王德威等一批学者的推介，在欧美的学术研究机构和大学都得到了一定程度的重视。张爱玲小说的研究也常被纳入中国现代文学课程之内，例如德州三一大学(Trinity University) 2000年的秋季课程"中国现代小说及电影概论"(Introduction to Modern Chinese Fiction and Film)选教了张爱玲的《秧歌》(*The Rice-sprout Song*)，俄亥俄州的伍斯特学院(College of Wooster) 2001年秋季课程"父权制度下的女儿——中国文学中的女性"(Women in Chinese Literature: Daughter of the Patriarchy)中也选教了《怨女》(*Rouge of the North*)。③ 从70年代开始，英语世界的张爱玲研究中一支主要力量就是学院高级学位论文的撰写，从最初的张爱玲生平简述和小说翻译到现在运用各种文学理论进行深入挖掘，折射出了英语世界张爱玲研究的发展轨迹。

---

① 李明(Lee, Christopher Ming)，出生于加拿大，曾在清华大学修过一年中文，2005年获美国布朗大学博士学位。

② Lee, Christopher Ming, "The Asia American Object: Aesthetic Mediation and the Ethics of Writing", Doctoral Dissertation, Brown University, 2005.

③ 何杏枫:《张爱玲研究在北美》,《华文文学》2002年第2期，第24页。

# 第二章

## 空间的记忆：现代女性与城市想象

张爱玲人生最后的差不多20年时间选择了一种相对而言的隐居生活，她不喜与人来往，不喜接电话。庄信正的夫人回忆，她帮助张爱玲在洛杉矶安顿停当后，张爱玲很含蓄地表示，虽然搬来了洛杉矶，最好还是把她当成住在老鼠洞里。意思自然是谢绝来往。后来虽去信告知电话号码，不过又声明不接电话。[①]

相对于这样一位很明确地向世界表示要做一个孤岛的女性来说，在沦陷区的上海时期张爱玲却认为出名是件"快乐"的事。"呵，出名要趁早呀，来得太晚的话，快乐也不那么痛快。"她那些密集发表的小说散文，绝美、洞彻、深沉而残酷，那些华丽炫目的文字，像一朵奇花，蓦然开放在当时的孤岛上海。那时候的她爱穿"别致"的古董衣，爱读"俗气的巴黎时装报告"，又对时尚超级敏感，领先风潮的时髦打扮总是让人侧目。

商品资本主义在大都市上海的兴起，使丰富的物质商品、便利的现代设施和多彩的娱乐活动不仅是精英阶层的享受，一般城市平民也能够获得。正如上海研究学者乐正在《上海人的社交实质与消费性格》一文中指出的，此声色犬马的新兴城市与奢华消费，说明了上海自19世纪末到20世纪初经历了一场跨世纪的城市消费革命，"新的消费时尚风靡了上海滩，塑造了新一代上海人的生活形象和性格"。[②]

时尚、欲望、消费、快乐，这些是张爱玲的小说和散文中随处可见

---

[①] 庄信正编注：《张爱玲庄信正通信集》，新星出版社2012年版，第326页。
[②] 转引自张小虹《两种衣架子：上海时尚与张爱玲》，陈惠芬、马元曦主编：《当代中国女性文学文化批评文选》，广西师范大学出版社2007年版，第263页。

的，也是上海消费文化中常常做广告的物品、活动和情感。像《良友》这样的通俗画报一样，张爱玲对商品和休闲活动的感官描写是对现代城市生活的颂扬。描述现代商品和通俗娱乐形式成为张爱玲审视"小市民"日常生活和心态的方式。

张爱玲最擅长拾取人生细枝末节的碎片，加以选择，然后重新组合、拼接，通过作品传递与现实生活进程同步的多元经验，引领读者感知生活的世界。在张爱玲的作品中，描写得最多最深刻的是最普通的人间万象，表现小人物们对日常生活的悲欢离合，成为一种强有力的沪港洋场社会的标识。张爱玲以她的绝世才华，开启了一扇"沪港都市社会，尤其是其中的洋场社会的窗口"，时代、国家、革命的一切大题目都掩映在这代表着都市文化放肆而绚丽的日常景观中，或显性或隐性地反映了当时的社会生活，而象征着现代都市的日常物质生活，却是摇曳于这扇窗口的欲望之旗。

## 第一节 物质生活：女性和城市的自我救赎

张爱玲对世界、对文明、对人生的整体感受是悲剧性的，她始终认为这个世界是个"乱世"，现在正在"破坏"，将来还有"更大的破坏到来"。于是她希望在零星而具体的物质和生活细节中使自己"遗忘"和"逃避"那无所不在的荒凉感和恐怖感，把世界"化整为零"，对物质生活有着"多一点"的喜爱。活着本身就是一件"艰难巨大"的事，物质便成了张爱玲在这个荒凉而恐怖的世界里自我救赎的方式，只有对物质生活多一点喜爱，才能支撑着她继续活下去。于是她在夸张的款式和刺激的色彩中强调着自己对生命的"明了与爱悦"的一面，把物质生活看成是一种"自我救赎"，以抗拒自身被"大而破"的世界所"破坏"、所销蚀的命运。张爱玲对世界和生命的悲剧性有着非常清醒的认识，如果她不能从物质生活细节上发现美与爱的话，真不知道她是否有足够的力量来承受和化解那难以言说的和不可摆脱的痛苦。

19世纪末中国社会出现了关于性别和女性的、为女性的新的可能性的最激烈的争论，性别和中国现代性的十字路口问题变得特别突出，知识分子拼命寻求中国现代危机的解决办法并试图定义中国现代性。为什么在这个特别的历史节点上妇女问题成为一个争论热点？这些性别话语是怎样暗示了那些民族话语和中国现代性的？由于女性和写作通过现代性的定义成为一个范畴，那么女性与写作之间的关系是怎样组成的？女性自身是怎样参与和想象中国现代性的建构的？这些正是周成荫研究晚清到20世纪40年代性别和中国现代性的多种碰撞的一个大背景。她不仅试图研究性别是怎样与中国现代性话语互相影响的，而且还研究了性别与女性之间的特别的关系。周成荫的《现代的产生：中国文学文化中的女性形象》讨论了从晚清到20世纪40年代，在一些特殊的历史节点，性别和现代性的构建过程中，二者是如何以不同方式互相影响的。周成荫出生于中国台湾，在美国接受高中和大学教育，2003年获得美国加州大学博士学位，她与罗鹏合译过余华的《兄弟》。对于中国文学中的女性形象，周成荫主要通过研究秋瑾、凌叔华和张爱玲三位作家及其作品，表明中国女性参与确定女性主义和现代性的方式，不仅是通过她们的写作，还通过她们自身的实践和"表演"。其中关于张爱玲的研究，则主要聚焦于20世纪30年代至40年代上海流行文化形成过程中，性别和消费主义互相影响的方式以及张爱玲在作品中对物质的语境重构。[1]

## 一　都市"小市民"的日常生活

张爱玲并不特别关注宏大的历史事件或者崇高的理想，而是更多地描写世俗的日常事件和每天的物质生活。对于这一点，李欧梵等学者有过深入而精妙的评价。在李欧梵看来，张爱玲是以"普通人的传奇"对现代中国历史的宏大叙事进行巨大的颠覆，用"超乎历史书写和超乎信仰的类型"的"传奇"，填充那些被"宏大叙事"和"进步主义"书写所遗忘的角落。时尚意识在时间与空间上的交织，扑朔与迷离，使得张爱玲的作品在苍凉废墟中展现了其特有的华丽姿态。"张爱玲作为一个女性作家，借着她小说中的美学资源，也在试图超越她自身写作的历史境遇。因此，张爱玲凭着她的小说艺术特色，对现代中国历史的大叙述造成了某种

---

[1] Cheng, Eileen Joy, "Engendering the Modern: Configurations of Femininity in Chinese Literary Culture, Late-Qing – 1940's", Doctoral Dissertation of Universit of California, 2003.

颠覆。"① 在张爱玲的作品中充满着对大都市的空间和物质的描述：街上的汽车、舞池、电影院、现代公寓楼、有着西式装饰的漂亮的大楼、时尚的女人和大量的商品。这些都是李欧梵所看到的张爱玲与上海这个摩登都市的感性联系。张爱玲的小说和散文突出的特色就是20世纪20年代和30年代对上海的通俗描绘里琳琅满目的商品和意象。如果说像《良友》这样的通俗画报在表现的同时也建构了一种特别的都市感觉，那么这种感觉是建立在围绕着消费和休闲的生活方式上，张爱玲的写作似乎赞同和记录了上海现代性的这种情况的出现。

因此，目前比较普遍的观点就是张爱玲创作的人物和都市传奇的恒久魅力很容易使它们得到一种无关历史的解读，但是，周成荫认为张爱玲的作品实际上是深深扎根在创作它们的时间和空间里的，也就是，20世纪40年代战争时期的上海。张爱玲的作品没有就宏大的历史主题进行写作，如战争、革命或者民族主义，她的作品关注于日常城市生活的世俗和琐碎的事件。"五四"或者左派文学家的叙述通过民族和革命的视野来表现现代性，与此不同，张爱玲通过物质商品、休闲活动和一种已经成为城市日常生活一部分的新的城市意识来展现现代性。她的作品表达了对宏大叙述和她认为的崇高和精英知识分子典范的不敬和不屑，赞扬了已经成为中产阶级城市日常生活的经纬的通俗娱乐的形式和物质文化。而且，她对于城市存在的描述是碎片化的，是由稍纵即逝的瞬间所组成的，总是在毁灭的边缘，是对极权主义的宏大叙述的存在表示质疑的。

周成荫关注张爱玲通过物质对现代性的呈现，认为在这一点上她用不同的方式进行了情境化："小市民"日常生活的探讨；面对历史和个人的巨大改变时宽慰和亲密的源泉；历史铭刻的痕迹和模式；对一直以来的女性商品化的批判的位置。通过将她对物质的展现扎根于一个复杂的网络中，张爱玲的作品将20世纪40年代战争时期上海生活的矛盾和复杂具体化了，这个网络将过去与现在、旧与新、现实与表现、历史与现在等互相融合并造成困惑。周成荫认为张爱玲的写作质疑了独白式的民族叙述，这种民族叙述没有说明上海现代性的碎片化、复杂的和不时矛盾

---

① 李欧梵：《上海摩登——一种新都市文化在中国（1930—1945）》，毛尖译，北京大学出版社2001年版，第307页。

的本质。①

当现代性已经通过"五四"时期的民族、革命和左翼文学趋势的三棱镜得到了描述时,张爱玲是怎样通过城市消费主义的镜头来看现代性的呢?张爱玲的散文记录了她兼收并蓄的习惯,她阅读的内容包括:中国古典小说和传说、"五四"和新感觉派写作、西方作品、鸳鸯蝴蝶派小说、八卦专栏和其他一些内容。周成荫认为正是在她典型的幽默和不敬的方式里,她表明了自己对"五四"宏大叙事的说教主义表面上的厌烦,以及对工人阶级文学的社会议程缺乏兴趣。与当时知识分子对商业的诋毁和那个时代左翼文学逐渐占据主流的倾向相背离,张爱玲将自己与通俗和商业为中心的文化形式相结合。她明确地声明自己的作品是为了她认为文学上被忽视的一个群体——"小市民"——所写,内容也是关于他们的。张爱玲的小说和散文中经常出现日常生活的物质性的快照。周成荫将《封锁》中对电车里的乘客的细致描写作为一个典型的例子。在《封锁》中,毫无疑问是为了讽刺的效果,在一个乞丐的吆喝声"可怜啊可怜!一个人啊没钱!"的背景中进行了以下描写:几个公事房出来的人在抱怨某人又拍老板马屁;一个穿西装的男人小心翼翼地拿着一包熏鱼,以免油滴在自己衣服上,他的老婆正在训斥他干洗的钱和做裤子的钱;对华贸银行的会计吕宗桢衣服的细节描写:

> 看见了那熏鱼,就联想到他夫人托他在银行附近一家面食摊子上买的菠菜包子。……一个齐齐整整穿着西装戴着玳瑁边眼镜提着公事皮包的人,抱着报纸里的热腾腾的包子满街跑,实在是不像话!②

周成荫将这种描写特意提出来,从物理的空间(银行、面摊、有风的小巷子),物体(西装、玳瑁眼镜、皮包),日常活动(坐电车、读报

---

① Cheng, Eileen Joy, "Engendering the Modern: Configurations of Femininity in Chinese Literary Culture, Late-Qing–1940's", Doctoral Dissertation of Universit of California, 2003.

② 张爱玲:《封锁》,《倾城之恋》,北京出版社出版集团、北京十月文艺出版社 2009 年版,第 149 页。

纸、买食物、去干洗店，甚至偷偷地看陌生人）上描述了"小市民"的日常生活的物质性。通过这些世俗琐事和平淡生活的快照所呈现出的是一种复杂的拼贴，一种20世纪40年代上海城市生活的特别风景、声音和纹理的混合物。与这些日常生活织物交织在一起的是对过去与现在、新与旧、现代与传统、东方与西方的描述，所有这些都是难分难解的，即使有时是让人不舒服的，但却是互相缠绕的。

随着新的公共空间的出现和不断发展的物质世界，新的生活方式、态度和都市心态也出现了。在这些城市空间的新形态中，身处其中的人们，对自己外表的精心关注，希望通过一种特别的时尚、风格和品位来进行炫耀、想象和自我展示，以此获得不断增强的重要性。张爱玲的这些描写取笑了"小市民"的形象意识，但是无论从哪个方面都没有谴责他们。事实上，这是她自己所拥抱的一种新的都市心态的一部分。她写了大量关于服饰的文字以及她对它们的迷恋之情；她也自己设计衣服，因为穿奇装异服而被大众熟知。描写现代商品、时尚和流行娱乐形式成为一种手段，通过这一手段，张爱玲探讨了"小市民"的日常生活和心态，即她自己彻底拥抱的一种身份。

伴随着对城市意象的细致描写，张爱玲将自己作为文学天才进行自我推销，使读者获得一些重要的信息来描绘出一位现代"才女"的生平：3岁能背唐诗；7岁写了第一篇短篇小说；8岁开始读《红楼梦》等。在《天才梦》中，张爱玲将自己塑造成一个少年早熟的文学天才，有着典型的古怪的气质，没有任何其他特别的技能赖以生存。对自己的天才有着敏锐的意识，基于这样的自信，这位21岁的作家，将自己与著名的德国作曲家理查德·瓦格纳置于同一平台。她在《天才梦》的第一段中用以下的注释作为结束："人们会原谅瓦格纳的古怪的狂怒，但是他们不会原谅我。"周成荫认为张爱玲特别吸引人的地方不仅在于她对现代城市生活的毫不讳言的赞美和对那些贬低城市生活的所谓高尚知识分子的不敬，而且在于她毫不避讳将这些态度作为塑造自己女性作家和现代女孩形象的一种方式。

她的散文还通过描写自己对金钱的热爱和对城市娱乐的沉溺来表现自己作为现代女孩的形象。对于自己物质化的趋向，在《童言无忌》中她写道："不知道'抓周'这风俗是否普及各地。……我拿的是钱——好像是个小金镑吧。……但是无论如何，从小似乎我就很喜欢钱。"对她自己这种物质女孩形象的反应，她写了母亲对她爱钱的不喜欢："我母亲是个清高的人……因此，一学会了'拜金主义'这名词，我就坚持我是拜金主义者。"① 她对金钱的喜爱，对物质商品的渴望，对都市娱乐的追求标志了一种新的以商业化为导向的态度和心态，这些是流行文化试图培养和传播的。有些批评家声讨流行媒介所传播的信息和广告使消费者失去自我意识，与他们不同，张爱玲将这种消费呈现为个人能动性和愉快的一个场所。

正如格兰特·麦克莱根（Grant McCracken）指出的，消费者的商品常常是流行的娱乐产生的地方，"商品可以被象征性地再语境化并在物质上适应为自我表达提供重要的，有时是无拘无束的场所"。② 张爱玲自己作为消费者获得的快乐是她散文的一个常常出现的主题。她写道："生在现在，要继续活下去而且活得称心，真是难，就像'双手擘开生死路'那样的艰难巨大的事，所以我们这一代的人对于物质生活，生命的本身，能够多一点明了与爱悦，也是应当的。"③ "有些东西我觉得是应当为我所有的，因为我较别人更会享受它，因为它给我无比的喜悦。"④

张爱玲的这些散文，好像是在和读者叙家常，周成荫在里面看到的是张爱玲迷人的一面，她认为张爱玲对消费文化的这种赞扬，并不是对它们自身的兴趣；而是既赞同这样一种市场心态，又将消费描写为"小市民"的一种标志，甚至是特权。在《良友》这样的流行画报里，消费作为标志社会地位的一种方式积极地占有市场，同时也是通过这种方式，女性不仅可以参加上海现代性的休闲和娱乐，而且是获得赋权和解放的一种可能的形式。张爱玲正好成为这种特别的现代女孩的形象的具体表现。通过她的散文，我们可以看到，张爱玲不仅精通于都市生活的最新潮流和休闲，是一个高雅的和聪慧的消费者形象；而且她还善于运用这些新的知识来展

---

① 张爱玲：《童言无忌》，《流言》，北京出版社出版集团、北京十月文艺出版社2009年版，第93页。

② Grant McCracken, "Culture and Consumption", Indianapolis: Indiana University Press, 1988, p.50.

③ 张爱玲：《我看苏青》，《流言》，第238页。

④ 张爱玲：《童言无忌》，《流言》，第94页。

示自己的优势。①

张爱玲的现代女孩形象不仅通过她自己的散文得到了推广；而且通过她的照片、访谈和她常常惊世骇俗的奇装异服等，使读者开始熟悉她，张爱玲这个人物就和她的作品一起得到了传播，并作为张爱玲现象的一部分获得了延续。张爱玲对最新的时尚和流行非常熟悉，沉浸于城市娱乐的所有形式并展现了一种精明的商业心态，她不仅是"小市民"的一个代表，也是上海现代女孩的化身。她的散文证实并赞成这种基于市场心态和对快乐的追求之上的新的生活方式和情感，并赞扬"小市民"的物质生活。

### 二 物质世界里的物质女孩

麦当娜有一首歌曲"Material Girl"，歌词的最后一句是"Cause we are living in a material world, and I am a material girl"（因为我们生活在一个物质世界，我是一个物质女孩）。历史总是会在某一个时刻重叠，从某种程度上来说，麦当娜歌中的 material girl 也就是张爱玲——物质世界里的物质女孩。张爱玲在散文中认同中产阶级的生活方式，赞扬物质文化，同时也拥抱并传播自己作为现代女孩的形象，让周成荫感到悖论的是，这些与她小说中的女性描写是明显不一致的。尽管她很多的人物都有一种强烈的"物质女孩"的感觉，她们太想要得到流行消费文化中一直推动的现代商品和生活方式，但是她们对于物质的获得毫无疑问又是很古老的交换形式：也就是通过她们的身体和性。对于这一点，周成荫通过两部小说：《沉香屑　第一炉香》和《倾城之恋》对张爱玲物质世界里的物质女孩进行了深入的剖析，这个物质女孩不仅是她作品中的女主人公，也是张爱玲自己。

《沉香屑　第一炉香》中，当葛薇龙到梁太太的别墅时，她首先就被身边环境的异域风情所惊住了。这一点在她看到衣柜里的新衣服时所经历的混乱和激动时非常明显，接着她就偷偷地一件一件地试穿：

---

① Cheng, Eileen Joy, "Engendering the Modern: Configurations of Femininity in Chinese Literary Culture, Late-Qing – 1940's", Doctoral Dissertation of Universit of California, 2003.

家常的织锦袍子，纱的绸的、软缎的、短外套、长外套、海滩上用的披风、睡衣、浴衣、夜礼服、喝鸡尾酒的下午服、在家见客穿的半正式的晚餐服，色色俱全。①

薇龙被这些物品和身边的异域环境所迷惑。衣服和其他的物质，都代表了这座城市的光耀和魅力，是这种诱惑的小道具。她对于这个新环境和生活方式的迷恋还很明显地表现在对梁太太在家举办的宴会的兴趣。尽管她发现了这些晚会都是梁太太抓住男人的一种方式，但是这种迷人的生活方式和丰富的物质商品的诱惑让她无力抵抗，她自愿地参与到了梁太太的计划中。梁太太的宅子，有着奇异的装饰，奇怪地融合了东方与西方、古老与现代，成为香港的缩影。正是香港的殖民地位所带来的物质商品的繁荣才让葛薇龙最后堕落了。但是在这炫目的展示之下，是一个反常的社会，以及为了维持它的那些阴暗的秘密：由于被身边丰富的物质所吸引，并慢慢习惯于这种新生活的奢侈，她成了梁太太肮脏的计划的同谋。

周成荫认为张爱玲对于"出走"一直持怀疑态度。在她的故事里，女性的从家庭出走的"美丽而苍凉的手势"，只不过是导致其掉入另一种形式的陷阱中。例如吴翠远成了一个大学老师，但是并没有一个让人满足的个人生活，结果总是被其他人用怀疑的眼光打量。在充满幻想的时刻，翠远选择了一个腼腆的和顺从的女性形象，甚至还考虑了宗桢想要娶妾的提议，以此来填补她个人生活中的缺陷。葛薇龙从她自己的家里走出来，但是却被梁太太的家困住，自甘堕落来维持她看起来光鲜的生活方式，供养她的情人。通常，张爱玲小说中的女性，例如在《金锁记》《鸿鸾禧》《琉璃瓦》等作品中，都是作为商品出现的，她们的身体被交换或者在婚姻中被交易。②

在《倾城之恋》中这一点是非常明显的，尽管这个故事里的交换在某种程度上有个更加光明的结果。白流苏和范柳原的关系本来是建立在欺

---

① 张爱玲:《沉香屑 第一炉香》,《倾城之恋》,北京出版社出版集团、北京十月文艺出版社 2009 年版,第 16 页。

② Cheng, Eileen Joy, "Engendering the Modern: Configurations of Femininity in Chinese Literary Culture, Late-Qing – 1940's", Doctoral Dissertation of Universit of California, 2003.

骗和自私的基础上，互相玩着猫抓老鼠的游戏。流苏，28 岁，离婚之后与自己娘家人在一起住了 7 年。由于被看成是经济负担和一个不祥之兆，她受到了一些家人的鄙视。得到她前夫死了的消息之后，她的哥哥们就要她马上回去，作为寡妇住在那边。由于受不了自己家人对自己的这种无情的对待和侮辱，而且也不愿意再回到前夫家去忍辱负重，她决定另找出路，主要就是通过另一场婚姻。下面这个场景是她站在镜子面前看到自己时场景：

> 她开了灯，扑在穿衣镜上，端详她自己。……她忽然笑了——阴阴的，不怀好意的笑，那音乐便戛然而止。①

这里暗示流苏不是一般的传统女性的线索就是在于她的离婚，她不愿意被束缚在父权制等级社会，但是她的身体仍然是她唯一可以用来改变自己命运的方式。在这部小说中，流苏通过评估自己的市场价值使自我客体化。张爱玲小说中的女性，就像流行文化中的商品广告，受制于时间和时尚的流行趋势。几乎她所有的女性人物（包括张爱玲自己）都很敏锐地意识到她们年轻和美貌的一面，也很清楚地知道这些光鲜会很快消退。也就是说，正是由于对她们外貌的"保质期"有着清醒的认识，当这些女性处于聚光灯下的时候，就积极地与其他女性进行抗争。

流苏将这些关系作为商业交易的一种形式来算计的程度在她遇见范柳原之后马上就表现出来了。范柳原是个有钱的花花公子，最开始是要介绍给流苏年轻的妹妹的。流苏是作为她妹妹的女伴来参加舞会的，她的一项现代技能——跳舞——在餐厅的舞池里派上了用场。她和范柳原跳完舞之后，就抢过了妹妹的风头。流苏的这个行为使她遭到了家里人的痛骂，这让她将柳原看成是从这个无情的环境下逃出的方式。当她被家里的一个朋友邀请去香港的时候，流苏马上怀疑这次旅行是柳原出钱的。下面就是她对自己所有选择的斟酌：

> 流苏的手没有沾过骨牌和骰子，然而她也是喜欢赌的，她决定用

---

① 张爱玲：《倾城之恋》，北京出版社出版集团、北京十月文艺出版社 2009 年版，第 167 页。

她的前途来下注。①

这个故事的后半段就是柳原和流苏之间互相玩的那些心理游戏。流苏想要的是经济上的安全感,希望结婚;柳原似乎只是倾心于一个女伴。流苏并没有被描写为一个无助的受害者,虽然她处于相对不利的地位,但她还是巧妙地将其转化为对自己最有利的优势。

在这里周成荫利用朱迪斯·巴特勒对于性别的定义,即性别是经过一段时间累计的不断重复的行为的一种程式化结果。② 在张爱玲的小说中,性别的表演性在她对女性人物的描写中非常明显,她们有意识的行为举止常常是因为迎合男人对女性行为的期待。在《倾城之恋》中,柳原赞美了好几次流苏善于低头,部分是因为她的这种"中国的魅力"让他觉得非常着迷。他说流苏"你有许多小动作,一种罗曼蒂克的气氛,很像唱京戏"。流苏假装对这个评价生气,在早前的镜子那场中,描写了她一边斜着头,手和眉眼都是那种微妙的姿态:

> 她对镜子这一表演,那胡琴听上去便不是胡琴……外面的胡琴继续拉下去,可是胡琴诉说的是一些辽远的忠孝节义的故事,不与她相关了。③

这里引用的场景暗示了流苏的性格,预示了她和柳原的关系。她"恶毒的微笑"表明她拒绝按照女性的某种程式化和被赞美的方式来表演,那种传统的方式可能也不在她自己的利己主义里。这一点在她的离婚中已经很清楚了,她拒绝成为那个被人看不起的离婚的女人,或者她前夫的痛苦的寡妇,后来,又拒绝表现为她妹妹的女伴的那种合适的角色。相反,她冒着名声扫地的危险去香港与柳原赴一场越界的浪漫。在她这些勇敢的和算计的行为中,流苏的低头(包括《封锁》中吴翠远的低头)可

---

① 张爱玲:《倾城之恋》,北京出版社出版集团、北京十月文艺出版社2009年版,第173页。
② Judith Butler, *Gender Trouble*, New York: Routledge, 1990, p. 33.
③ 张爱玲:《倾城之恋》,北京出版社出版集团、北京十月文艺出版社2009年版,第167页。

能并不是她"中国传统女性"的标志,这是流苏为了赢得这场赌博的一个有意识的行为。

在这里,周成荫提醒我们,流苏和柳原的"浪漫",背景是酒店、餐厅、舞会和城市里其他光鲜的地方,仅仅是基于各自自私的基础上的一场游戏:流苏是为了经济安全,柳原是为了要一个女伴。在柳原很少出现的流露真情的时候,他靠着的那堵墙代表了一种物质结构,它代表了所有的障碍(物质的、社会的、情感的等),这些障碍防止他们之间由于自私的动机和社会惯例产生一种不受约束的关系。在《倾城之恋》和她的很多其他小说中所强调的是一种相对而言悲观的爱情观,这种观点认为事实上,人们的存在受到了社会规则、文化惯例、物质欲望、个人焦虑的约束,在这个日益异化和破碎的世界里,爱情变得不可能。

对于张爱玲小说中的爱和真心,周成荫认为只是在非常少的和稍纵即逝的瞬间成为可能,这时候所有的社会障碍都暂时消退了。[1] 正如在《封锁》和张爱玲的散文里,由于历史事件的介入,在浪漫传奇中,故事发生的时间都是偶然的。通过对张爱玲小说的分析,周成荫认为张爱玲对爱情持有一种怀疑的态度,认为只有在极度的危险和威胁时,短暂的真心的时刻才会出现,在《倾城之恋》里是香港的轰炸,在《封锁》里是遇到的封锁,也只有在这样的时刻,当人们暂时地抽身于他们的物质关心、社会规则和社会期待时,爱情才有出现的可能性。张爱玲在这种爱情维持的可能性上始终是一个悲观主义者。因此,在她的小说中,也正是爱情这种稍纵即逝的特性使这样的时刻变得让人珍惜。在大轰炸之后没多久,柳原和流苏在报纸上登出了结婚启事。柳原又开始和其他女人调情,这一方面让流苏觉得安慰,因为这说明他将她看成是"他真正的,名正言顺的妻",另一方面也在某一程度上让她伤心。但是,流苏很清楚地知道他们之间苦乐参半的浪漫关系和她一直渴望的婚姻都在战争的创伤和悲惨的事情之后被封存了,她是一个幸存者。她想:

香港的陷落成全了她。……

---

[1] Cheng, Eileen Joy, "Engendering the Modern: Configurations of Femininity in Chinese Literary Culture, Late-Qing – 1940's", Doctoral Dissertation of Universit of California, 2003.

传奇里的倾国倾城的人大抵如此。

到处都是传奇，可不见得有这么圆满的收场。①

## 第二节 战争期间的女性生存

张爱玲的物质女孩形象一直延续，她在大都会里对生命的沉思对都市里一代代的读者一直保持着一种相关性和吸引力。周成荫指出，对张爱玲的去历史化阅读，一方面来自张爱玲自身形象的"永恒"，另一方面是她作品中都市传奇的浪漫特质，但是同时，周成荫也看到张爱玲的作品深深地扎根于当时的历史环境中，也就是战争期间被占领时期的上海。她富有洞见地指出，事实上，正是这种隐约可见的破坏强化了张爱玲所写的日常生活的经验。尽管在重大历史事件和宏大叙事面前张爱玲常常表现出玩世不恭和不敬的态度，但她的生活和作品中的历史负担其实是非常明显的。②

### 一 战争和日常生活实践

一般的研究者都会关注张爱玲对儿时的回忆和对都市生活的描写，她很多的个人回忆都直接或者间接地与她在上海和香港战争期间的经历交织在一起。在《私语》中，散见在儿时与仆人和弟弟一起长大的回忆，她读的不同书籍的回忆等，这些是对她不健全的家庭和受创伤的童年经历的描写。她那大部分时间不在场的母亲；她父亲和小妾吸鸦片；有很多交际花的盛大宴会；父亲和后母对她身心的虐待，等等。对于其中的一个情节，大家也都耳熟能详，就是她被父亲囚禁了半年的经历。她特别描写了因为在母亲家里待了几周，回家之后与父亲和后母之间的冲突，这件事情之后，张爱玲差不多被关在一个空房子里半年时间，直到她逃跑到母亲家里。

---

① 张爱玲：《倾城之恋》，北京出版社出版集团、北京十月文艺出版社 2009 年版，第 201 页。

② Cheng, Eileen Joy, "Engendering the Modern: Configurations of Femininity in Chinese Literary Culture, Late-Qing – 1940's", Doctoral Dissertation of Universit of California, 2003.

她生活中的这些让人痛心的叙述在读者的记忆里是不可磨灭的,但是周成荫特别指出一个很有意义但是却并不是毫不相关的细节,这个细节常常被研究者们所忽视:张爱玲写道,她和母亲待在一起的最初原因是与上海的战争有关的。她写道:"沪战发生,我的事暂且搁下了。因为我们家邻近苏州河,夜间听见炮声不能入睡,所以到我母亲处住了两个礼拜。"①由于没有对这次战役场景的其他描写,这段插曲的描述表现了战争是怎样变成了日常存在的一部分,炮火打扰了人们的睡眠。周成荫认为正是这一处表明了日常生活的偶然事件是怎样与宏大的历史事件相关的,有时就是这样神秘莫测:她个人的被辱骂和关在自己家里的创伤经历与民族创伤如此密切地互相交织。她所经历的这种个人创伤的程度曾经很明显是她自己想象出来的,但是这一次,由于她自己被"关起来了":"我希望有个炸弹掉在我们家,就同他们死在一起我也愿意。"②

尽管历史不会按照她想象的方式来进行介入,张爱玲还是敏锐地意识到她个人生活中的某些事件被更大的历史力量所影响。她回忆她本来想去英国读书的计划,由于战争,两次都没去成。尽管1939年被伦敦大学接收,由于欧洲战争爆发,她只能到香港大学。后来由于珍珠港事件,香港大学于1942年关闭,不仅缩短了她的大学学习,也妨碍了她想去英国继续学习的计划。她后来回忆这段生活中的一次空袭,所有的电都切断了,坐在蜡烛前,沉思:

> 我于是想到我自己,也是充满了计划的。……我一个人坐着,守着蜡烛,想到从前,想到现在,近两年来孜孜忙着的,是不是也注定了要被打翻的——我应当有数。③

---

① 张爱玲:《私语》,《流言》,北京出版社出版集团、北京十月文艺出版社2009年版,第115页。

② Cheng, Eileen Joy, "Engendering the Modern: Configurations of Femininity in Chinese Literary Culture, Late-Qing – 1940's", Doctoral Dissertation of Universit of California, 2003.

③ 张爱玲:《我看苏青》,《流言》,北京出版社出版集团、北京十月文艺出版社2009年版,第239—240页。

另一篇散文《烬余录》中，更是记录了在直接面对战争的毁灭时，她自己在香港的经历——封锁、空袭、炮弹、死亡。关于这段经历，她写道："都刻到我骨头里去了，彻底地改变了我。"但是，与其说是对这些事件的戏剧化的描写或者阐述，不如说她的回忆正好相反，都是关注普通的和日常的活动，包括吃什么、穿什么，当然还有购物。

正如玛丽·道格拉斯（Mary Douglas）和巴伦·伊舍伍德（Baron Isherwood）在对物质商品的研究中指出的，"商品是仪式的附属物；消费是仪式的过程，其主要的作用是搞清楚事件最初的变化"。[①] 购物成为消磨时光的一种方式，在战争时期的现实之外给人提供了一个个人空间。在战争时期的混乱中，它成为保持类似的秩序、常规，也因此保持意义的一种方式。

张爱玲的写作表明战争时期的事件是怎样渗入人们生活的每个空隙，影响到他们最日常的生活和世俗的活动（睡觉、吃饭、购物、在城市晃荡，等等）。她的故事和散文为战争期间的创伤中那些"日常生活的实践"提供了一个快照。在绝望和不确定之中，仍然通过创造出一点个人空间和愉快来提供一种能让身体和心理都好好活下去的持续的需求。在她很多的散文里，语境都是与创伤性的和/或者破坏性的事件的背景相反，总是一成不变地出现一个或两个以下的时刻：对过去时光的回忆；和/或者物质环境，或者平凡日常活动（吃、穿、阅读、逛街，等等）的描写。这些描写都是试图创造出一种没有完全被创伤经历所毁掉或者淹没的个人空间。

周成荫通过《封锁》这部小说指出，就像很多她的自传性散文一样，张爱玲的一些短篇小说也是对历史巨变的背景的一种背离，关注一些在空袭和封锁中发生的平凡的日常事件。[②]《封锁》这篇小说以人们乘坐电车开始。在空袭时，一辆电车由于遇到封锁暂时停了下来。在这临时的封锁期间，两个陌生人——会计吕宗桢和大学老师吴翠远——在这最不可能的

---

[①] Mary Douglas, Baron Isherwood, *The World of Goods*, New York: Basic Books, 1979, p. 43.

[②] Cheng, Eileen Joy, "Engendering the Modern: Configurations of Femininity in Chinese Literary Culture, Late-Qing – 1940's", Doctoral Dissertation of Universit of California, 2003.

环境里被抛到了一起。就在这短短的封锁期间，这两个人物，在经过简短的谈话之后，发现彼此"爱上了对方"。这两个人物陷入幻想的旅行里——从最初到结束——就是这个故事的中心主题。

由于历史语境中没有直接的提示，空袭和封锁明显会涉及日本占领时期的上海。正是在这封锁期间——封锁的空间，等待的时间——将这两个人物抛入了一场最不可能的浪漫中。当电车停下来之后，车里的人各自找些事情来打发时间，大家都能感觉到恐惧和不确定，但是似乎这种恐惧不能被承认或明确地表达；每个人都各自试图消除这种恐惧感，让自己忙于各种平常的行为来填补由封锁所造成的真空。

封闭的空间和在电车里等待的时间让翠远对她自己的生活有了一个反思——尽管作为一个女老师，有一份受人尊敬和不同寻常的工作，但是缺乏其他人的尊重。以前作为一个单身女性她得到的同情都是让她对婚姻做准备。正是这种想法让她很容易渴望一个浪漫的时刻，这种浪漫不仅是她作为一个客体，受到一个珍爱她的男人的注意，而且这种行为本身也是对她自己那个没有同情心的家庭的一种报复。正是在她的这些幻想里，她错误地将宗桢的行为都看成了调情。在封锁最开始的时候，她感觉到来自一个男人的少有的关注，她觉得这是一种奉承，于是鼓励了他的继续。在翠远这边，浪漫是从宗桢将她误认为是学生那一刻开始慢慢升温，因为这一点让她由于自己年纪越来越大而产生的不安全感得到了缓解；之后，他又表达了对知识女性的欣赏，对翠远的教育和工作表示了羡慕，而这时她自己正开始质疑自己工作选择的正确性。与她平时被要求的职业形象不一样，翠远开始表现得羞涩，迎合宗桢，成为他所期待的那个有欲望的女人。

宗桢装出来的调情也与电车封闭的空间有直接的关系。由于他不想在电车上被想要避开的亲戚认出来，就躲到了翠远旁边的空座位上，在亲戚走向他时，他只能装作与翠远在调情。可笑的是，当宗桢说他想要娶个妾时，被认为是"新女性"的翠远，居然还认真地考虑了这个提议。但是，当封锁被解除时，宗桢收回了他之前的提议，说他没有多少钱，也不想毁了她的生活。

翠远开始哭，不是为他们的关系不能再进一步而感到难过，而是因为宗桢毁掉了她的幻想，将她想要逃离的现实和社会约束又重新拉回来。当封锁解除，宗桢走开了。翠远还以为他下车了，但是她绝望地发现他只是回到了他原来的位子上。"她明白他的意思了：封锁期间的一切，等于没有发生。整个的上海打了个盹,做了个不近情理的梦。"①

正是在这个临时的"不近情理的梦"中,周成荫认为我们所看到的是传奇的高潮,空袭和封锁都退到了背景之后。表面上看,对上海沦陷时期的历史语境的轻描淡写可能是为了避免审查制度,但是这种对历史事件的暗指方式,恰恰表明了战争对普通市民日常活动的中断和破坏,例如开门营业、坐电车、上班等。这种破坏也影响到了人们的心理,他们必须找到某种方式来打发时间,填充由于封锁所造成的时间和空间的真空。②

但是,也正是由于封锁所造成的这一连串出乎意料的事件给一些事情的发生创造了机会和可能性。就像弗洛伊德对梦的解析,正是由于封锁的插入使无意识的欲望有了一个临时的释放。像梦一样短暂的封锁为这段幻想提供了机会。这种幻想不仅使两位主人公能逃避在电车里受困的窘境,填补没有尽头的等待;而且通过探求被压抑的欲望来缓解各自的世俗生活。尽管这场邂逅最后证明是没有希望的结果,但是当它发生的时候,男女主角都纠缠在平时日常生活中并不典型的欲望中,在面对隐约的不确定时都试图抓住某些有意义的东西。

张爱玲的写作表现了在面对灾难时,个人通过一些最不相关的行动或姿态来试图抵抗无望感——在物质商品和日常活动中找到庇护、沉溺在回忆和幻想中,等等。这些行为,看上去可能是不相关的,却提供了一种舒适和熟悉的感觉,在无意义的和不确定的世界里具有某种踏实的东西,它们也为毁灭带来的持续的伤痛提供一种暂时的缓解和庇护。

通过对张爱玲小说中的细节分析,周成荫指出张爱玲的小说常常最开始的时候仅仅是对物质的简单的迷恋,到故事的最后,在面对不确定性和未来的恐惧时——物质成为给人们带来舒适感和亲密感的来源。作为实在的和有形的物质,也称为反抗的一种形式,来反抗时间的不可掌控和将要发生事情的不确定性。就像记忆,它提供一种逃避和庇护的地方。③

---

① 张爱玲:《封锁》,《倾城之恋》,北京出版社出版集团、北京十月文艺出版社2009年版,第159页。

② Cheng, Eileen Joy, "Engendering the Modern: Configurations of Femininity in Chinese Literary Culture, Late-Qing – 1940's", Doctoral Dissertation of Universit of California, 2003.

③ Ibid..

与此相同，张爱玲写作的行为和对不相干的东西的特别留意，为个人在创伤经历（个人创伤和民族创伤互相交织）之外提供了一个空间，甚至她的写作和不可磨灭的回忆都是由它们构成的。这一点在她写作中对不相关的事情的深思熟虑的选择中表现出来——与"五四"那一代更加政治化和民族化的写作以及与她那个时代的左翼文学方向是背道而驰的。通过她自己的生活经历和对生命本身不确定性的敏锐意识，对于张爱玲而言，现实就包含在流逝和碎片里，而不是在宏大叙事的确定性中。她的写作构成了她的个人铭记——在短暂的美学基础之上——来对抗一种更大的（政治的、文学的）历史背景，这种历史背景一直在不断地威胁着要吞噬个人。

## 二 沦陷区上海的传奇故事

周成荫通过对张爱玲的散文和小说的分析，将张爱玲定位为以自我为中心的现代和物质女孩，而且她对物质的感受几乎都是上海这座城市提供给她的，这座城市让她沉溺其中，这里有她热爱的各种文化形式：除了中国传统长篇小说、短篇小说和一些外国文学作品，她还读了"五四"作家的作品、鸳鸯蝴蝶派作家的作品以及新感觉派作家的作品。她还喜欢读八卦专栏，对于传统蹦蹦戏、京剧和电影都有着特别的喜爱。不仅是因为这些文化形式展现了城市生活的不同方面，对于都市现代性的经历也是至关重要的。

> 生活的戏剧化是不健康的。像我们这样生长在都市文化中的人，总是先看见海的图画，后看见海；先读到爱情小说，后知道爱；我们对于生活的体验往往是第二轮的，借助于人为的戏剧，因此在生活与生活的戏剧化之间很难划界。[1]

文化形式不仅表现了都市生活的不同方面，城市生活的不同经历，事实上，也是由它们调和的。日常生活不仅是由不可预知的历史时间和随之而产生的机遇所铭刻，也由文化表征所铭刻。

---

[1] 张爱玲：《童言无忌》，《流言》，北京出版社出版集团、北京十月文艺出版社2009年版，第98页。

生活的这些戏剧化尽管可能是"不健康的",但张爱玲彻彻底底地为之着迷了。在下面的描写中,张爱玲强调了文化的不同形式渗透进了城市人生活的各个方面,例如《封锁》中吕宗桢读报纸,其他乘客有的看发票,看章程,还有看街上的市招。周成荫指出张爱玲通过小说中的这种类似细节表现了,当时的城市生活中,印刷品,例如报纸,已经成为日常生活的重要组成部分。但是,周成荫在分析中强调的是,印刷品不仅已经渗透到日常生活中,而且在城市空间的新格局中成为一种异化感。电车本身也悬浮于真空中,由于封锁而与外面的世界失去了联系,电车里的乘客也彼此孤立隔绝。周成荫认为张爱玲正是回应了齐美尔关于物质现代性的矛盾天性的描述:也就是说,商品文化同时具有解放和异化的影响。[①] 文化形式不仅成为与外部现实的最方便的隔绝,也成为人们之间的联系的替代,它们所强调的是城市生活中出现的异化感。

张爱玲还指出了不同的文化形式是怎样构成了人们的生活经历的:

她是一个好女儿,好学生。……世界上的好人比真人多。[②]

周成荫认为这里的"好人"指的是这个城市里的居民,他们的生活不仅背负着多重社会角色,而且被各种各样的媒体形式轰炸,这些媒体的多种形式是要建构一种城市中产阶级渴望的都市生活意象。就像莎士比亚的名言:"整个世界就是一个舞台,所有的男男女女都只是演员。"这一比喻在张爱玲的小说和散文中一再地展现,那些人物(包括她自己)都是作为表演社会剧本或者对文化叙述的再现的演员出现的。

"世界是个舞台"这个概念不仅是她小说的普通主题,而且在她写作的叙述技巧中得到了建构。她的作品一再地被自我指涉的虚构性和戏剧舞台表演当作标签。在张爱玲的写作中经常出现的不同的叙述技巧是:对京剧表演中人物的特点和姿势的特别关注;对照相机移动的平移视角的模

---

[①] Cheng, Eileen Joy, "Engendering the Modern: Configurations of Femininity in Chinese Literary Culture, Late-Qing – 1940's", Doctoral Dissertation of Universit of California, 2003.

[②] 张爱玲:《封锁》,《倾城之恋》,北京出版社出版集团、北京十月文艺出版社2009年版,第151页。

仿；电影蒙太奇方式的描写；人物空洞的自我反省和自我旁观的场景，有时是通过镜子的运用来达到这个效果。对于她自己叙述的个人的创伤事件，张爱玲保持了一种讽刺的叙述距离，她将这些事件按照一种超现实的，远离身体经验本身的方式进行了构架。事件从一个有距离的过去来讲述或者回忆时，被叙述、被美学化，有时甚至被戏剧化。除了电影的、戏剧的和技巧的使用，张爱玲的写作也常常依赖于传统的故事叙述技巧。她很多的小说，例如《倾城之恋》《金锁记》等都是以小说讲述者的直接视角出现在读者面前，有时还伴随着背景中的"胡琴"，让人重新回到传统故事和表演艺术当中。

通过从一个有距离的过去来将她的叙述或回忆建构成小说，这些事件就从当前的现实中移除到一个单独的空间来展现了。这种叙述技巧在她的小说写作中也是经常出现的。张爱玲的很多作品不仅是回到一个封闭的过去，场景也常常被安排在一个封闭的空间里——电车、老房子和旧公寓，常常有一种鬼气森森的感觉。在《封锁》中，封锁（和浪漫）的开始和结束都是用警报声来做标志的，"'叮铃铃铃铃铃'，每一个'铃'字是冷冷的一小点，一点一点连成一条虚线，切断了时间与空间"。①

周成荫指出，如果我们可以将这些作为舞台的封锁空间解读为当时间和空间都崩塌之后，创造一个自给自足的世界的一种叙述技巧，我们在张爱玲的作品中发现的就是关于时间和空间的一种敏锐的感觉，这似乎与她在战争期间的上海的个人经历是互相纠缠、难分难解的。② 上海的殖民地空间（和扩展一点的香港），这个新与旧、过去与现在、东方与西方的"不健康的"相互纠缠的产物，成为她的叙述展开的舞台。在这个特别的和奇特的空间里，发生了很多奇怪的和非凡的事情（有时候是多姿多彩的、异域风情的人物、引人注目的外国人）。一些特别的事件（香港的大轰炸、日军占领上海）引发了奇异的和神奇的事件的发生，并为这些奇特的传奇搭建了舞台。

---

① 张爱玲：《封锁》，《倾城之恋》，北京出版社出版集团、北京十月文艺出版社2009年版，第159页。

② Cheng, Eileen Joy, "Engendering the Modern: Configurations of Femininity in Chinese Literary Culture, Late-Qing – 1940's", Doctoral Dissertation of University of California, 2003.

这种殖民化已经渗透进了每天的日常生活，事实上即使是与人们接触最紧密的直接环境（例如服装的式样），都能反映其影响的程度。张爱玲对日常生活及物质细节的喜爱和仔细描述，不仅仅是为简单地反映其本身的魅力，还是作为一种历史记录和遗迹出现的。这些物品不仅与新的城市消费心态和人们心理状态紧密联系，而且还与产生它们的历史有千丝万缕的联系。

很多学者已经对张爱玲的《传奇》这个标题与中国传统叙事文类的一个术语"传奇"进行了透彻而深入的研究，周成荫在研究中要强调的是，我们可以将她的小说当成是奇迹的现代故事，轻松地让人回想起与"传奇"有联系的传统叙述和戏剧惯例，又与更加当代的叙事惯例互相契合，通过一种都市感觉慢慢渗透。正如"传奇"和与之有着紧密的联系的"志怪"传统探讨了另一个世界的空间和经历（通过幻想或者梦境），张爱玲的小说探究了战争时期被殖民的香港/上海所构成的封锁的世界。[①]在《倾城之恋》这个标题里，张爱玲就故意地运用了"倾国倾城"这样一个经典的典故。这个典故最初就是指向貌美但是危险的女子——足以"毁掉一个国家的城池和政权"，她们让昏君不理朝政，最后亡国。在张爱玲的小说里，这个暗示算是有一种讽刺的曲解：这倒不是一个君王和爱妃之间导致王朝灭亡的浪漫，而是一个城市的沦陷成全了一对普通人——一个花花公子和一个离婚的女人。通过对流苏这样的普通女人的艰辛的描写，张爱玲表明了与传统的比喻相比，这些传奇美女和她们自身可以颠覆一个王朝的能力可能事实上是一种神话。就像流苏一样，她们可能仅仅是顺应了时代的普通女子。

张爱玲的小说不仅质疑了这种危险的美女的叙述，而且还质疑了"所有一般的观察都成为空的"（中国的宗教）这样的宏大叙述。所有的人物，尤其是女性，都被超过她们自己控制的力量所铭刻，如社会惯例、社会期待、物质关心等，更别提那些不可预知的历史事件。但是，在这个系统里，她的人物努力抗争，留下了自己的个人痕迹。这可以解释张爱玲对于她所说的"苍凉的手势"的偏爱之情，不时出现的个人姿态是对抗

---

[①] Cheng, Eileen Joy, "Engendering the Modern: Configurations of Femininity in Chinese Literary Culture, Late-Qing – 1940's", Doctoral Dissertation of University of California, 2003.

那些决心要摧毁个人意志的更大的社会力量。《倾城之恋》作为一个很少的例外，有一个乐观积极的结尾，这可以看成是流苏的胜利。毕竟，她小心翼翼地算计和高额的赌注最终得到了回报。她敏锐地意识到她自己有多幸运，能在这场造成了那么多的死亡和毁灭的创伤性的历史事件里成为幸存者和获利者。

柯灵认为上海的沦陷和那个时候严格的审查制度给张爱玲这样的去政治化的浪漫故事提供了繁荣的机会。她的小说和散文中的人物在接下来的革命时期是不可能幸存下来的。日军占领上海的这个特别的时间和空间——完全不同于过去和现在、旧和新、东方与西方、现实与表征、历史与现在等这些差异的融合和困惑——给张爱玲提供了一个创造性的支持和写作的内容。战争时期的经历和即将到来的死亡和毁灭的持续的威胁，都强调了生命本身的危险的本质，也培养了她对爱情、生活和日常存在的洞见。

阿尔让·阿帕杜莱（Arjun Appadurai）扩展了弗雷德里克·詹姆逊的术语"对现在的乡愁"（nostalgia for the present）的意义，詹姆逊用这个术语来描述一部分电影，这些电影"提供了一种未来，它来自于对现在的观点。这种观点不仅是历史性的，同时也是未被承认的，因为这种观点中的某些部分已经遗失了"。[1] 阿帕杜莱注意到，大众媒体，"使现在成为历史情感中一个已经存在的客体"，将"消费者放在已经成为周期的现代，甚至读者为时尚的快速变化而祈祷"。[2] 这种将现在的时间看成是即将到来的过去的观点，在当代消费者文化中已经用来标志产品及生活方式。在张爱玲的世界里，"无常的美学"有更加深刻的含义：不仅与20世纪40年代的上海消费者文化相适应，而且与战争时期现实强加的死亡和毁灭的惘惘的威胁也是相适应的。

周成荫通过对张爱玲的阅读指出其作品在各个方面都体现了无常的美学。在她的作品中，时间、空间、历史、青春和激情，等等，都处在毁灭的边缘，反抗任何一种确定性或者与宏大叙事关系密切的权力。因此，恰恰是短暂的和碎片化的天性使这些无常的经历看上去更加不可思议。她将

---

[1] Arjun Appadurai, *Modernity at Large: Cultural Dimensions of Globalization*, Minnesota: University of Minnesota Press, 1996, p.77.

[2] Ibid., p.78.

自己那种标志性的写作风格称之为"参差的对照",解构了宏大叙事所营造的力量和圆满,相反强调碎片化和细节。她将各种矛盾的、不可调和的因素互相结合,将不同的碎片拼凑在一起,将不协调的意象并置,恰恰是抓住了战争时期上海的复杂和互相矛盾的存在。在乱世,倾城的美女被普通女性取代了,这些普通的、苍凉的女性形象不时出现在历史的巨大力量中间。

这种迫切感,对时间的稍纵即逝的本质的感知,甚至还有她的天赋,都让她在 1944 年到 1945 年期间发表了短篇小说和散文集,尽管这违背了朋友们的建议,因为他们相信这并不是一个政治上的明智之举。就像流苏的赌博,最后是一个胜利的结尾。这种胜利,就像她的名声和形象,与战争期间的上海复杂的时间和空间互相纠缠,彼此难分难解。张爱玲的《传奇》和《流言》构成了一个私人的铭刻——她就是这复杂的历史里的产物。

## 第三节　女性视野中的现代城市想象

我们对城市的记忆,并不仅仅是那些风景的纯粹的感觉,而是一种复杂的概念或者是通过各种关联的网络对于城市的一种概念化——这些关联使我们在情感上和理性上都对该城市产生了依赖。在这个意义上,城市不仅仅是作为一种物质结构而出现;它与其他很多事情铭刻在了某种特定的话语和实践中,这些事情包括一种精神状态、一种道德秩序、一种态度和仪式化行为的模式、人与人之间的关系网、一种习俗和传统,等等。

加利福尼亚大学圣地亚哥分校中国研究中心主任张英进,曾任美国的中国比较文学学会主席。他 1984 年在福建师范大学外国语学院获得硕士学位,然后赴美留学,先后在爱荷华大学和斯坦福大学获得硕士和博士学位。由于在中美两种不同的学术环境中受到了严格的学术训练,张英进把中国现代文学和中国电影都作为文学史材料,在跨文化的视野下进行整体研究,他对于中国电影研究的英文论著已成为欧美大学的必读书。在《中国现代文学和电影中的城市形象》中张英进抓住"城市""性别""构成"等关键词,重点讨论中国现代文学和电影中城市形态的各种形式,在文本的层次和概念的层次分析了现代中国的城市意象,区别了现代中国城市形态构成中知识分子的多种图像以及他们与社会历史话语的复杂关系。他结合张爱玲和苏青的文本讨论了上海这座城市中的性、禁欲主义、恋物癖、虐待狂，以及女性主义和父权主义的相互影响。对张爱玲的讨论主要是将其作为典型个案来对大都市上海20世纪30—40年代"现代女性"的影像和文学形态进行批判性阅读，以此来讨论与性别相关的问题。[①]

## 一　现代城市空间的想象

空间是人类存在的另一个重要方面。西方历史上许多著名的哲学家对空间有过论述，如柏拉图（Plato）著作中的穴洞、笛卡儿（Descarte）的屋子、康德（Kant）的岛屿和萨特（Sartre）的金戒指。爱丽斯·佳定（Alice Jardine）甚至认为"探索疆界和空间是哲学的本质"。[②]空间，一般指物质和认识的空间。对于空间，不同的学派有不同的看法。有些人认为，空间是独立存在的，事物存在于空间之间，但空间本身不是事物。但是另一些人认为，由于地心引力的相对性，空间受其中事物的影响，是事物的组成部分。还有些人，如戈特弗里德·莱布尼兹（Gottfried W. Leibniz）认为："空间是事物和事件的关系的网络。"[③]爱因斯坦认为，时间和空间不是独立地、平行地行进的，人类生活的时间和空间是相对的、相互联系和影响的四度空间，时间甚至可以换算成空间。地心引力使时间弹性化，地心引力越强，时间越少。空间比具体的地方、地点更抽象，地方比空间更具体和局部，但是两者以对方为依据而被界定。

"极度超越的女性主义"是西方女性主义的一支，它较为典型地反映了当代女性主义空间话语的一些特点和内在的问题。一般认为凯西·弗格森（Kathy Ferguson）、墨罕提和朱迪思·巴特勒是这一思潮的代表人物。受后现代主义影响，极度超越的女性主义挑战男性的宇宙观，崇尚支离、不连贯、不稳定和扁平的空间，崇尚不属于任何空间、没有文化和地域的

---

[①] Zhang, Yingjin, *Configurations of the City in Modern Chinese Literature and Film*, Doctoral Dissertation, Universit of Stanford, 1992.

[②] 苏红军：《时空观：西方女权主义的一个新领域》，苏红军、柏棣主编：《西方后学语境中的女权主义》，广西师范大学出版社2006年版，第44页。

[③] 转引自苏红军《时空观：西方女权主义的一个新领域》，苏红军、柏棣主编：《西方后学语境中的女权主义》，广西师范大学出版社2006年版，第45页。

根的后女性主义空间观。极度超越的女性主义认为,妇女应不停地"跑",在某一点固定下来意味着服从于绝对的和有结局的连贯性和一致性,意味着服从线性的时间。弗格森就提倡不断运动中的主体意识。墨罕提崇尚地理和制图学里没有深度的空间形象,反对任何有机的、圆形完整的形象,以及有内部的容器的空间。凯思林·柯林比这样来描述墨罕提的立场:如"制图人站在地图边,而不是地图上任何村镇的居民"。对墨罕提来说,家是扁平的,无法居住,不应停留。同样,人的主体意识也无法有深度,即是无根的。亚裔美籍女权主义者群·民哈认为后女性主义者应是"赤脚在多元的、被拆解或重新建立的大地上行走的旅行者"。黑人女权主义者贝尔·胡克斯认为:"我们正视和接受分散和支离,因为它们是新的世界秩序的一部分。这个新的世界秩序揭示我们是谁和我们自身将来的变化。"[1] 柏格森表明,抽象时间是空间和绵延的混合物,而深刻的是,空间本身是物质与绵延的混合物,是物质和记忆的混合物。[2]

相比19世纪其他任何社会力量,城市唤起了更多的自由,也带来了更多的威胁,这些自由和威胁构成了现代性体验。整个现代化时期,城市发展为不仅仅是空间意义上的,而且是根据文化意义构成的领土,城市也以此方式被理解、被展现出来。从一开始我们就应该记住一点:在中国进入现代之前,对城市的一种概念化模式就已经存在很长时间了。例如,城市作为一种都市性——有魔力的象征可以追溯到古老的商周时代。在随后的几千年里,中国的城市承担了一种始终如一的角色,"帝国政权的所在地和要塞"。在中国传统建构中,"城市居民"这个观念可能被忽视了,但是城市并不是一个完全异化或者不被了解的地方;相反,这个地方被认为是可以获得显赫的政治地位、学术上的认可、商业成功和培养社会生活的地方。在很多方面,传统的城市生活并不是那么容易与乡村生活区分开来,乡村和城市的文化连续性在传统中国还是可以辨别的,不仅是在建筑和政府这些方面,还体现在日常生活和文化活动上。

随着19世纪末西方文化的渗透,中国的城市概念也经历了一系列的

---

[1] 转引自苏红军《时空观:西方女权主义的一个新领域》,苏红军、柏棣主编:《西方后学语境中的女权主义》,广西师范大学出版社2006年版,第59—60页。

[2] 陈永国编译:《游牧思想——吉尔·德勒兹 费利克斯·瓜塔里读本》,吉林人民出版社2011年版,第21页。

问题化。慢慢的，城市与西方的"帝国主义"和"殖民主义"联系在一起，这样逐渐产生出一些占主导地位的"负面的"品质。在现代化的构成中，20世纪的中国"反城市主义"在政治上和文化领域都成为一个问题。现代城市的问题在整个20世纪出现了各种各样的形式，它对中国传统基石的渗透、腐蚀和颠覆能力，使人们对现代城市的道德含义产生了根本怀疑，这一怀疑深深地扎根于城市广泛的文化构建中。因此张英进主要关注现代文学和电影中的城市建构，其次是对于中国现代文学史的基础的城市/乡村问题的建构。他希望达到的研究目标包括：（1）追溯作为现代中国文化实践的特殊形式的城市形态；（2）探究在大部分的文学和电影形式里城市总是处于一个模糊的——如果不是消极的——地位的原因；（3）致力于研究一种话语来使我们可以清晰地表达对中国现代文学史至关重要的城市/乡村的问题。

张英进的著作没有遵循文学史按照时间直线发展来建构的惯例，也没有严格地按照时间顺序来记录城市的形态。而是聚焦于特别的"形态"（空间、时间、性别）和特定的城市（北京和上海），穿越多个时间顺序，关注城市与乡村的对比。

为了更好地对主题进行论述，张英进对几个关键词"形象""城市""乡村""性别""现代"进行比较深入的阐述。对"城市"和"乡村"都是分别从英文和中文的词源开始分析，指出了在两种语言当中这两个词的发展源流和含义。

"形象"一词则包括了两个层面的意思：（1）在其明显的文本层面，城市的形象是通过文学和电影表现出来的；（2）在其深层的思想层面，对城市的描写，是通过作者的认知、感觉和组织的有效运作。在第一个层面，城市的形态主要依赖于那些与该城市相联系的，很容易在读者头脑里出现的"形象"——这些"形象"包括城墙、塔、寺庙、公园、热闹的市中心十字路口、熟悉的有风的街道，等等。通常，那些单独的和碎片化的城市风景的"形象"会聚集在一个特定的语境里来接近——观念上的和概念上的——对于这个城市的整体感觉，即那些记忆里的、回忆中的和重新建构的感觉。

在第二个层面，"形象"包括那些能认知和感觉的行为，让我们能在复杂的都市环境下理解空间和时间。另外，它还包括在城市网络里按照更大的知识图示来描绘日常生活实践的散漫的行为。对于城市的这些描绘、重新描绘以及理想化的变形和建构，都不可避免地受到不同的意识形态和性别差异的影响，但是它们同时也产生出不同的策略来处理这些差异。对城市形态的认知、感觉，以及对其概念和表达维度的复杂性的探求在中国现代文学和电影的研究上是非常重要的，这会给我们提供一种储存社会知识的方式，并使我们理解"在不同的时间和空间，一种特别的社会现实是怎样建构，人们是怎样想象以及他们是怎样向他人诠释这一点的"。①

对于"性别"，张英进主要指我们会遇到的城市的典型的性别形态，女性的身体被展示，她们的神秘被探究。对于城市的这种性别化形象在都市叙述中产生了一种循环的模式：一位乡村男孩被城市的梦幻生活所吸引，在他的都市冒险过程中经历着快乐和悲伤。② 在现代中国，这种基本的叙述模式是合适的，但是由于特别的文本和意识形态的原因，也被多种话语所变形。因此性别对于任何城市形态，不仅是基本的，事实上几乎也是不可缺少的，不管这是个小城镇、传统的城市，或者是现代的大都市。这种两极分化（用心理分析术语来说是分裂和投射）可以被理解为在一个高度不稳定的、变幻莫测的地理—政治语境中强加上道德和认知秩序的努力。它同样和城市的象征所表达的性征化有关。19世纪的城市神话中，女性地位是被特别控制的，这其中对反对和拒斥之物的分类也是为了维持秩序。名誉不佳的女人和城市公共生活的不道德联系在一起，和受人歧视的妓女联系在一起，和不守规矩，通常是城市群匪的女人联系在一起。受人尊敬、品德高尚的女性则和家庭相关，这完美之家坐落在城市之外，位于树木枝繁叶茂的郊区或乡村社区内。在以上的描述中，张英进明确地指出一种根深蒂固的对传统分类的概念化、情感化的遵守，标示出那种被详细描绘的性别上的禁区和刺激。这种互相很少发生变化的区分，隔开了不同社会阶层和自然区域的女性，隔开了"自然指定"的男性和女性的各自领域。

---

① Roger Chartier, *Cultural History: Between Practices and Representations*, Trans. Lydia G. Cochrane, Cambridge, England: Polity Press, 1988, p. 4.

② Zhang, Yingjin, "Configurations of the City in Modern Chinese Literature and Film", Doctoral Dissertation, Universit of Stanford, 1992.

## 二 倾城：现代城市里的女性视野

"城市这个文本诉说的是男性欲望的故事，通过展现女性的缺席，将女性文本化，使女性变成一个纯粹的描述。"[1] 在这种诠释角度下，女性被想象成叙述和城市的中心；在城市或者叙述的建构过程中，女性仍然重复地被描述为在城市或者叙述中是缺席的，最终无法获得的。目标（女性）越是不能到达，（男性）欲望就越是强大，因此对城市的建构也就越发成为一个迫切的问题。

张英进主要探讨了两个方面的问题：（1）通过追溯20世纪30年代到40年代的中国小说和电影里一再被描述的男性欲望来建构女性和城市，女性作为城市最典型的形象，城市则作为一种话语建构使女性沉迷其中；（2）从40年代两位女作家（张爱玲和苏青）身上找到一种"倾城"的想象，这种想象特别关注都市生活的"琐碎"细节。[2] 通过关注中国"现代女性"不断出现的和极具吸引力的形象，研究现代女性形象的不同表现策略，以及与之相应的意识形态运作方式，从而揭示现代城市、女性和叙述之间的复杂关系。

"现代女性"和"新女性"这两个词几乎是可以互相交换使用的。历史地来说，新女性的形象从20世纪早期以来就吸引了中国作家；保守派（如鸳鸯蝴蝶派）和革命派（如创造社）都积极地参与到这类女性新形象的构建中。张英进认为由于那段时间创造女性新形象的作家大多为男性，因此我们可以顺着伍尔芙提出的问题："为什么女性……对男性的兴趣远远超过了男性对女性的兴趣呢？"对于这个问题我们首先假设，在中国现代社会里，现代女性创造了一种新的富有生产力，但同时也具有破坏性的力量；随着20年代开始的文学/电影里新女性形象的绝对数量的不断增加，一种新的文化生产开始成型，这种文化生产是在对传统价值提出质疑的基础上形成的；这一点总是与现代城市紧密相连，城市总是能给这些新女性提供新的机会，新女性是作为潜在的社会变革主体和现代知识的新客

---

[1] Terea de. Lauretis, *Alice Doesn't: Feminism, Semiotics, Cinema*, Bloomington: Indianna University Press, 1989, p. 134.

[2] Zhang, Yingjin, "Configurations of the City in Modern Chinese Literature and Film", Doctoral Dissertation, Universit of Stanford, 1992.

体的形象被建构的。在文学/电影话语中表现新女性的力量和策略因此也得到了比较深入的研究。

通过对张爱玲和苏青两位女性作家对上海这座现代都市的观察和描写，张英进结合女性主义和城市研究理论，颇有说服力地指出张爱玲和苏青两位女性对于城市的看法，她们与男性对城市的看法是完全相反的。这可能会让我们想起城市中的现代女性被男性话语分成了几个不同的种类，从自以为是的革命分子，到感伤的小资产阶级，然后是让人意想不到的红颜祸水形象。30 年代左派电影话语"积极地"声援以前那些沉默的女性，但是仅仅是为了这样的女性能够在为革命和民族救亡的"男性中心"活动中做忠实的代言人；另一方面，典型的上海都市小说家（像叶凌风）将女性仅仅描述成男性情欲和理性分析的对象。因此，重新获得女性"遗失的"或者"被压抑的"声音对于研究城市的女性视野是至关重要的。

张爱玲 1943 年开始登上文坛，那时的上海处于日本占领时期，绝大部分的"资深作家"离开上海去了重庆或者内地其他地方。柯灵曾回忆，当他在《紫罗兰》上读到张爱玲的第一篇作品时，他觉得这简直就是一个"奇迹"。一两年后，"张爱玲很快达到她文学事业的高峰，成为当时上海一颗突然升起的文学之星"（柯灵）。在她的第一部小说集《传奇》再版时，张爱玲很直接地表达了她的快乐之情：

  出名要趁早呀！来得太晚的话，快乐也不那么痛快。……有一天我们的文明，不论是升华还是浮华，都要成为过去。①

才刚刚开始享受自己突然处在文学世界的最高峰时的那种快乐，张爱玲马上就体验到了失败的低谷——事实上，几乎是一种预言——所有文明的毁灭的景象。这种从一个极端走向另一个极端的激进的话语泄露了张爱玲世界观中的潜在的不稳定性，这种不稳定性的结果就是她那典型的"苍凉"的意象，世界就是一座被毁灭的废墟，是一座简单的"倾城"。

倾城的意象在张爱玲的小说《倾城之恋》中得到了最好的诠释。

---

① 张爱玲：《传奇再版的话》，《流言》，北京出版社出版集团、北京十月文艺出版社 2009 年版，第 156 页。

1944年，傅雷用迅雨这个笔名发表评论文章，对这个故事进行了概述。但是，这一简单的概述并没有深入探讨张爱玲故事中丰富的意义层面，因为傅雷将其称为"一座雕刻精工的翡翠宝塔"。尽管很明显是无意识的，然而傅雷的比喻确实指向了欣赏张爱玲小说的另一种方式。就像精心雕刻的翡翠宝塔，这部小说正是由于细节描写的精巧而受到欣赏，因此《倾城之恋》应该在叙述细节方面受到仔细的研究。周蕾通过其"细节的戏剧化——电影的放大"，论述了张爱玲将世界看成是苍凉的废墟的表现。

故事中的大量细节——在张爱玲的写作中，常常是在参差的对照中得到表现——也得到了张英进的特别关注。他通过对《倾城之恋》中细节的捕捉和分类，清晰地论证了小说中细节对于情节的推动和对人物的塑造。①

第一组细节是关注张爱玲的人物之间那既"现代"又传统的张力。在上海，白流苏与其他女性的区别首先就在于她是一个离婚的女性——"现代的"但是"离婚的"女人，在自己家里也被人看不起。作为一个现代的离婚的女人，流苏碰巧擅长跳交谊舞——就是这个技能让她抢了妹妹的风头，引起了范柳原的注意。这里具有讽刺意味的是，范柳原这个花花公子，留过洋，有过很多不同风格的情人，但是他坚持喜欢流苏是因为她是一个"真正的中国女人"，而"真正的中国女人是世界上最美的，永远不会过时"。流苏，那么敏感的一个人，马上意识到她在柳原心里的形象是古典的和性感的，这种将道德和性感融合在一起的形象让她一方面与上海的那些"有道德感的"家人区分开来，另一方面也让她与柳原的异国情人区别开来。因此，在柳原这个角色里，张爱玲也创造出了一种现代（花花公子）和传统的（欣赏中国传统价值观的人）张力。

细节的第二个部分是老派的生活方式和新式的现代生活方式之间的对比。流苏曾经将白家看成是一个不朽的地方：世界已经过了千年，但是在白家，也就是一天；在这里生活千年就像是过了一天，因为每一天和任何其他的一天一样都是沉闷而单调的。但是，在白家的幽闭空间之外，流苏又经历着另一种不同的焦虑：快节奏的现代生活的不安全感。她第一次去香港时，柳原陪着她去海滩、电影院、剧场、赌场、舞会、酒店、咖啡

---

① Zhang, Yingjin, "Configurations of the City in Modern Chinese Literature and Film", Doctoral Dissertation, Universit of Stanford, 1992.

馆、绸缎铺子、川菜馆和上海餐厅。摆脱了家庭的束缚，流苏还是觉得局促不安，时刻感到不安。她知道自己已经28岁了，她希望和柳原的关系发展到最后会是婚姻，但是柳原似乎没有这个想法。大都会世界充满消费和凝视，像幻灯一样千变万化，它既让人们感到眼花缭乱，同时也在欺骗着他们。流苏被城市的现代生活所迷惑，她渴望着，也拒斥着城市生活的奢靡和堕落。

细节的第三个部分——将文明与破坏形成对照——这是张爱玲关于城市的观念中最中肯的。和流苏在隐士湾散步时，柳原突然被一处断墙所感动，用忏悔的语气和流苏说：

> 有一天我们的文明整个的毁掉了，什么都完了……流苏，也许你会对我有一点真心，也许我会对你有一点真心。①

确实，在流苏第二次去香港时，他们彼此都更加"真心"了。在他们的爱得到"圆满的"结局之后，他们搬到了一所新房子，在那儿，流苏成了柳原的情人。从一间空房子走到另一间空房子，流苏觉得自己的生活也是这样空荡荡的。直到1941年香港爆发战争，他们的生活才真正最后被决定了。他们无望地被困在了一座倾城，这种困缚最终让柳原与流苏结婚了。故事结束时用了一种自由的语气：

> 香港的沦陷成全了她。……流苏并不觉得她在历史上的地位有什么微妙之点。②

对于张爱玲这个故事里的这一著名的段落其实不同的学者有很多种诠释。张英进在其中特别分析了两种不同的诠释。第一种是耿德华和水晶的相关论述。耿德华认为张爱玲故意在标题《倾城之恋》中玩了个技巧。在传统中国文学中，"绝代佳人"的爱最终都会导致"倾国倾城"。在这个主题框架内，美女既是爱的载体，也是破坏的载体。为了支持这种将流

---

① 张爱玲：《倾城之恋》，北京出版社出版集团、北京十月文艺出版社2009年版，第180页。

② 同上书，第201页。

苏看成是倾城美人的观点，水晶在小说里找出了很多这样的细节：流苏最开始的样子——像一位典型的古典美人——伴着胡琴的演奏；她脸上有一种"残酷"的微笑，这表明她对男人是致命的（因此在离婚后她的丈夫就死了）；月光下她那"冷冷的美"，与中国传统小说中的女鬼形象很像。这一点尽管水晶和耿德华并没有直接提出来，因为他们对张爱玲的美学技巧非常喜爱，但是我们不能忽视小说将流苏看成是一个现代的红颜祸水的暗示。事实上，通过将流苏描写成将爱"宿命论"与毁灭联系在一起，张爱玲将城市想象成受到它所欲望的客体（女性）的威胁的父权制秩序。在这种诠释下，"倾城"表达了女性对于已经处于毁灭之中的文明的看法和应对策略。

第二，按照柯灵的说法，如果用"上海"取代"香港"，"张爱玲"取代"流苏"，上面所引用的段落就太适合张爱玲自己了：正是由于上海的沦陷才成就了张爱玲作为文学新星的升起。但是，就我们现在对于城市的研究，重要的并不是张爱玲拥有的或者应该拥有的中国现代小说史上的地位，而是她在她的作品中表现出来的对城市的特别的观点。不管是在上海还是香港——像唐文标所评论的，"张爱玲写的每一个地方都是上海"——张爱玲的世界就是一座典型的倾城，里面住着遗老遗少、花花公子、吸鸦片的瘾君子、酒鬼、赌徒，等等。用唐文标的话说，张爱玲的世界就是"一个没有光的所在"，"黑色帘子"遮住的"一个死去的世界"，呈现出来的完全就是荒凉和黑暗，这也是流苏眼中香港沦陷时的末日场景。形象上"精心雕刻"的是彻底的黑暗和苍凉，张爱玲展现的倾城不仅是一个阴冷的图像；在周蕾的阅读中，它更是一种彻底的"重建"，旨在颠覆之前整个世界（文明、启蒙、国家、人类、自我等）的整体性概念，张爱玲的写作挑战了"作为革命的现代性的假设"。

在《自己的文章》中，张爱玲区分了两种不同的文学作品：那些强调"人生飞扬"和那些强调安稳的。人生飞扬的一面更多是关于"超人"的，他们不可避免地被局限在特定的时代里；而人生安稳的一面需要的是"一种永恒"，这是作为普通人英雄的基础。那些飞扬的作品需要"力量"来更多地产生"快乐"，而安稳的一面则通过存在于"悲伤和苍凉"里的"美"来"表现"。张爱玲喜欢"平凡的人"而不是有权力的"英雄"，因为她相信前者——而不是后者——更能代表那个时代的整体。基于这样的信念，这当然与左派的话语是相反的，张爱玲没有让白流苏成为一位香港战争后的"革命女性";她也没有让范柳原成为热情的爱国志士。通过处理男人和女人之间的这些琐碎生活,张爱玲坚决否定了那种"纪念碑式的"作品,她坦白地承认,那是超过她能力之外的。

否认中国文学的纪念碑式的叙述,怀疑中国文学的"理论贫乏",张爱玲似乎接受了一种民俗学的位置。她对"人类学的"兴趣不仅充分反映在她对"现代人"的"智慧"里,也反映在"服装式样"上。张爱玲笔下的现代人,毋庸置疑,都是典型的上海人。在另一篇文章《到底是上海人》中,张爱玲给上海人的定义是:

> 上海人是传统的中国人加上近代高压生活的磨练。新旧文化种种畸形产物的交流,结果也许是不甚健康的,但是这里有一种奇异的智慧。[1]

以张爱玲的小说为例来展示作为文本的女性的产生,尽管表现的客体——在我们这里是中国的"现代女性"——并没有改变,事实上文本产生的模式有了很大的差异。如果在男性想象中,文本构建的城市基本上仍然是一种秩序的结构——大部分情况下是父权制秩序——尽管其主要客体(女性)缺席,那么在张爱玲和苏青的写作中,我们似乎能注意到对这种秩序的彻底的挑战。《倾城之恋》描写了一位现代美人,一位微不足道的、自私的女性,她通过自己的精明"倾覆"了一座城市——文明的地方。张爱玲小说的激进在于她对城市的修正:取代了那座没有女性的城市,张爱玲的女性成功地击败了这座城市。

张英进认为张爱玲和苏青的共同特征就是:她们都选择了一位"离婚的女性",以此作为城市现代女性的主要形象来展示。[2] 离婚的女人毫无疑问是"现代的",因为她不仅在法律上打破了中国传统的婚姻形式,这种婚姻监禁了中国传统的"有美德的女人",而且离婚之后作为一个"边缘的"形象,她不断威胁了现存社会秩序的稳定性。在张爱玲的《倾

---

[1] 张爱玲:《到底是上海人》,《流言》,北京出版社出版集团、北京十月文艺出版社 2009 年版,第 5 页。

[2] Zhang, Yingjin, "Configurations of the City in Modern Chinese Literature and Film", Doctoral Dissertation, Universit of Stanford, 1992.

城之恋》中，白流苏敢于在香港有性方面的冒险，而且她"奇迹般的"再婚成功最后还促使她四弟妹和她四弟离婚；除了她自己，流苏被看成是"现代"女性的典范，一个现代的"红颜祸水"，她确实"倾覆"了——尽管是在小范围内——那看上去似乎稳定的传统家庭。对于这些女性人物，作者都着眼于在新女性追求新机会和更大的社会自由这个广阔的框架内描述她们对性习俗的挑战。这种挑战不仅仅体现在于对伴侣的选择、求爱的方式和行动的不受约束上。

相反，在现代化的大都市上海，受过教育的女性常常被想象成追求自己的爱情和快乐的"自由"女性。性别是一种权力。由于她们的"自由"，在关于上海的叙述里这些女性常常被描写为红颜祸水，她们对男性施展让人无法抗拒的性感魅力。这些佳人中的典型形象就是离婚的女人，在张爱玲的眼里，她们是可以倾覆整个城市的。另一类典型形象就是舞女，或者更优雅的一个词，"交际花"（像曼璐等）；一般而言，她们比离婚的女人更加"堕落"，但是也就更加神秘，让人迷恋于她的"堕落"，这些女性常常被认为使男性自我满足和毁灭。女人像商品一样，是表面的、幻象的。

在男权观念与判断标准主宰一切的时代与社会中，这样的女性是不容许存在的。男性作家塑造这种女性形象只是将其作为男权社会道德说教的工具，激发人们的憎恨、厌恶或施舍般的怜悯之情。而在张爱玲这样的女性作家的笔下，这些被视作"祸水"的女性有了新的存在价值。如流苏和曼璐，尽管她们有各种人格上的弱点与缺陷，但绝不再是男性说教的工具，也不再是男性审视的物化客体，而是作为独立、自信、拥有自我的女性主体而存在，她们拒绝充当父权制早已为她包办好的"温柔顺从"的角色。通过她们，张爱玲对男性逻各斯主义进行了强有力的质疑与反击。她们不仅仅只是父权制文本中的一个个隐喻，一个个被动的物体。被囚禁在男性文本中的性格和形象是根据男性的期待与设想所创造出来的。在这些女性人物的身上，我们可以解读出女性对自由、对自我的强烈渴望，也体现了女性在城市里这种追寻的艰难与迷失，为我们提供了自我反思的空间。

张英进将问题和观点集中在一起进行表述，正如他自己所说的，"希望给读者一种更有说服力、更富于启发性的阅读经验"，[①] 加强海内外文

---

① ［美］张英进：《影像中国》，胡静译，上海三联书店2008年版，第3页。

化研究的进一步交流。我们从张英进对城市形象的研究可以明显地看到现代女性（不管是离婚的，还是舞女，或是两者兼具）代表了文化生产的场所，在此，性别成为现代城市叙述中一个最有问题的主题。总而言之，我们坚持将城市概念化为傲慢的、假定的、污染的、堕落的、死亡的和毁灭的都是通过女性的形象得到表达和铭刻的，事实上，女性也是关于城市——不管是真实的还是想象的——叙述建构的表现和文本生产的基础。

# 第 三 章

## 回环往复:张爱玲的双语写作

　　双语创作是值得关注的一种翻译现象,因为在特定条件下,翻译与创作的关系会出现很多变化,如沙特尔沃思和科维(Shuttleworth & Cowie)所说,"人们对自译几乎没有进行什么研究,但如果对它进行细致研究,就能获得对双语特性以及语言、思维和个性关系的有趣知识"。[1]

　　国内外有不少作家熟练掌握两种甚至两种以上的语言,如赛珍珠、鲁迅、徐志摩,同时他们又基本上都是翻译家,研究这一类翻译现象很多。但是相对来说,研究同一作者的双语创作比较少。《翻译研究词典》对"自译"(autotranslation /self-translation)这一术语有较详细的介绍,波波维奇(Popovic)将自译界定为"由作者本人将原作变成另一种语言的翻译";科勒(Koller)认为因为作者兼译者有理由对文本进行一定程度的改动,而"一般"译者也许不愿这么做,因此在自译情况下,忠实的意思有所不同。赵彦春认为"自译"与"翻译"并无二致,"同一内容的两种语言的不同版本也就意味着翻译,因为这体现了语言的转换,包括形式和功能的转换。即便所涉及的与语言或内容之间有什么差异或差错也不能否认这就是翻译,因为翻译不能排除差异或差错"。[2] 国外比较著名的自译者有纳博科夫(Nabokov)、贝克特(Beckett)等人,中国翻译史上如卞之琳、张爱玲、余光中、白先勇等几位著名作家对自己作品进行过直译,但只有卞之琳和白先勇的自译作品在近年进入了研究者的视野。

　　著名的双语作家贝克特在1938年开始用法语翻译自己的英文小说

---

[1] 转引自杨雪《多元调和:张爱玲翻译作品研究》,浙江大学出版社2010年版,第63页。

[2] 赵彦春:《翻译学归结论》,上海外语教育出版社2005年版,第33页。

《莫菲》(Murphy)时,请了他在巴黎的好友阿尔弗雷德·裴隆(Alfred Peron)帮忙,后来阿尔弗雷德·裴隆不幸去世,贝克特又请裴隆的妻子玛尼亚(Mania)帮忙修改。1946年,《莫菲》的法译本出版,虽然评论者对此译本褒贬不一,但科恩的研究表明,法语本中口语化和反讽性都有明显加强,对话中加入了法语式的淫秽的诙谐,语调更尖锐,创造了一种喧闹的气氛,从而使得法语译本带有地道的法国味道。后来贝克特将其代表作《等待戈多》(En Attendant Godot)从法语版自译为英语版时"减多增少",因此英语版的作品气氛比法语版显得更暗淡、凄凉,更加反映出绝望、虚无、残酷的现实。可见,通过自译,作家能不断接近或彰显自身的创作思想和改变,达到他译达不到的效果。因此张爱玲通过双语写作来观看不同的文化和自身,表达一种立场和态度,就像本雅明所说的:"我们凝视的事物又回过头来凝视我们。"

张爱玲既用中文也用英文直接进行创作,同时还将自己的和他人的英文作品翻译成中文,或者从中文翻译成英文。她1943年在上海的《二十世纪报》上用英文发表了三篇文化批评和六篇影评,这标志了她文学生涯的开始。从1943年至1945年,她用中文发表了一系列中篇小说、散文、戏剧和电影剧本。1952年,她离开上海到香港,在那儿,她出版了一些翻译作品。1955年,她远赴美国,从那时起,她专注于自己作品、其他作家的作品和学者研究的重写与翻译。她重要的创作和翻译包括:Stale Mates—A Short Story in the Time When Love Came to China(1956),这篇文章的中文版本《五四遗事——罗文涛三美团圆》(1957);她的英文短篇小说 Little Finger Up(1961),由中文小说《等》翻译而来;《桂花蒸——阿小悲秋》,她将其自译为 Shame Amah(1962);The Rice Sprout Song(1955)和其中文版本《秧歌》(1954);《赤地之恋》(1954)和英文版本 Naked Earth(1956)。张爱玲在其中篇小说《金锁记》的基础上,创作了 Pink Tears,又将其译为中文《怨女》(1966),然后又自译为 The Rouge of the North(1967),1971年又根据原中文小说《金锁记》翻译成英文的 The Golden Cangue。张爱玲对自己小说的翻译构成了对其双语写作研究的批评范围。

很多文学研究方法,如新批评、后殖民主义和女性主义等已经应用于她的作品研究。张爱玲生活中的其他方面也受到了极大的关注:她的家庭背景,教育背景以及她的两段婚姻。然而,对于她自译中的跨文化因素,尽管对她的文学创作有很大的意义,却没有得到足够的综合研究。

对于张爱玲的自译和双语写作，国内的研究学者相对而言比较关注于对她的翻译作品的研究。施康强的《众看官不弃〈海上花〉》一文通过对张爱玲的《海上花》国语译本的研究，指出张爱玲同种语言内翻译作品的得失，研究者们由此开始关注张爱玲的翻译作品，到 2000 年以后逐渐形成系统。如赵新宇的《试论张爱玲的翻译》、张曼的《翻译：文化在文本间穿行——张爱玲文学翻译初探》、姜瑞的《张爱玲小说〈金锁记〉英译本研究》等，但对张爱玲的双语写作却缺乏整体的研究。陈吉荣的《基于自译语料的翻译理论研究——以张爱玲自译为个案》以张爱玲的自译文本为语料库，在描述、分析和对比研究的基础上，对张爱玲的自译进行了深度研究，但是对国外的张爱玲自译研究未进行评述，对张爱玲翻译作品的研究重点也是放在语料库的翻译文本上。杨雪的《多元调和：张爱玲翻译作品研究》既研究了张爱玲以翻译名义出版的作品，还讨论了张爱玲同一部作品的中文版和英文版，指出张爱玲翻译的总体特征为"多元调和"。杨雪在书中将张爱玲不同版本的中英文作品作为蓝本，运用大量的例句和字词的微观分析来探讨张爱玲的翻译策略。

## 第一节　双语写作中女性身体的重构

在张爱玲的写作和自译中，与女性的美、身体、服装、欲望、死亡、性、爱和失去等这些相关的主题，都在不同的历史和政治语境中被描绘出来。不同的社会关注，如性别、性、种族、阶级和宗教等，都能在不同的语言和文化系统中找到相应的反映，这些反映通过女性身体的表现获得展示。身体的表现总是有文化特点的，因为它们是社会和文化话语的建构。

### 一　监禁与解放：女性身体的表现

对于西方中国现代文学研究中出现的变化，王德威指出，"'理论热'已经成为治学的一大标记"。[①] 多伦多大学比较文学博士，现为约克大学亚洲研究中心教授的李翠恩在《张爱玲小说和自译中女性身体的重新书写》中，首先对"身体"这一关键词进行了理论化的历史沿革分析，尤

---

[①] ［美］周蕾：《妇女与中国现代性》，季进、王尧主编：《海外中国现代文学研究译丛》"总序"（王德威），上海三联书店 2008 年版，第 3 页。

其关注到女性身体在西方和中国不同的表现。

从传统的西方观点来看，身体和头脑被看成是两个单独的存在，直到现在，心理分析学者和哲学家们才互相合作来研究身体和意识之间的相互作用。当代西方理论家的一个研究重点在于语言和实践是如何共同构成身体，特别是女性身体。动态和多元的社会文化环境产生并增加了新的知识，这些新知识会重新建构身体的健康、形态和大小的概念及其意义。

西方现代理论家主要通过物质化、商品化和表演来研究身体的社会建构。例如，在社会和文化语境中，福柯在《性史》一书中为这个问题打下重要基础。他认为，个人将行为和与身体有关的情感、思想的范式以及规则内在化，将它们应用到每天的日常生活中，从而有意识、无意识地控制和建构身体。[①] 通过与此相关的方法，朱迪斯·巴特勒在《有所谓的身体》一书中认为："'性'是一个通过时间被强制物质化的理念建构。这不是一个身体的简单事实或形态建构，而是一个凭借受控制的形式而物质化'性'的过程，并通过这些形式的强制的重复而达到这种物质化。"[②] 巴特勒认为通过物质化和表演，身体被社会形式和实践所控制，由此在性别关系中产生了规范性的观念。

尽管女性身体的意义由社会标准所形成，但是按照一些理论家的观点，她们可以通过生育和性的自我满足而重新占有女性身体。在对女性身体的生物学和性的维度的讨论中，一些学者研究了身体的感觉，例如快感和痛苦。乔安娜·弗勒（Joanna Frueh）在《性爱的能力》一书中，试图将女性快感理论化，包括老年妇女（她们常常被社会边缘化,）通过视觉快感和女性快感之间的联系而得到快感研究，以此为女性主义提供一种身体感觉的新模式。弗勒通过将自己表现为"性欲的主体"，在她自己的性中维护自身的骄傲和快感。她说："我将自己展现为类似的情色的场域，但是很快通过言语、想法、身体姿态和声音语调的改变将之转变为一种情色关系，这种关系将客体转变为主体，这个主体可以通过自己的声音来说

---

[①] 参见［美］米歇尔·福柯《性史》，张廷琛译，上海科学技术文献出版社1989年版。

[②] Judith Butler, *Bodies that Matter: On the Discursive Limits of "Sex"*, New York: Routledge, 1993, pp. 1 - 2.

话和做爱。"① 弗勒意识到了她的性欲望,并希望通过颠覆父权制社会对女性身体的压制来表达她的性欲望。但是,她的反抗是一种不彻底的革命,因为她的情色姿态和服装,尽管她可能不会承认,可以说仍然是以父权制的标准来做范例的,由此反而强化了她想要破坏的女性性欲的传统模式和男性欲望。

但是,女性可以在身体的女性经验中证明她们的欲望和力量,尽管这也被后现代女性主义话语解构和再建构。如哈钦(Hutcheon)在《后现代主义政治》一书中指出的,"可能后现代策略确实为女性艺术家提供了与旧的话语争论的方式——她们身体和欲望的表现——不是通过否定自身再殖民的权力,来抗议意义和价值的所在"。② 后现代女性主义话语挑战长期建立起来的父权社会关于女性身体的意识形态和实践,为社会标准的重建起到启迪作用。正如巴特勒在《性别麻烦:女性主义与性别的颠覆》中所指出的:"性别转化的可能性可以在这类(重复的)行为的任意关系中被清楚地发现,在重复的失败的可能性中,会产生一种畸形或者拙劣的模仿的重复,这种重复产生一种幻象,表现了身份的建构在政治上的脆弱性。"③ 根据巴特勒的观点,尽管身体的轮廓和运动被连续不断地物质化和控制,她们也从来不会完全屈从于强加于自身的社会规范。因此,意识形态和现实之间的矛盾为那些拒绝按照社会规范来重建自我的女性创造了机会。巴特勒的论点为个人指出了抵抗的可能性。当女性拒绝服从并试图挑战她们并不感兴趣的父权制关于女性身体的意识形态和实践时,她们就为建立女性身体的女性主义意义和价值开创了道路。

李翠恩通过分析中文中关于身体的汉字的内涵,指出在张爱玲的写作和自译中女性身体的再现并不局限于女性外表的美丽,还包括女性的内在品德和与其他人及社会交往的方式。④ 在中国文化中,身体可以在三个不

---

① Joanna Frueh, *Erotic Faculties*, Berkeley, Los Angles and London: University of California Press, 1996, p. 24.

② Linda Hutcheon, ed. *The Politics of Postmodernism*, 2nd Edition, London and New York: Routledge, 2000, p. 164.

③ Judith Butler, *Gender Trouble: Feminism and the Subversion of Identity*, New York: Routledge, 1990, p. 141.

④ Li, Tsui-Yan, "Rewriting the Female Body in Eileen Chang's Fiction and Slef-Translation", Doctoral Dissertation, University of Toronto, 2007.

同意义层次上被诠释出来,这一点可以从构成身体的两个汉字"身"和"体"中看出来。第一个层次,身体指肉体或者物质上的身体,也就是通过汉字"体"表示的。第二个层次,身体表示整个人体,包括人的肉体和精神。在中国文化中,身体和思想被认为是统一的。汉字"身"表达的身体常常被认为是指一个人的自我,暗示一种将身体视为生活目的和一个人身份的中心的趋势。第三个层次,身体被看成是社会关系。因此中国社会中身体的表现在某种程度上是由人和社会关系的和谐理念形成的,和谐被认为是儒家思想非常重要的一种美德。按照中国儒家的道德话语,男性身体的培养对身份和生活的追求是很重要的。张爱玲在写作和翻译中对男性身体的描述常常强调能够显示其个性和才华的服装的式样,而不是吸引女性的性欲望。

"西方"与"东方"两者之间的划分,有语言、文学和文化的想象层面的生产,李翠恩在观念上坚持中国文化传统的独立,在对张爱玲自译作品的分析中对中国传统的女性概念进行了论述。她指出,中国传统中的女性概念及其特有的性行为也是被儒家伦理观所规定的:婚前的贞洁和婚姻中的忠诚,因为女性的传宗接代作用在父权制社会是被规定的,传宗接代是父权制的要求,纳妾和逛妓院通常也被认为是合法的。但是,和谐的人与社会的关系也是形成中国女性身体表现的特殊的、至关重要的美德。[1]例如,儒家思想的"三从""四德"在《仪礼》和《周礼》中都有描写,《礼记》中也有对女子规范的箴言。在为女性身体确定道德规则时,"三从"是指婚前从父、婚后从夫、夫死从子。"四德"则包括妇德、妇言、妇容、妇功。《礼记》中还规定了"七出之条":不顺父母、无子、淫、妒、恶疾、多言、窃盗。这是张爱玲的写作和自译中表现出的儒家伦理观形成的文化根基。

在中国传统概念中,婚姻的持久和女性对爱和忠诚的坚定常常表现为父权制文化将女性的命运与某个男人捆绑在一起的托辞。这种观点用俗语表达出来就是:"嫁鸡随鸡,嫁狗随狗,嫁给猴儿通山走"。这句话暗示了一个女人一辈子只能跟从她的丈夫,不管他去哪儿,不管他干什么。这是强加在女性身上的很高的道德标准,但是却没有针对男性,他们普遍都

---

[1] Li, Tsui-Yan, "Rewriting the Female Body in Eileen Chang's Fiction and Slef-Translation", Doctoral Dissertation, University of Toronto, 2007.

被允许可以有三妻四妾。中国哲学有时通过身体摄入的食物的象征性意义来表现这些指导女性角色和行为的标准和美德。例如，"饿死事小，失节事大"就是对中国女性有约束性的一条道德规则。对食物和饮食赋予的这样一种意识形态和政治的意义点出了女性的贞洁比她们的生命更重要。正如我们看到的，在张爱玲的作品中，儒家伦理观下这些对女性身体的传统的中文表达被保存下来，同时被超越了。

这些由传统中国文化所规定的身体的表达已经随着社会和历史环境的改变而在中国社会中得到了转变。在某些（传统的父权制）中国文学中，美女常常被描述为身体和精神上的双重柔弱，就如诗句"人比黄花瘦"所表现的一样。在20世纪初的"五四"时期，一些中国现代作家运用身体，尤其是女性身体来表达个人的自由，并引申至国家的解放。例如，在《祝福》中，鲁迅谴责了迷信使中国女性遭受的肉体和精神的痛苦。鲁迅通过女性身体的受害来主张通过民族主义话语对传统中国文化进行革命，但是似乎没有意识到其中包括的性别问题——也就是说，不仅仅是中国封建社会，父权制文化也应该为20世纪初中国女性的痛苦承担责任。但是，一些现代的女性作家认为应该描写那些思想更坚定的女性来建构独立女性主体的意象。例如，丁玲在《莎菲女士的日记》中通过大胆地证明女性的性欲望，将莎菲描写为时代"新女性"这样一种有争议的形象，因为尽管莎菲在精神上是强大的，她的身体却不够强大。在20世纪30年代和40年代的中国社会中，中国现代作家常常在作品中反映由于个人意识而受到的痛苦。例如，萧红在《商市街》中就描写了女主人公的痛苦，她不堪忍受丈夫，可是他又是家中唯一挣钱的人。这不仅解释了夫妻之间爱的维系是因为物质的缺乏，也反映了女主人公不断增强的个人意识和独立谋生的欲望。

针对父权制下反抗女性的刻板形象，一些当代中国女性作家挑战了现代中国社会中性别不平等的假定。张洁在《方舟》中将三位女主人公作为现代女性的例子，她们将自己的身体和社会角色都男性化以便处理巨大的社会压力，特别是在事业和家庭责任中的冲突。她们拒绝传统家庭角色，追求自我实现，都结束了自己无欲望的婚姻并独立谋生。一方面，这些女性的男性化可以被看成是对父权制话语的一种反抗，因为女性可以打破女性化和男性化之间的障碍。另一方面，这样一种现象强调了父权制对女性身份的约束。女性努力获得男性化的身份以便在父权制社会中获得平等的权利。她们的男性化证明了父权制的一种假定，即男子气概要比女性化更强大更好，男人要比女人高一等级。因此，女性不得不变得有男子气以便获得男性和女性的平等。在性别平等的名称下，女性实际上失去了她们的身份，用另一种方式服从了父权制话语，即通过男性化。如果女性确实在父权制限制中获得了成功，她们可以无须否定自己的女性化，以任何希望的方式来建构自身的女性身。按照伍尔芙的说法，男性化和女性化同时在男人和女人脑子里存在。因此，对男性化或者女性化的特别强调将导致性别主义。

20世纪的中国女性作家试图反抗作为父权制客体的女性的刻板形象。婚姻和自我实现之间、爱情和独立自主之间的冲突常常是她们写作的焦点。这些作家通过揭示女性既是父权制价值观又是现代商业利益受害者的处境，寻求解构性别假定以提高女性意识。她们批判父权制和现代商业体系赋予男性和女性的不平等权利，批判父权制和现代商业体系将女性弱化为性的客体、家庭财产或商业价值来剥削女性利益。

## 二 自译中的身体政治

李翠恩指出，在张爱玲的文本中女性身体的描写可以作为评价和批判社会秩序和政治意识形态的一种分析方式，可以看成是儒家规范中所规定的女性性征压抑的反应，这也是战争年代和战后（20世纪40年代和50年代）对个人控制的一种反应。

李翠恩的《张爱玲小说和自译中的女性身体的重新书写》涉及的文本主要包括 Stale Mates – A Short Story Set in the Time When Love Came to China 和它的中文版本《五四遗事——罗文涛三美团圆》；中文小说《桂花蒸——阿小悲秋》和她自译的英文版本 Shame Amah、西敏（Simon Patton）的英文翻译版本 Steamed Osmanthus Flower: Ah Xiao's Unhappy Autumn，以及《金锁记》和 The Golden Cangue，《怨女》和 The Rouge of the North，《秧歌》和 The Rice-Sprout Song，还有《赤地之恋》和 Naked Earth 等这几部小说的互译版本。通过这些文本来分析张爱玲的小说和自译中文版和英文版里的女主角们对于女性身体的坚持和对社会陈规的反抗，强调张爱玲自译实践的不同版本在女性人物策略上的异同。通过探求张爱玲作品中最重要的方面，即张爱玲文学作品和自译中的女性身体的跨文化表现，来丰富张爱玲的学术研究和当代批判思想，这方面还没有被广泛讨论。李翠恩并不是试图评估张爱玲的自译是否可以真正介绍她自己作品中的女性身体的表现，是否是"原始"文本的确切的复制，而是将她的自译作为再创作来进行研究，运用批判的距离再次揭示她早期作品中的意识形态。李翠恩认为通过对张爱玲作品在不同语言和文化体系中的含蓄的再评价和明确的再语境化，可以建构这种文化"调和"的积极观点。

《金锁记》与 The Golden Cangue，The Rouge of the North 与《怨女》这两对互译文本中的女性身体建构，显示出被中国和西方美学观念禁锢，但是同时又有反抗的不同版本。从故事的多重修订和翻译、小说标题和关注点的改变、小说的开头和结尾这几个方面，李翠恩探究在这一个故事的四个版本中张爱玲对女性身体再现的修订及其转变的原因和意义。

张爱玲的小说创作和自译展示了一种矛盾的关系。她的自译在情节和人物的译文中表现了翻译的一致性，但是后一个版本并不是对前一个文本的彻底的"复制"。同一个故事的不同版本是共存的关系，互相依赖，而不是孤立的或者独立的，因此产生一种互补的意义。例如，对女性身体的跨文化表现，吸收了中国和西方的不同风格特征，这一点可以从 Stale Mates 和它的中译本《五四遗事》中看出来，这两个题目有着含蓄的重新评价和明确的语境重构。

张爱玲自译的一个显著优势是她作为作者拥有创作特权，这使她可以根据特定的种族、性别、阶级和文化地位进行再阐释。按照版权法和她的个人权利，张爱玲在翻译自己的作品中享受着法律和道德的双重自由。例如，与西敏的 Steamed Osmanthus Flower：Ah Xiao's Unhappy Autumn 相比较，她的自译 Shame, Amah! 明显改变了标题《桂花蒸》，将英文版本更集中于阿小生活中的喜怒哀乐，通过她身体所表现出来的反应，如脸红和羞愧等进行叙说。

尽管中文和英文版本不一样，但是发生改变的中国传统和输入中国社会的西方思想都从不同角度得到了清楚地说明。例如《等》这篇小说表述的主题是，生活就是一场无望的等待，Little Finger Up 这个自译版本则质疑了中国社会的纳妾的合法性。在她反复斟酌后的版本中，张爱玲强调了不同思想的冲突，因此为女性身体的表现创造出了更大的空间。

张爱玲的"回译"也拥有很多文学创作才享有的自由度。给胡适的信中她这样谈到《秧歌》的创作过程："最初我也就是因为《秧歌》这故事太平淡，不合我国读者的口味——尤其是东南亚的读者，所以发奋要用英文写它。……寄去给代理人,嫌太短,认为这么短的长篇小说没有人肯出版。所以我又添出第一、二章,叙王同志过去历史的一章,杀猪的一章。最后一章后来也补写过,译成中文的时候没来得及加进去。"① 1966年3月31日给夏志清的回信中,她提到《怨女》小说稿四个月前邮寄香港过程中不幸遗失一事时说:"实在头痛,因为译成英文的时候又改过,原稿乱七八糟,不光是重抄的事。现在英文稿快打完了,也还改。"② 由于各种主客观原因,张爱玲并不苛求中文版与英文版完全对应,同一故事在不同文化中可以以不同的面貌出现。可见,以中英不同版本名义出版的作品情况往往比较复杂,因为作者先用一种外语创作,然后再用母语做二次创作。外语创作的第一版本会对母语创作的第二版本形成参照和制约,使母语表达在某种程度上成为翻译。因此在张爱玲的自译作品中,翻译与创作,译作与原作,以一种更加复杂的关系呈现。

李翠恩正是充分意识到张爱玲自译的复杂性和独特性,指出张爱玲的《金锁记》、《北地胭脂》、《怨女》、*The Golden Cangue*, *The Rice Sprout Song*、《秧歌》;《赤地之恋》和 *Naked Earth* 这几组互译文本都经过了重新创作,超越了女性身体表现的陈规。最初的版本一般多多少少都受制于儒家思想对女性的规约,后来的改写本则更多的表现女性力量的跨文化意象,以此激发女性的反抗意识并为之提供更多可能性。③ 在张爱玲小说的重写和翻译中,女性身体相似和稳定的意象让位于更加多样化和动态的意象,因此女性身体的重构成为有价值意义的方面。这些改变与她移居美国,以及她自身文化视阈的扩大是同时发生的。作为一名"西化"的华裔女性学者,李翠恩获得的西方理论分析工具非常广泛,对于女性主义理论的把握也很准确,她将目光锁定在张爱玲小说中女主角的"身体"上,对其进行了可圈可点的论述。

李翠恩认为张爱玲小说中的女主角通过各种不同的策略来坚持对自己

---

① 刘锋杰:《想象张爱玲》,安徽教育出版社2004年版,第147页。
② 夏志清:《张爱玲给我的信件》,台湾《联合文学》第13卷第11期,第69—70页,转引自周芬伶《艳异:张爱玲与中国文学》,中国华侨出版社2003年版,第168页。
③ Li, Tsui-Yan, "Rewriting the Female Body in Eileen Chang's Fiction and Slef-Translation", Doctoral Dissertation, University of Toronto, 2007.

身体的控制,甚至违反强加在她们身上的社会规范。她们的首要资本即来自于自身美丽的外貌。七巧和银娣,在《金锁记》及其译本中,用自己的身体换来了财富,但也因此牺牲了爱情和性的愉悦。相比之下,银娣比七巧更有吸引力,她不管是在私人场所,还是在公共场合,都想要吸引别人的注意,以此来获得她想要得到的赞美。与此类似,Moon Scent 和月香,分别是 The Rice Sprout Song 和《秧歌》的女主角,她们为了给自己和丈夫找工作,而不得不忍受顾同志色眯眯的眼神。在《赤地之恋》和 Naked Earth 中,黄娟(Su Nan)用自己的身体来交换爱人刘荃的获释,而戈珊随便地和男人发生关系,是为了补偿自己政治上的不得意。这些女性角色都试图利用自己的美貌来获得财富、爱情、性快感,或者社会和政治权力。

张爱玲在散文《谈女人》中,指出女人的身体是女人权力的一种来源。她说:"以美好的身体取悦于人,是世界上最古老的职业,也是极普遍的妇女职业,为了谋生而结婚的女人全可以归在这一项下。这也毋庸讳言——有美的身体,以身体悦人;有美的思想,以思想悦人,其实也没有多大分别。"[①] 有一种女人通过美的身体来获得权力,有一种女人通过美好的思想来给自己赋权,张爱玲将两者并置动摇了传统的观点。

张爱玲小说中的女性角色都在不同程度上试图通过自己姣好的身体引诱她们想要得到的男性。《金锁记》和 The Golden Cangue 中的七巧试图通过语言的挑逗和身体的姿态来引诱小叔子季泽,但是最后还是徒劳。《北地胭脂》和《怨女》中的银娣是采取主动的方式,例如唱歌来引诱小叔子,后来在庙里也屈从于他的挑逗。The Rice Sprout Song 和《秧歌》中的女主人公 Moon Scent 和月香,尽管她们并没有公开地引诱婚姻之外的其他男人,但都享受与顾同志的调情。《赤地之恋》和 Naked Earth 中,戈珊为了自己身体的快乐,大胆地勾引很多男人,包括刘荃。张爱玲后期作品中的女主角们表现出一种不断增强的引诱的欲望,而后悔的程度却越来越低,为了追求自己爱情和性的欲望,她们开始慢慢地反抗社会强加于女性的道德规范。

---

[①] 张爱玲:《谈女人》,《流言》,北京出版社出版集团、北京十月文艺出版社 2009 年版,第 69 页。

立足于中国文化，李翠恩指出在张爱玲的小说中女性身体的意义不仅仅包括肉体，还包括思想以及女性与其他人和外界社会的互动。张爱玲在《谈女人》中说："女人取悦于人的方法有很多种。单单看中她的身体的人，失去许多可珍贵的生活情趣。"[①] 这表明女性可以被欣赏的不同层次上的意义，正如我们从她的女性人物形象中所能看到的，女性值得爱的不仅仅是美好的身体，还有她们思想和社会才能。

在张爱玲的小说和自译中，女主角们努力奋斗的另一个目的是希望通过不同的方式获得经济权力。例如，七巧和银娣利用自己的身体来赢得男人的喜爱，通过婚姻获得财富。在婆婆和丈夫死后，她们继承了家族财富，控制了家庭的经济权力。Moon Scent 和月香则是通过自己的努力工作获得别人的青睐，在上海做保姆养家糊口，以此维护丈夫在村子里的经济权力。作为共产党的干部，戈珊利用她的聪明取悦于人而达到经济上的自足。张爱玲后期作品中的女性在经济上更加独立，并享受在男性面前更多的权力，这一点不局限在家庭空间，也表现在公共空间，这在跨越社会规范限制方面表现了女性很大的进步。

至于家庭和政治的权力，小说中的不同女性人物在各自不同的语境下，不同程度地证明了自身的影响。七巧通过控制财产、婚姻，甚至她儿子、女儿和媳妇的生死来维护自己在家庭中的地位。银娣则将她在家庭中的权力凌驾于儿子和媳妇之上，但是慢慢失去了儿子的支持，也失去了孙子。Moon Scent 和月香不仅对丈夫和女儿有某种家庭的权力，而且更大胆的是：将谷堆烧掉作为政治上的抗议。戈珊，作为共产党干部，她享受社会地位在众多男下属之上的那种政治权力。张爱玲早期作品中的女性人物在家庭中对子女和媳妇有着很大的家庭权力，而她后期作品中的女性人物还在公众领域对其工作伙伴发挥政治权力，这就在不同的维度扩展了女性的影响。

李翠恩认为在张爱玲的小说和自译中，对女性及其身体的表现有一个逐步发展的过程，成为一种更加多样和动态的表现形式。[②] 这个发展过程

---

[①] 张爱玲：《谈女人》，《流言》，北京出版社出版集团、北京十月文艺出版社2009 年版，第 69 页。

[②] Li, Tsui-Yan, "Rewriting the Female Body in Eileen Chang's Fiction and Slef-Translation", Doctoral Dissertation, University of Toronto, 2007.

是张爱玲双语写作作品中的女主角们性别身份逐步转换的结果，也是差不多半个世纪的时间和空间变化的结果（故事里的空间变化，以及创作的空间变化）。这些改变见证了中国和美国性别政治的差异以及张爱玲个人发展的轨迹。七巧和银娣对儒家女性行为教条的观察和稍许的反抗可以追溯到 1919 年五四运动提倡的将女性从传统家庭角色中解放出来的观点。20 世纪初上海的现代技术和物质的奢华改变了资产阶级女性的生活方式，她们的性别角色虽仍然被限制在儒家教条中，但同时已经开始包含了解放的思想。The Rice Sprout Song、《秧歌》、《赤地之恋》和 Naked Earth 中描写的强烈的和动态的女性意识在一定程度上是中国大陆政治环境改变的反映。Naked Earth、The Rouge of the North、《怨女》和 The Golden Cangue 都是在美国完成的，因此在张爱玲的小说中也反映了当时美国的女性主义运动对女性意识发展的促进。

## 第二节　双语写作中的女性欲望书写

在中国文学中"张爱玲"这个名字已经家喻户晓，就如雨果在法国文学，王尔德在英国文学和爱伦·坡在美国文学。但是在她最后生活了 40 多年的美国这个"新世界"，为什么张爱玲"苍凉的美学"没能抵达彼岸呢？作为一名在中国文学中享有声望的作家，在这长长的放逐过程中，"命运"变得无言，遗忘，最后走向死亡，成为她写作中反复出现的一个主题——"美丽而苍凉的手势"——的最后体现。为什么张爱玲没能成为"雨果""王尔德"或者"爱伦·坡"这样为世人公认的文学大家？这些作家的作品很容易跨越不同文化被翻译成为多种语言，从而被提升到一个世界级的位置。除了翻译这个原因之外，还有什么在强调这种"障碍"？当处于危险之中的不仅是两种语言和两种文化之间的翻译，还有一种"美丽而苍凉的手势"时，还有哪些种类的翻译可以被提及？这些问题正是美国杜克大学博士谢俐丽在其博士论文《情感的政治：伍尔芙和张爱玲的愤怒、忧郁和跨国女性主义》中想探讨的，所有这些问题指向的一个最基本的问题，"我们可以理解他者的感受吗？"用心理分析的术语来说，就是"不管是出现在个人问题上，文学文本中，还是历史语境下，情感是可以转移的吗？"①

情感是怎样成为普遍性的？众所周知的一个事实是我们确实是在一种文化中生活和写作，人们也确实生活在自己的身体中，这似乎就不可能让二元思维总是引向一种令人满意的回答，尽管二元对立本身就是思维的一种结构的和不可避免的构成。谢俐丽的问题很简单：在英语世界里，这个她定居下来但从来没有成功融入的世界，张爱玲的作品会不会被喜欢和接受，就像她的中国读者一样呢？由于在这两个完全不同的世界里对她的接受程度的迥异，谢俐丽接着想要探讨的是：是什么阻碍了这种流动，造成了转移的障碍？②

后殖民主义学者通常会认为翻译的问题，不可避免地会由情感的可转移性引出。本杰明对于翻译者任务的反思已经指向翻译一种根本的不可能性，因为甚至在其"原初"的文本中也常常有这种"语言的异质性"，切断了形式和内容之间的松散关系，致使翻译成为不必要的和敷衍了事的。这种"形而上的"或"语义上的"不可能性仅仅是在后殖民文本中沉淀，因为在这个问题的语言学群体中存在着完全不平衡的权力关系。③ 例如斯皮瓦克用一个修辞的问题来挑战在权力真空中翻译的概念——"底层能说话吗？"对斯皮瓦克而言，这个问题不是"我们"——反对的、想象的和含蓄的霸权群体——是不是可以理解底层的语言，而是底层没有获得能表现自己的方式。④ 对他者的表现和违反"界限"的想法与提出一个"同样的差别"是相冲突的，"西方"能"真正地"理解"东方"吗？——萨义德警告我们在翻译中没有东方，而是想象的西方对他者的幻想、创造和挪用。对模仿的强调也是作为他者的一种自我翻译的批评。⑤ 事实上，后殖民主义

---

① Hsieh, Lili, "The Politics of Affect: Anger, Melancholy, and Transnational Feminism in Virginia Woolf and Eileen Chang", Doctoral Dissertation, Duke University, 2005, pp. 335 – 336.

② Hsieh, Lili, "The Politics of Affect: Anger, Melancholy, and Transnational Feminism in Virginia Woolf and Eileen Chang", Doctoral Dissertation, Duke University, 2005.

③ Walter Benjamin, "The Task of the Translator", *Illuminations*, trans. Harry Zohn, New York: Schocken Books, 1968, pp. 69 – 92.

④ ［美］佳亚特里·斯皮瓦克：《斯皮瓦克读本》，北京大学出版社2007年版，第14页。

⑤ Edward Said, *Orientalism*, New York: Random House, 1978, p. 103.

的翻译是由转换所造成的，按照这种逻辑，西方（读者）不会、不能，事实上也不应该了解张爱玲在她的英文（重写）写作中努力要表达的。宣称理解和他者的知识是对其无法表达和不可复归的"单一性"的一种歪曲。

谢俐丽将一般语言哲学中的痛苦作为一个著名的例子——因为痛苦和我们这里的忧郁这个主题并不是完全不一样——如果我们都相信"我永远都不能理解你的痛苦"是因为我永远都不会有那种痛苦，这是不是就变成一种混乱了？这其实恰恰是理解张爱玲的"美丽而苍凉的手势"的问题所在：中国读者是不是可以理解并感觉到张爱玲"苍凉的美学"中的苍凉呢？如果在中国文学中这种移情已经让人激动了好几十年，这种同样的移情是不是可以被介绍到另一种不同的文化？一位西方读者，可以以一位中国读者同样的方式来理解张爱玲的苍凉吗？

谢俐丽用张爱玲这样一个非常复杂的例子来提出这些问题并不是想挑战西方经典，或者颠覆"中心"，在"东方"和"西方"之间建立一个对等物；相反，将这两种不同的文化环境并置变得至关重要，因为对张爱玲作品的漠视，她的美学不能触及西方读者，而这些作品都强烈地表达出情感的政治的破灭。仍然需要被研究的问题还有如：张爱玲的写作中没有能"意味着她所说"的是什么？是不是有一些障碍——文化的或者情感的障碍——阻止了西方读者听到她的声音？在穿越翻译的想象的界限以追溯文化的情感时，谢俐丽的"双重危机"一方面避免退回到本质主义的民族主义话语，认为张爱玲是典型的"中国人"，因此超越了任何西方认识论的挪用；另一方面，抵抗那种正式的或者抽象的普遍主义的欲望，即希望消除掉张爱玲作品中那种独特的和有趣的东西。这种双重危机也暗示了问题的焦点在于历史、文化和情感之间的辩证关系——如果情感意图成为普遍性的，它们还是会被不同的历史和文化的特殊性所制约。那么我们应该在什么样的情况下考虑情感和历史呢？到底我们所说的"历史"意味着什么？在探讨这些问题是，谢俐丽提到希腊悲剧仍然还被阅读，中国读者也一点没减少。如果希腊悲剧的读者确实可以分享同情和恐惧（或者任何可能的情感），那么张爱玲写作中的苍凉就应该有某种方式可以传递给不同的读者。[①]

---

[①] Hsieh, Lili, "The Politics of Affect: Anger, Melancholy, and Transnational Feminism in Virginia Woolf and Eileen Chang", Doctoral Dissertation, Duke University, 2005.

## 一　从民族寓言到性别寓言

在一直关注张爱玲作品的华人学者圈中，对历史和苍凉之间的关系已经从不同的角度进行了探讨。有趣的是，当历史这个概念一出现，马上就偏向了性别差异的话语中。正如忧郁或者苍凉所暗示的，真正遗失的是"女性化"里的"拯救"。事实上，甚至张爱玲自己也将这种不受时间限制的永恒与女性特质画上等号："它存在在一切时代。它是人的神性，也可以说是妇人性"。因此说到张爱玲，心理分析批评家陈传兴写道："人的神性，生有涯者的神性就是她认为的'妇人性'，'神'、'女性'沾染了时间后从混沌中分化出'差异性'，'书写'与'陈述'方才成为可能，'性别'才开始存现。"[①] 张爱玲的作品刚被广泛阅读，她的写作就被认为是"女性写作"。我们是不是需要用"永恒的女性特质"来欣赏张爱玲的写作呢？张爱玲的《北地胭脂》被认为是"女性的寓言"，因此谢俐丽通过对这本书的研究，提出了苍凉的性别化问题和对张爱玲的性别理论批评中历史的缺失问题。

《北地胭脂》和它的前传《金锁记》被很多张爱玲的评论家看成是张爱玲女性寓言的终极版本。《金锁记》和《北地胭脂》的情节中有很多意味深长的不同，例如女儿这个人物的删除，使故事更加专注于母亲和儿子之间的关系，但是事实上这个故事被张爱玲自己写作和重写了很多次，就使"重复"这个问题变成一个有趣的问题。故事是关于一个底层妇女——《金锁记》里的七巧和《北地胭脂》里的银娣，被安排嫁给了一个有钱人家的男人，又瞎又跛。在这种命运面前她妥协了，从一个受害者变成了一个恶魔般的、吸血鬼一样的女人。谢俐丽选择故事较长的版本《北地胭脂》作为研究文本。自盖尔·鲁宾（Gayle Rubin）以来的女性主义者都持有一个有力的观点，即在父权制体系里，女性是男人间进行交易的筹码。但是，在张爱玲的作品中，交易女性的这种经济更加复杂。银娣当然是这种交易中的一个客体：通过她的婚姻，她哥哥以后就有了一个减轻自己穷困的途径，他总是可以找到一个借钱的地方。但是这里让人更加沮丧的是银娣自己的变化：她通过模仿和身份认同，将她受到的来自姚家

---

[①] 陈传兴：《子夜私语》，杨泽编：《阅读张爱玲》，广西师范大学出版社2003年版，第289页。

的压迫又施加到她兄弟家中;她"打败"自己的性欲,压制自己的性欲来留住年轻的、有魅力的三爷,而三爷最后证明不过是想着她的钱;她转而保护她这无为的世界不发生任何可能的改变,为此将同样的"金锁"套在了她唯一的儿子身上。进入姚家这个决定将她置于一个边缘的地位,将她"陷入了生活的边缘",就像她站在楼梯上,上不得也下不得。在这个意义上,整个故事是关于一个女人怎么被想往上爬的欲望所驱动,却绝望地下沉的故事。

这篇小说意义非同寻常是因为很多评论家认为这是女性寓言的一个终极的例子。众所周知,苍凉在张爱玲的美学中占据了重要的位置,值得注意的是,普遍的看法是将她的"苍凉的手势"看成是女性的。例如孟悦和戴锦华在《浮出历史地表》中就指出张爱玲写作中的苍凉反映了"那不仅是一片女人的荒原,而且是一片人的荒原,是命如游丝的中华古文明的荒原"[①]。对于孟悦和戴锦华而言,张爱玲的作品标志了一个正在逝去的王朝的尽头——事实上,一种古老的"类别"就是阶级,例如,充满了女性神话的贵族世系。将张爱玲的作品与卡珊德拉的神话做比较,张爱玲是"永远的异乡人"的女性破碎话语的最后叙述者,是一个流浪者,也是"没有明确的社会性所指的能指"。在孟悦和戴锦华最后的分析中,"张爱玲的世界毕竟是一个女人的、关于女人的世界"。而且,女性"处在历史的最显著的位置";就像是绣在屏风上的鸟,这些女性也是"一片扁平的、鲜艳而了无生机的图案"[②]。

周芬伶在她的著作《艳异:张爱玲与中国文学》中引用台湾女性主义者平路的观点,张爱玲的忧郁被附在女性的最古老的原型中:"十分神秘飘忽地,藉着写作,张爱玲成为创造母亲的'母亲',然后经过好一番周折,到最后,她终于又甘心地再做母亲的'女儿'——至此,我们可以说:'一个伤逝的周期就此完成'"[③]。在这段文字里暗示的,是女性令

---

[①] 孟悦、戴锦华:《浮出历史地表》,中国人民大学出版社2010年版,第233页。

[②] 同上书,第236—241页。

[③] 平路:《伤逝的周期——张爱玲作品与经验的母女关系》,"张爱玲国际论文研讨会"论文,1996年,转引自周芬伶《艳异:张爱玲与中国文学》,中国华侨出版社2003年版,第13页。

人不安的含义或者作为本质的女性化，身体。伤逝和女性的周期完成将女性化与心理病态的含义联系在一起，这种心理病态促使进一步将女性化禁锢在关于女性身体的本质主义和生物学中，因为忧郁常常跟从"周期"（periods）的节奏。

谢俐丽对于张爱玲的研究正是基于这些学者已有的研究成果，她将对张爱玲小说中女性人物研究的各个方面，不同研究传统和声音都纳入自己关注的视野，但是又跳出华文世界研究的局限，提出自己的研究问题。银娣，一个蛇蝎美人，一个充满了怨恨的女人，很多当代批评家将这个故事看成是一个"性别寓言"，谢俐丽想要提出的问题就是这种对银娣"病态"的性别化——她的歇斯底里、精神分裂或者疯狂——是不是另一种包括了张爱玲美学中的苍凉的畸形和神秘的方式，以此将"忧郁"指向另一种话语。简而言之就是：性别批评有怎样的"历史性"？将历史的遗失命名为一种缺失和女性的缺失，这种性别批评是不是作为"二次修正"的另一种方式来掩饰缺失？在抗议对女性的体系化压迫时，性别批评事实上可以有闯入象征界的作用；它可以将（性别）意义指派进存在的含混中。因此，最常用、最有攻击性的术语，不是"菲勒斯"，"命名这一行为"才是菲勒斯，这是象征秩序，或者说是法律的规则。

在某种程度上，将张爱玲的写作看成是本质上的女性化与传统批评将其看成是本质上的"中国的"没有什么区别，换句话说，可以看成是用"性别寓言"来置换"民族寓言"。如弗雷德里克·詹姆逊（Frederic Jameson）在《跨国资本主义时代里的第三世界文学》中明确表达的，他在解读"第三世界文学"时优先考虑了政治的方法，从那时开始，"民族寓言"就成为一个和"女性"一样常常有争议的概念。[1] 如果我们按照迈克尔·哈特（Michael Hardt）的解读，詹姆逊的民族寓言所意味的，是解读政治的一种先验的方式，是与他关于政治无意识的概念可以放在一起强调的概念。[2] 在这种环境下还有一点值得注意，即中国现代文学传统的兼

---

[1] Fredric Jameson, "Third World Literature in the Era of Multinational Capitalism", *New Political Science*, 15, 1986, p. 66.

[2] Michael Hardt, and Antonio Negri, *Empire*, London & Cambridge: Harvard University Press, 2000, p. 4.

容性。张健认为张爱玲的《秧歌》中"没有'主角',而只有'真正的中国人'"。在这种面纱下,詹姆逊的"民族寓言"的政治无意识就陷入了民族主义。现在在性别批评中,政治将再一次被归结为"性别政治",历史将再一次迷失在"永恒"——女性中。

在对比了张爱玲阐释的早期趋向后,谢俐丽指出在性别批评中,似乎张爱玲被认为是"女性书写"的大师,这种阅读事实上剥夺了民族主义的寓言,或者是民族性。[①] 但是,通过用性别来涵盖张爱玲写作中所有不同的问题,在性别批评中"阐释的政治"事实上是危险的。只要这些问题总是一成不变地关于"女人",就总是有争论的对立面:"女人,你们自己本身就是问题"。或者,这可能会让女性主义者抗议,"问题在于社会以及社会是怎样对待女人",这也正是很多女性主义批评家对张爱玲的《秧歌》所做的评论。对这本小说的再次解读会抵制这种阐释,因为对于张爱玲,这个问题从来没有在受害的政治上提出来;相反,在《秧歌》中可以被说成是"政治"的任何情节都不得不开始于这样一个令人尴尬的位置:我们都是自己受害情结的罪人。

## 二 寒冷的悲哀:迷失的苍凉

在《童言无忌》中,张爱玲记录了和她弟弟相关的一段记忆。从她的叙述中,我们可以清楚地感觉到她所称之为的"寒冷的悲哀":

> 有了后母之后,我住读的时候多,难得回家,也不知道我弟弟过的是何等样的生活……
>
> 后来,在饭桌上,为了一点小事,我父亲打了他一个嘴巴子。我大大地一震,把饭碗挡住了脸,眼泪往下直淌。……我丢下了碗冲到隔壁的浴室里去,闩上了门,无声地抽噎着,我立在镜子前面,看我自己的掣动的脸,看着眼泪滔滔流下来,像电影里的特写。我咬着牙说:"我要报仇。有一天我要报仇。"
>
> 浴室的玻璃窗临着阳台,啪的一声,一只皮球蹦到玻璃上,又弹回去了。我弟弟在阳台上踢球。他已经忘了那回事了。这一类的事,

---

[①] Hsieh, Lili, "The Politics of Affect: Anger, Melancholy, and Transnational Feminism in Virginia Woolf and Eileen Chang", Doctoral Dissertation, Duke University, 2005.

他是惯了的。我没有再哭，只感到一阵寒冷的悲哀。①

张爱玲自己描述的这一段情节很多研究者都进行过各自精辟的分析，谢俐丽立足于情感的社会和文化研究，力图阐明每一种情感都让位于另一种情感的这种转移，由此对这一段中张爱玲以"寒冷的悲哀"作为彻底的结束的表达进行了分析。② 张爱玲描述了一个戏剧性的动作——她"丢下了碗"，似乎是近镜头地对着浴室的镜子"发誓"要报仇。但是在这一层上面，她加上了一种自我距离感的凝视，就是她看着那个凝望着镜子的自己，这一姿态消解戏剧性。如果正如彼特·布鲁克斯（Peter Brooks）在《戏剧想象力》中所阐释的，戏剧就是关于道德的补偿和表现，它也是自我正义的美德，例如好的文学品位，好的行为和公正，是在这里被最终取消的。③ 有一种观点认为变得愤怒和对不公正境况的回应是"幼稚的"，就如这个标题《童言无忌》所暗示的一样。这种寒冷的悲伤的对立面是更加真实和更加成熟的；时光流逝，一个人慢慢知道没有受害者需要拯救，而只有同谋者。纠正的行为甚至在它去冒险之前就被打败了。还有一点自相矛盾的是，站在作者角度使行为无效的，恰恰是改变境况所必需的。正是在这样的一种转变中，即从"不公正"转向"复仇"，然后到"忘记"和"对不公正的重复"，行为的变化起起落落；每一种行为在错误的基础上都成为一种空洞的行为。但是，同时，也正是忘记和"习惯"这样一种境况使其达到了最后的不公正。在她对暴力（打一嘴巴子）的愤怒和她弟弟的麻木（如他都感觉不到那一耳光的屈辱）的讽刺之间，张爱玲的行为变成了一种"无作为"；她停止了哭泣。在这样一种令人怀疑的受害情结中，她甚至不被允许和她弟弟在一起；她也不能将这种不公正的源头告诉总是骂她的父亲和后母。谢俐丽提到的这种转变差不多可以作为否定的一个链条来描述：一种行为（复仇）取消了前一种行为，直

---

① 张爱玲：《童言无忌》，《流言》，北京出版社出版集团、北京十月文艺出版社2009年版，第101页。

② Hsieh, Lili, "The Politics of Affect: Anger, Melancholy, and Transnational Feminism in Virginia Woolf and Eileen Chang", Doctoral Dissertation, Duke University, 2005.

③ Peter Brooks, *The Melodramatic Imagination: Balzac, Henry James, Melodrama, and the Mode of Excess*, vol. London & New Haven: Yale University Press, 1976, p. 154.

到似乎没有可能的行为；一个罪人（弟弟）取消了前一个罪人（父亲和后母）直到有人质疑他与其他人的差别；一种情感（将复仇）成功地接替了前一种情感（愤怒）直到不能容纳任何其他的情感。在所有否定的否定之后还留下的就只有"寒冷的悲伤"。

这一小段文字所例证的张爱玲写作中的情感的循环，模棱两可而且复杂，最终阻碍了张爱玲英语小说创作的写作事业。在英国用英文出版《北地胭脂》之前，张爱玲在给夏志清的一封信中表达了在自我东方化和残酷的误解之间的困境：

> Knopf 我记得是这些退稿信里最愤激的一封，大意是："所有的人物都令人反感。我们曾经出过几部日本小说，都是微妙的，不像这样 squalid（卑劣、下流），我倒觉得好奇，如果这小说有人出版，不知道批评家怎么说。"……中篇小说一次登不完，想也难卖。①

张爱玲在伦敦出版《北地胭脂》时，正如 Knopf 所评价的那样，批评界都将这本小说看成是令人讨厌的、病态的、令人恶心的。小说中的女人的病态超出了任何理性的理解。她确实就像张爱玲的弟弟一样，也就是说，是不值得同情的受害者。同情里的巨大差别——也就是，中国读者将这个故事看成是女性压迫的一个苍凉的"永恒回归"，而英语读者觉得没有引起心理上的共鸣。这里有问题的不仅是文化差异；例如，鲁迅的著名小说《狂人日记》从来没有被认为是病态的和令人厌恶的而遭到否定。在《狂人日记》中表现了人吃人的现象。对于中国读者和非中国读者，这个故事都不仅是一个民族寓言，而且表现了鲁迅的艺术中一种文学的英雄主义。他将中国封建社会的病态看成是一种人吃人的行为使超越病态本身成为了一种可能，在很多方面，将鲁迅的《狂人日记》和尤内斯库的《犀牛》进行对比也并不是不合适的，这里有一种个人与让人痛心的人群作斗争的英雄主义。如果在说《狂人日记》和《阿Q正传》中，敌意无

---

① 夏志清：《张爱玲给我的信件》，台湾《联合文学》第13卷第11期，第69—70页，转引自周芬伶《艳异：张爱玲与中国文学》，中国华侨出版社2003年版，第116—117页。

处不在,鲁迅的《狂人日记》就是最经典意义上的"悲剧"。① 这就是张爱玲和鲁迅之间的最本质的区别——让人想起张爱玲自己的话,"所以我的小说里……全是些不彻底的人物。……因为他们虽然不彻底,但究竟是认真的。他们没有悲壮,只有苍凉"。② 谢俐丽在这里通过分析鲁迅,让我们比较容易理解为什么张爱玲的《北地胭脂》在英语世界中没有获得成功。张爱玲的故事没有给她的读者提供一种超越的位置来认同;它没有一种宣泄或者升华。阅读张爱玲的(疯)女人的寓言,寻找一个受害者和不公正的原因,只是带来了迷惑。这里的阅读困难不是理解这个故事意味着什么,而是在于感觉不到小说所指向的那种冷冷的寒意。我们这些"正义的"读者,被恶魔般的女人背叛了,就如同张爱玲的愤怒被冷漠的弟弟背叛了,正是在最后理解了这一事实之后,苍凉才会从病态的伪装中浮现,抓住读者的心。

谢俐丽认为忧郁或者苍凉一方面应该在中国抒情传统的视角下,特别是在情感融合的视角下进行解读,另一方面,这种忧郁或苍凉也应该被看成具有独特而少见的现代性。只有在这两种视角融合或碰撞下,张爱玲的《北地胭脂》才能在中国现代性中占据一个有趣而非凡的位置。③ 傅雷曾经评论《金锁记》是"我们文坛最美的收获之一",并认为"没有《金锁记》,本文作者决不在下文把《连环套》批评得那么严厉,而且根本也不会写这篇文字"。④ 夏志清也果断地赞扬《金锁记》是中国现代文学里最好的和最重要的作品。谢俐丽想指出的是为了理解这部小说和更普遍地理解张爱玲的创作特点,我们应该意识到,语言的革新——白话——只是在几十年之前发生的,在这个意义上,中国现代文学史与很多其他的现代性有明显的差异。她认为被称之为中国现代性的历史不仅非常短,而且是在很多其他的破坏都在进行着的一个非常混乱的时代里发生的。更重要的

---

① Hsieh, Lili, "The Politics of Affect: Anger, Melancholy, and Transnational Feminism in Virginia Woolf and Eileen Chang", Doctoral Dissertation, Duke University, 2005.

② 张爱玲:《自己的文章》,《流言》,北京出版社出版集团、北京十月文艺出版社2009年版,第186页。

③ Hsieh, Lili, "The Politics of Affect: Anger, Melancholy, and Transnational Feminism in Virginia Woolf and Eileen Chang", Doctoral Dissertation, Duke University, 2005.

④ 迅雨:《论张爱玲的小说》,子通、亦清主编:《张爱玲评说六十年》,中国华侨出版社2001年版,第62页。

是，与有着悠久传统的西方现代性不一样的是，中国的现代性是被强加的，因此带着与生俱来的深深的创伤。中国的现代性可以被定义为是时间闯入了中国五千年静止的传统中，这五千年是不断重复的一个长长的梦：也只有在那时，"所有坚固的东西都融化于空气中"，被认为是有和谐作用的普遍性，被他者的逻辑、其他的世界和其他的时间打碎了。在这样的语境下，我们就可以理解夏志清认为中国现代小说不充分的感觉了——花了几个世纪才能出一个雨果、陀思妥耶夫斯基或者伍尔芙。

在这个视角下，谢俐丽将张爱玲放在跨文化的平台上，本着对中国现代文学和作家的自信，认为我们想要在张爱玲与简·奥斯丁、张爱玲与毛姆、张爱玲与乔伊斯或者其他可能的配对中，建立相等关系的欲望是可以理解的。通过这样的等同性，我们也就会有自己的雨果、陀思妥耶夫斯基或者伍尔芙。建立对等物，或者对于夏志清，创造一个"中国现代文学最好和最重要的作品"的神话，在这样的行为中所表达出来的对"中国现代性"的欲望，就是想要弥补对时间的不充分的创伤的欲望。当"现代"出现——或者说，被强加——于中国历史后，马上就处于破坏的边缘。填补这种缺口或者空虚的作品必须是恰恰可以表现出这种不连续性的，其本身就是处于边界线的例子，因此具有精神分裂的症候。张爱玲的《金锁记》和《北地胭脂》恰恰就是这种类型的作品。认为这两部作品都表现了乡愁的欲望是不完全正确的。不仅是由于经典的读者仍然是边缘的，而且现代的概念不像乡愁那样常常引起冲突或反抗。现代和乡愁矛盾地互相交织在文化媚俗中——这也是为什么张爱玲可以对"从八岁到八十岁"的读者，对"从家庭妇女到文学学者"都有吸引力。一部能引起这样的热情和认同的作品必须是既有乡愁，同时又具有讽刺意味；它必须包含既是现代又是古老的这种矛盾本身；它必须是无家可归的。

### 三 《北地胭脂》：自译的诱惑与颠覆

#### （一）词语的颠覆力

如果中国现代性应该被看成是具有自己独特性的特例，那么那些历史是孤立的吗？如果鲁迅的忧郁和张爱玲的苍凉都是中国现代性中时间的症候，这些情感可以被非中文读者按照他们自己的情况来理解吗？也就是说，如果没有处于中国现代性的语境中，一个非中文读者能够阅读张爱玲吗？这就谢俐丽所提出的一个需要思考的问题。①

很多海外中国现代文学研究者都是以西方文化为背景,同时中国文化又是他们的母体,能自由地在中文和英文两种语言之间出入。在这样的学术研究平台上,谢俐丽对于张爱玲的自译研究,就是以《北地胭脂》为例,从语言和文化各个不同的角度进行了分析。

她认为事实上,张爱玲的自译在自由地翻译或者传达的理想状态方面出现了"障碍"。第一个障碍就是语言。张爱玲确实是用英语创作了《北地胭脂》,对于"少数族裔文学的翻译常常是非常糟糕的"这种类似的哀叹确实要少了一些。但是,考虑到张爱玲对于用英语进行创作的态度,她的作品在西方被边缘化的一个原因就是她那"奇怪的英语",这样说也并不是牵强附会的。"奇怪的英语"也就是"中式英语",张爱玲的"中式英语"成为一种障碍,可是几年以后,美国华裔作家汤亭亭的作品已然成为经典,被认为是非常有创造性的,以至于能"从边缘"将"标准"英语转过来,让西方读者接受这种"奇怪的英语"。

张爱玲英文小说的题目《北地胭脂》,与中文的题目《怨女》有着很大的不同,这种差异是有其深意的。怨女指的是一个充满怨恨的女人。"怨"这个字在中文中的意义是非常丰富的。它可以表示仇恨、怨愤、争吵或者凄苦,但是它还可以表示待在闺房里的女子的抱怨、不满或者痛苦。从中文题目直接翻译过来应该是"The Resentful Woman",这样可以更好地理解,尽管在英文中"resentful"这个词可能会带有尼采哲学的深意。对于一个英语读者来说,题目《北地胭脂》可能听起来就有点尴尬,因为这个题目来自中国两句古诗——"南国佳丽,北国胭脂"——中文用"胭脂"(既是颜色也是化妆品)一词来比喻美丽的女人。中国文学惯例之一就是从古诗中找到一个比喻词来指代整个物体,但是这种行为如此普遍以至于这些文学词语常常变成了俚语或者俗语;事实上,这种比喻中国文人用得非常普遍,已经融入了汉语语言当中。重要的并不是最开始的意思的消失,而是这种痕迹的消失使"北地胭脂"这个词语读起来像是一个双关语,使西方读者不能正确地理解。设想从托马斯·阿奎那的著作里引用一句最晦涩难懂的词语,然后再设想一下这个词语成了英语的日常

---

① Hsieh, Lili, "The Politics of Affect: Anger, Melancholy, and Transnational Feminism in Virginia Woolf and Eileen Chang", Doctoral Dissertation, Duke University, 2005.

口语的一部分，甚至学龄前的三岁儿童都会用，可是普通的中文读者却未必能领会其精髓。这个例子要表达的就是翻译中的困难并不是真的就在于语言本身，是语境需要对文化翻译有更微妙的处理。

《北地胭脂》出版七年后，汤亭亭的《女勇士》出版，此书在评论界受到一片赞扬而且销路也很好，这本小说一样也是关于东西方之间的文化翻译。因此对这两种"翻译"的对比具有启迪作用并发人深省。《女勇士》由作者"记忆"的五个部分组成："无名女人"讲述了无名姑姑的故事，她被村民的敌意所迫害，由于通奸被发现，被迫跳井身亡；"白虎山学艺"是中国经典传说故事，女扮男装替父从军的花木兰的变形；"乡村医生"讲述作者母亲过去在中国当乡村医生的经历；"西宫门外"是关于母亲勇兰的另一段回忆和她那更加沉默寡言，也受到更大伤害的姨妈月兰的故事；最后一部分"羌笛野曲"是作者自己的故事，讲述她从一个安静的、受指责的移民孩子成长为一名女勇士的经历。汤亭亭的作品，获得了美国国家图书奖的非小说类大奖，在美国大学关于文学、中国研究、人类学、民俗学和公共政策等课程中进行讲授，为从愤怒、无名和压迫到富有战斗性和自我肯定这个过程提供了一个更流畅的文化翻译，正如汤亭亭自己在这本书说的最后一句话："这个翻译得很好"。

谢俐丽认为如果我们将汤亭亭的《女勇士》看成是张爱玲《北地胭脂》的镜像，她们不同命运所经历的快乐和痛苦可以给我们展示文化翻译有趣的"参差对照"。[①] 正如评论界所指出的，汤亭亭的成功要感谢女性主义的第二次浪潮，这次浪潮使读者对"女勇士"的战斗形象和女性写作有了感知。张爱玲的《北地胭脂》恰好是在美国的这次女性主义浪潮之前出版的，这个事实她自己似乎都意识到了，但是她选择了不去跟这个潮流。另一个更显著的区别在于两位作家采用的不同文化翻译。与张爱玲那种"上海原创"美学不一样，汤亭亭对花木兰的传说和岳飞这样的历史人物进行混合，这一点在华人社会中常常激起愤怒的反应，甚至有人将汤亭亭称为汉奸。但是，她将花木兰的故事输送到她自己的记忆中这一点胜过了她之前的中国作家们，也恰恰是这样一种作为文化翻译的重写过程将她的作品带到了世界的"另一面"。与汤亭亭相比，张爱玲似乎陷在

---

[①] Hsieh, Lili, "The Politics of Affect: Anger, Melancholy, and Transnational Feminism in Virginia Woolf and Eileen Chang", Doctoral Dissertation, Duke University, 2005.

真实性和自我背叛的两难之中。她在以上海命名的"带有强烈本土色彩的短小篇章"和对《金锁记》的重写之间摇摆不定,从这一点可以看出,对于张爱玲,似乎为英语读者写作只有两条路可走:要么就是写一些旅游指南,要么就是为教育的原因写点东西。如果张爱玲能够调和一个事实,即文化翻译不可避免地需要在语言和情感层面都作出背叛,那么她会不会在西方为自己的写作事业选择另一条道路呢?似乎张爱玲也并不是完全没有意识到文化翻译需要跨越意识形态和幻想的鸿沟。在给夏志清的信中,她写道:"……正如你所说,我一向有个感觉,对东方特别喜爱的人,他们所喜欢的往往正是我想拆穿的。"[①] 因此,纵然她对那个时候的美国华裔文学很精通,她对于进入自己的文化想象,对中国进行变形的那种翻译也总是不冷不热的。

谢俐丽指出,在《北地胭脂》里,张爱玲已经非常努力地试图从句子的语法等方面填补这样一种鸿沟。有时候她甚至做得过分了,因为在这个"译本"中她写作的碎片化和陌生化都已经遗失了。[②] 造成阅读这个英文版本有困难的,主要是和它的标题一样的词组:只要语法是正确的,词语的选择就是正确的,但是它们在意义或者理解的层面却是空洞的和毫无生气的。"北地胭脂"这个词组什么都不能表达,除非出现一个新的语境。这里讨论的语境也不是文化本身,因为文化被用来指终结和停滞的系统。"北地胭脂"这个例子可以让人想起所指和源头之间的关系,但是这种痕迹已经被抹去了。这看上去就像是一个独立的词语——怪异、反常——而事实上这其实是一个引用。具有讽刺意味的是,在被擦去的引文的标志中所嵌入的时间的痕迹造成了一个反面的事例:当张爱玲去世后,皇冠出版社于2004年出版了她的小说《同学少年皆不贱》,读者们都对张爱玲在书名中表现出来的语言的俚语化这种"堕落"感到很困惑。对于将张爱玲尊为中国现代经典的文学偶像的读者们来说,这部小说似乎失去了张爱玲最珍贵的特点——古典性和中国性——而降低身份迎合通俗文

---

[①] 夏志清:《张爱玲给我的信件》,台湾《联合文学》第13卷第7期,第70—71页,转引自周芬伶《艳异:张爱玲与中国文学》,中国华侨出版社2003年版,第118页。

[②] Hsieh, Lili, "The Politics of Affect: Anger, Melancholy, and Transnational Feminism in Virginia Woolf and Eileen Chang", Doctoral Dissertation, Duke University, 2005.

化的品位。这两个例子让我们看到一种假设,就是张爱玲作品中的语言可以看成是一种特别的文化事实中的引用,只有当更大的文化和语言环境被翻译了之后才会得到理解。为了达到这种效果,例如《北地胭脂》这个标题的例子,就要通过恢复遗失的"原始"的句子和它的引文之间的痕迹来唤起引文的标记,也就是重新呈现字词的历史。因此,对于张爱玲《北地胭脂》这样的作品,如果要在跨文化的情况下被欣赏,是不是对历史的、语言的和文化的填充是一个先决条件呢?这种填充对文学研究不仅是专业的要求,也是让文学平民化的需求。答案似乎是一种自身分裂的形式。在传达意义这个目的上,答案是:我们对文本的背景知识知道得越多,就能构建出更完整也更丰富的意义网。但是在情感的转移层面,答案就很模糊:例如知道"北地胭脂"在中国古诗中是替代美女,并不能保证人们能够感觉到这个意象里具体化的悲伤和苍凉。换句话说,一个"想象的文学读者"的知识不会被转换成大众的感情。

第二个障碍,与词语的问题类似,是对细节的大量的、过多的表现以及在这些细节描写中的琐碎。对于这一点,谢俐丽积极而创见性地运用《北地胭脂》中大量的语言实例进行了富有成果的分析,避免了对作品中文和英文两种语言差异的泛泛对比。

以《北地胭脂》中的一段为例:

> Her bridal rosewood bed was as big as a room, with framed embroidered pictures of the four seasonal plants across the front tipping forward. There were built-in shelves for vases, clock, tea set and knick-knacks. The tiers of tiny drawers inlaid with mother-of-pearl figures waving swords-the hundred and eight brigands-reminded her of all those little drawers at the pharmacy, especially the smell of one of the sweetmeats he kept there, plums curled by the sweet herb used to sweeten all medicines. Now she and her brother's wife talked all night and nibbled at the cakes and candies like two children. She had never dreamed she would ever be so close to her sister-in law. She poured out off all her complaints and often ended in tears. They felt safest whispering in bed inside the turquoise glass cloth curtains. Two little gold baskets with a touch of blue enamel stuffed with jasmine blossoms hung down from the top of the bed on thin gold

chains. Every now and then came a whiff of the heavy cool fragrance. The little broom for sweeping the bed sheet had a crude tassel of red rags tied on its handle.①

一张红大木床是结亲的时候买的，宽坦的踏脚板上去，足有一间房大。新款的帐檐是一溜四只红木框子，配着玻璃，绣的四季花卉。里床装着十锦架子，搁花瓶、茶壶、时钟。床头一溜矮橱，一叠叠小抽屉嵌着罗钿人物，搬演全部水浒，里面装着二爷的零食。一抹平的云头式白铜环，使她想起药店的乌木小抽屉，尤其是有一屉装着甘草梅子，包着糖让所有的药都变甜了。现在她和她嫂子唧唧哝哝谈到半夜，吃抽屉里的糕饼糖果，像两个小孩子。她再也没想到她会跟她嫂子这样好，有时候诉苦诉得流眼泪。晚上拉上帐子，特别感到安全。床顶用金链条吊着两只小珐琅金丝花篮，装着茉莉花，褥子却是极平常的小花洋布。不时的传来一阵阵凉凉的香味。扫床的小麻秸扫帚，柄上拴着一只粗糙的红布条穗子。

谢俐丽用这一大段的例子来表明，即使对于她本人这样的读者，阅读用英文写作的这些段落都是非常可怕的经历。对于英语世界的读者而言，在这些细节的列举中有种奇怪的感觉——就像是读中餐厅的菜单——英文翻译让这些物件看起来异国化，失去了它们"最初的风味"。但是 clock 是"时钟"的忠实翻译，a rosewood bed 就是"红木床"——没有任何遗漏，没有任何是误译的。因此，在这幅图景中似乎"不合适"的并不是语言方面的翻译。用中餐厅菜单为例，是"物件之间的关系的缺乏"在英文中，不像在中文里，红木床并不能让自身表现出旧式贵族的优雅；药房里的抽屉也不能散发出熟悉的和让人舒服的芳香。要想知道这些联系，一个人非得在这些物件的世界里生活过才行，就像我们理解中餐菜单一样的。②

在《妇女与中国现代性》中，周蕾富有洞见地解读了中国现代性语

---

① Eileen Chang, *The Rough of the North*, Berkeley: University of California Press, 1998, p. 55.

② Hsieh, Lili, "The Politics of Affect: Anger, Melancholy, and Transnational Feminism in Virginia Woolf and Eileen Chang", Doctoral Dissertation, Duke University, 2005.

境下张爱玲的"细节写作"的琐碎和无关。西方现代性是想要产生新的违背,根除或者中和女性化的形象,然而这些形象在其自身的形成过程中就是错综复杂的。中国现代性是将"女性化"作为利益的一个新领域来维护和精心制作的。"如此的窥看主义所产生的细节之处,与现代国族建构的严肃性相违逆,即使是这样的细节往往匿迹于传统形而上学、人性或革命的语言之中。"① 对于周蕾而言,在这些琐碎中有违背的方面,因为它们与中国现代性主流话语的国族政治相反,从根本上是模糊不清的。它们拒绝被统一进"宏大的""男性"话语,另一方面,现代性进程仍然是在政治话语的"统一"中维持一种政治"目的"。作为一种结果,张爱玲的细节的轨迹注定会变成"过时的";它将是现代性的残余。

对于周蕾的评论,谢俐丽想要引起大家注意的是,在现代性和传统的冲突和对立的情况下来解读张爱玲的细节写作。但是,这些细节的轨迹应该被贴上"女性化"的标签吗?正如周蕾认为的"在中国社会中,恰恰是因为女性从传统上就被关在'公共事业'"中,以至于女性问题可以作为另一种细节被展现,那么"这个细节是一种文化被正面排除或者被包括在更大也更无关的术语中"吗?② 婚礼细节的政治的"女性化"似乎就是一把双刃剑。尽管两面都可以切开,但是一般会消除细节的民族主义的宏大话语,被碎片化或者瓦解,因此女性的问题可以被重新思考。同时保持一种成见,即"琐碎"或者"细节"就是"女性(化)的",反之亦然。因此,谢俐丽基于细节写作的阅读为我们增加了一种可供选择的观点。

首先,强调张爱玲写作中的这些琐碎物件并不是符号,这一点很重要。如果它们是符号,不管是文化的、女性化的,或者阶级的,就像一些评论常常指出的,对这些细节的过度描写就会使技巧本身变得可疑,特别是在短篇小说这样一种更加经济的形式下。它们看起来是带有强迫性的,因为作者和她的故事都不能没有这些细节。而且,它们也不仅仅是简单的物件。似乎这些物件事实上可能正是"小客体",也就是拉康所定义的,只是我们欲望的剩余物。张爱玲的艺术是非常难理解的:人人都在说张爱玲怎样将过去的世界包括进了现代,她精确地描写、展现了过去。与这样

---

① [美]周蕾:《妇女与现代性》,蔡青松译,上海三联书店2008年版,第134页。

② 同上书,第138页。

的看法相反,谢俐丽认为张爱玲表现出来的其实只是剩余物。由于物件(小客体)变成全能的和不和谐的,它们开始变得像博物馆里的东西。这些剩余物本质上是没有表征性的,没有表现,只是陈列。也就是说一种时间的特别的意识——既不认为时间是持续的(因为持续暗示继续和线性),也不认为时间是现在的(因此是在场的)或者过去的(因此是缺席的)、即时的、自给的和明确的。正是变形为一种物质的时间,就成为既肯定又否定,既铭记又遗忘。再次运用拉康的理论,我们可以认为这些物件不是符号,它们是能指。"能指……是一种痕迹,但是是一种被去除的痕迹。"① 如果字词和表达成为博物馆里的东西,我们就永远不能真正拥有或者失去语言,因此它变成永远不充分和神秘的语言,不足以解释时间但是也找不到从哪里逃离。可能在这样的视角下,我们可以将张爱玲的苍凉解读为忧郁:在张爱玲的作品中,正是这样一种时间的悬置可以被作为"忧郁"来充满同情地和集体地经历。

在张爱玲的写作中,旧的用一种几乎感觉不到的,因此也是无意识的方式编织进新的,因此它完美地用政治无意识作为标签,谢俐丽将之称为"中国现代性的忧郁"。② 又一次让人感兴趣的是张爱玲作品中的历史几乎都不是作为"宏大"叙事来"重新表现"的。张爱玲文学地表现了拉康所说的,"历史总是舞台上的这个角色"。③ 这本小说明显是怀旧的,在这部小说的头几行里,写作的风格和技巧就使读者与永远失去的原始场景面对面。

(二) 欲望的抵抗

对于张爱玲自译中的女性情感或者说欲望的表达,谢俐丽主要对《北地胭脂》中描写的银娣的三个诱惑的场景进行了细致而深入的文本分

---

① Lacan, *Seminar X* (on anxiety), p. 53, from Lili Hsieh, "The Politics of Affect: Anger, Melancholy, and Transnational Feminism in Virginia Woolf and Eileen Chang", Doctoral Dissertation, Duke University, 2005, p. 368.

② Hsieh, Lili, "The Politics of Affect: Anger, Melancholy, and Transnational Feminism in Virginia Woolf and Eileen Chang", Doctoral Dissertation, Duke University, 2005.

③ Lacan, *Seminar X* (on anxiety), p. 28, from Lili Hsieh, "The Politics of Affect: Anger, Melancholy, and Transnational Feminism in Virginia Woolf and Eileen Chang", Doctoral Dissertation, Duke University, 2005, p. 369.

析。这三个场景分别是：年轻的银娣与麻油店的顾客，新婚的银娣与三爷在古庙，最后是中年的银娣与三爷在她自己那老旧的、冷清的家里。这三个场景读起来就像是京剧里的场景。用这样的方式，张爱玲就像在舞台上展示，而不是讲述，一位充满怨恨的女人一生的故事，银娣命运的转变被写成了故事中充满戏剧性的情节。情节剧，而不是悲剧，可能是用来形容张爱玲故事的最好的一个词。但是在张爱玲美学的语境下又有另一个问题应该被提出：情节剧怎样比悲剧少一些悲剧性呢？如果悲剧带来的是同情和恐惧，情节剧提供的又是哪一种宣泄呢？谢俐丽以张爱玲不同版本中的语言实例进行了分析。

《北地胭脂》的开头就是一个有戏剧风格的暗示，描绘了一个刚看完京剧回来的男人：

（男人）一个人踉踉跄跄走着，逍遥自在，从街这边穿到那边，哼着京戏，时而夹着个"梯格隆地咚"，代表胡琴。天热，把辫子盘在头顶上，短衫一路敞开到底，裸露着胸脯，带着把芭蕉扇，刮喇刮喇在衣衫下面扇着背脊。①

张爱玲描写了一个高高兴兴的无名男人——哼着京剧，盘起辫子——在炎热的夏日里预示了一场风流韵事。"美女和流浪汉"——这实际上是中国戏剧的传统主题，这在很多西方的或者非西方的文化中是在情节剧当中的。正如读者所期待的，"麻烦"出现了，戏剧上演了：

从门缝里可以看见里面渐渐亮起来，有人拿着灯走进店堂……她露了露脸又缩回去，灯光从下颏底下往上照着，更托出两片薄薄的红嘴唇的式样。离得这样近，又是在黑暗中突然现了一现，没有真实感，但是那张脸他太熟悉了，短短的脸配着长颈项与削肩，前刘海剪成人字式，黑鸦鸦连着鬓角披下来……②

---

① Eileen Chang, *The Rough of the North*, Berkeley: University of California Press, 1998, p. 1.

② Ibid., p. 2.

通过这样一个开场，读者获得的银娣的画面就不仅是现实主义的，而且是戏剧性的——这里读到的描写差不多像是舞台说明或者电影剧本。前面一个段落展现了一个男人在上海老旧的石子路上哼京剧，与此对照，这一段像摄像机一样移动，从一个男人捶门到楼梯，到楼上房间的灯光，最后到女主角的特写。之后的场景就是银娣和这个男人之间的调情：

"Hurry, pass me the bottle," She stuck a hand out and he seized it.
"Let's hold hands," he giggled. "Let's hold hands, Miss."
"Dead man," she screamed, "die from a thousand sword cuts!"
He giggled muttering to himself with quiet satisfaction, "Sesame Oil Beauty".①

"快点，瓶拿来。"她伸出手来，被他一把抓住了。
"拉拉手。大姑娘，拉拉手。"
"死人！"她尖声叫起来。"杀千刀！"
他吃吃笑着，满足地喃喃地自言自语，"麻油西施。"

这个场景几乎就是忠实地记录——对舞台上最典型的诱惑场景的记录。男人应该是无耻的，女人要不就是因为害羞藏起来，要么就是大喊他的名字来表达愤怒。"死男人"是最实用的名字之一：在旧时代里，这个词是夫妻之间用来表示亲密的。谢俐丽在这里指出，很遗憾的是，英文版本没有适当表现银娣对粗俗语言的熟练使用。在中文里咒骂的突然使用——"烂浮尸"，"路倒尸"，"猪猡"，"瘪三"——还有这个模棱两可的"死人"都用一种奇怪的方式表达了中文语言中的微妙。用这样的方式，张爱玲将现代（中文）读者与其传统联系起来，用现代的伪装表现传统，同时也使读者很高兴地满足了品味。

在这一点上，与很多张爱玲的研究者一样，谢俐丽认为银娣与顾客的调情这第一个场景在情节方面有重要的作用。就像很多其他文学作品中的女主角一样，银娣是个美人。但是同样需要注意的一个重点是，她不

---

① Eileen Chang, *The Rough of the North*, Berkeley: University of California Press, 1998, p. 3.

是一个有德行的美女。出身贫苦,被她哥哥作为一种交易嫁给一个她永远都不可能发生浪漫关系的男人,和她自己有感觉的小刘在一起的快乐只有很小的可能性——所有这些都不是要让她成为情节剧的女主角。用存在主义的解读,银娣可能是无情的,但是她从来都不会恶意欺骗。面对是和年轻的、可能还很英俊的药店伙计小刘在一起还是嫁给能给她物质保障的活死人时,她选择了后者。在这一点,谢俐丽提醒我们,可以认为《北地胭脂》本来就不是关于女人的美德或者不幸的故事,而是关于选择和自由,这是一个没有解决办法的困难的伦理问题,因此只能是引向苍凉。

以孟悦和戴锦华的《浮出历史地表》为参考,谢俐丽也提出了带有自己学术风格的阐释。她认为需要指出的一个重点是,张爱玲形成了一种女性化的独特版本,既不像玛格丽特·杜拉斯小说中那绝望的、无生气的和受虐狂的女性,也不是20世纪20年代和30年代流行的妇女文学或者女性文学中的新女性。[1] 例如中国现代"新女性"的象征是丁玲的《莎菲女士的日记》里的莎菲女士。就像孟悦和戴锦华指出的,莎菲女士的调情和情色需求不得不与正在逐渐商品化和异化的都市社会里的现代女性的斗争联系在一起。[2] 尽管她想通过情色需求定义自己主体性的浪漫的想法最终失败了,因为这样的冒险事实上强调了她从最开始就暗示的"弱点"其实是心理上的,但是这种主体性的需求使莎菲女士成为正在形成的、追求新的表达、心理复杂的新女性的典型。

对于脑子里已经充满了新女性形象的读者们,张爱玲表现出的挑战就是将银娣解读为对抗丁玲的女性成长小说中暗示的主体性与浪漫主义的合并。年轻、善于算计的银娣很快就陷入了第二次诱惑,这一次她希望会给自己带来浪漫的爱情。事实上,在"女性化"的这个版本里,父权制和新女性之间没有区别。当银娣差点和三爷乱伦时,她就是新女性;但当父权制没有提供像浪漫爱情这样的选择时,她的"自我",又使她成为父权制的象征。

诱惑的第二个场景是发生在老太爷六十岁大寿那天。这章一开头,场

---

[1] Hsieh, Lili, "The Politics of Affect: Anger, Melancholy, and Transnational Feminism in Virginia Woolf and Eileen Chang", Doctoral Dissertation, Duke University, 2005.

[2] 孟悦、戴锦华:《浮出历史地表》,中国人民大学出版社2010年版,第241页。

第三章　回环往复:张爱玲的双语写作　　111

景就是银娣和她那些有钱的妯娌们浩浩荡荡的行列。银娣面对那些偷窥着的人群展现着自己,她带着个婴儿来,是为了表明自己的身份,她脸上的粗糙又使她与那些"去张园吃茶的倌人"区分开来。尽管如此,"这还是像唱戏……她也在演戏,演得很高兴,扮做一个为人尊敬爱护的人"。银娣已经不再是那个粗俗的麻油店女孩,那个女孩已经湮没在浓妆之下。在这浓妆的面具下,她现在更多的是一个假面,而不是生动的人。紧接着文字徘徊在纪录片一样的,现实主义风格的细节描写与像伍尔芙一样的"意识流"心理描写之间:

> It was still light but the moon was already out, a yellow half-burned blotch on pale blue silk. The main palace of the Buddha was there up a broad flight of stone steps, all the carved paneled doors silently open. She was so full of herself and this lovely day it ached gently like milk-laden breasts. She held the baby tighter wishing it was a cat or Pekingese dog or just a pillow so she could squeeze it hard.①

英文版本在风格上的差异是意味深长的。中文版的《怨女》里,风格更加碎片化,也更加无交集:

> 月亮倒已经出来了,白色的,半圆形,高挂在淡青色下午的天上,今天这一天可惜已经快完了,白过了,有一种说不出的怅惘,像乳房里奶胀一样,她把孩子抱紧一点,恨不得他是猫或是小狗,或是光是个枕头,可以让她狠狠地挤一下。②
>
> The moon was already out, white, semi-circle, hanging on the navy blue evening sky. Too bad this day was finishing, wasted. There was an unspeakable regret, like milk-laden breasts. She held the baby tighter, wishing it was a cat or a dog, or just a pillow so that she could squeeze it really

---

① Eileen Chang, *The Rough of the North*, Berkeley: University of California Press, 1998, p. 79.

② 张爱玲:《怨女》,北京出版社出版集团、北京十月文艺出版社 2009 年版,第 84 页。

hard.①

通过英文版和中文版的语言风格比较,以及谢俐丽对中文版《怨女》中这一节的翻译,我们可以清楚地看到中文版本里没有的"Pekinese dog"和"main palace of the Buddha":这些地方暗示了,有意识或者无意识地,张爱玲想要给西方读者提供一些东方的意象。但是更加有意义的区别是对一天结束时的描写。在中文版本中,从月光转向银娣的意识或内心独白比较突然但是不引人注意。在英文版本中,就像这本小说的其他很多地方一样,银娣的"意识"没有自由移动;它是由一个外部的观察者所叙述,就像在英文中她突然失去了自己的声音。但是即使用英文,张爱玲也无意识地压制了意识的自由流动。

和三爷诱惑的场景戏剧化地出现在寺庙里:

> He would not let her pick it (the baby) up. His hand inside the tight jacket was fretful from haste. The row of tiny paper-thick mother-of-pearl buttons on the undershirt and the innermost sleeveless shirt was set so close it was difficult to unbutton, especially groping in the dark. The struggle made the kisses absent-minded. She was so disturbed she did not know what she had inside until she had it in hand moulding and shaping it. She began to feel the little bird's soft beak pushing at his (sic.) palm. It crouched frightened, making itself round and was shot through with a filling ache.②

> 他不让她去抱他(婴儿),一只手臂勒得她透不过气来,手插在太紧的衣服里,匆忙得像是心不在焉。她这时候倒又不情愿起来,完全给他错会了意思。衬衫与束胸的小背心都是一排极小而薄的罗钿钮子,排得太密,非常难解开,暗中摸索更解不开。也只有他,对女人

---

① Translated by Hsieh, Lili, "The Politics of Affect: Anger, Melancholy, and Transnational Feminism in Virginia Woolf and Eileen Chang", Doctoral Dissertation, Duke University, 2005, p. 388.

② Eileen Chang, *The Rough of the North*, Berkeley: University of California Press, 1998, p. 82.

衣服实在太内行。但是只顾努力,一面吻着她都有点心神不属。她心里乱得厉害,都不知道剖开胸膛里面有什么,直到他一把握在手里,抚摩着,揣捏出个式样来,她才开始感觉到那小鸟柔软的鸟喙拱着他的手心。它恐惧地缩成一团,圆圆的,有个心在跳,浑身酸胀,是中了药箭,也不知是麻药。

这是现代情节剧的场景,很可能会打动刚从京剧的第一个场景中走出来的读者。但是当"最原始的欲望"在激烈的急流中流动时,"孩子嚎哭的声音……简直叫人受不了"——这个场景与平行剪接的电影技巧是完全类似的——奇怪的是,张爱玲将读者又带回到了京剧中:"(两人同时想起)《玉堂春》,'神案底下叙恩情'"。这时他这方面的情节剧结束了,"'有人来了',他说道"。但是她不顾一切地努力想继续——这是她这一生追求爱情的最后机会了:"我不怕,反正就这一条命,要就拿去"。① 这是这场垂死的情节剧的最后一根稻草。他还是那个有着名字的"三爷",不管这名字从何而来;他有着一切会被拿走的东西,所以他回到了自己;然后他成为了他以前从来就不是的,那个自以为是正义的人。

由于第二场的环境如此戏剧化,银娣甚至从第一个场景中那个粗俗,土里土气的女孩变成了在每一个情节剧中都有的贞洁善良的女主人公,她的欲望和激情是读者们想要满足的。因此,很容易就会将银娣解读为一个受害者,被不值得的男性"陪衬"或"道具"所背叛。但是在很多方面这部小说可以看成是情节剧的戏拟。在这次失败的诱惑之后,那个晚上银娣回到了她丈夫身边。对三爷的反应感到害怕和焦虑,但将她逼到边缘的,并不全是负罪的感觉。像平常一样,她将自己的挫折变成了愤怒,先是和丈夫打了一架,然后又试图自杀,这是一个完美的戏剧表演,就像调情本身一样。诱惑这一场景的意义在于,处于危险之中的不是女性主体想要保护的对浪漫的渴望或情欲驱动的满足。第二次诱惑的"失败"所带走的是银娣最后的"活着的证据",之后她将要进入一种吸血鬼的生活。这种证明被带走了,正如我们在接下来的章节中很快就看到的,在她的后半生里,银娣不再是一个受害者,而是转变成了一个活死人。

---

① Eileen Chang, *The Rough of the North*, Berkeley: University of California Press, 1998, p. 83.

银娣在她的铁闺房里生活至死的感觉，在小说中通过幽灵形象的不断重现得到了加强。她从差不多是致命的（自杀式的）诱惑中幸存下来，老太爷死后，在残酷的遗产问题中她也杀出了一条血路，尽管她的好斗并没能给她带来任何经济上的补偿。生活与斗争很难区分，这一点教会她将自己的欲望关起来：她的房子就是这种极简派主义的体现。她常常在一个人的时候，"看见自己的脸映在对过房子的玻璃窗里。……她像个鬼"。这些意象营造得非常特别，甚至有一种超现实的效果，如果读者想象银娣慢慢老去的场景：在鸦片床上的白烟里，在窗户和镜子里鬼魂一样的影子。就连一般的读者都不会漏掉这里的暗示，银娣事实上成为了一个吃人者，活死人——"也许十六年前她吊死了自己不知道"。即将到来的第三个诱惑的场景就是在这些特别的意象和烟雾缭绕的背景中出现的。

　　对于银娣而言，三爷回来找她是两个意义上的胜利：生来富贵的少爷，没能像她这样一个穷苦出身的女人一样，在时间的流逝中保住自己的财富；更重要的是，在寺庙里那次让她羞辱的场景之后以及这些年来，他终归还是想要她了。但是如果第二次诱惑场景中的三爷拿走了她活着的证据，在第三个场景里我们会看到她"又死了一次"；只是这一次是不同的扼杀。第一次扼杀还不够，因为它没有带走"她内心的不说话的嘴……"。第二次扼杀将确认道德所关注的世界被证明是完全多余的。比死亡更让人恐怖的不外乎是它还没有结束，甚至在死亡里你都还在做永恒的抗争。

　　因此，最后一个诱惑的场景是绝对恐怖的，预兆了即将发生的只是不断累积的恐怖：救赎永远都无关。这个场景将古老的"情节剧想象"与险恶的现实并置起来。与前面两个场景相比，这种分裂更加引人注目：

　　　　"你疯了。"
　　　　"我们有笔账要算。年数太多了。你欠我的太多，我也欠你太多。"
　　　　……
　　　　是做成的圈套，她心里想。①

---

① Eileen Chang, *The Rough of the North*, Berkeley: University of California Press, 1998, pp. 195-196.

与之前场景中哭泣的婴儿和急于做爱的男女的平行编辑不同，与第一个场景中的京剧和第二个场景的情节剧对比也不同，这个场景中的分裂有一种非常不一样的本性。她想到旧戏园子的情人们还有他们之间的对话，她不再是那个全情投入的演员了。她像正在戏台上演出，同时也像一个观众一样地看这出戏。从最开始，她就知道三爷只是为了她的钱来找她的，但是，她仍然带着强烈的感情回应了三爷的勾引："悲伤涌上来堵住了喉咙"。如果这是在浪漫想象或者梦境中会很容易应付，他们会不管时间而投入对方的怀抱。但是时间已经有了擦不去的痕迹。当银娣差不多要走出梦境，但仍然还有那么一点身处其中时，这种分裂是最值得注意的：她"可以感觉到屋子外面的危险"，可能——甚至——他就是个观众。在这里几乎完全展现了从戏剧到现实的整个改变过程，当从梦境中醒来的过程发生时：真实的世界是存在的；真正的危险正在逼近；必须要醒来。然后她发现她是对的：这就是一个陷阱。银娣向自己证明了她最讨厌去证明的：当外面窥探的人闯入时，三爷的勾引背后的真正意图就表露出来了。很明显是三爷安排了这些人，这样银娣和他发生关系时就会被抓住，银娣就不得不付一大笔钱来封他们的口，保住自己的名声，保住她好不容易争到的，能保障自己生活的遗产。

这样一种胜利意味着什么——这似乎是小说想让读者去询问的。银娣到底变成了一个什么样的人？她最终成为了姚家的一员——事实上，她甚至比姚家自己家的任何一个人更像姚家人。她就像上帝，但是她更像是恶魔。这种胜利同时也是她的失败，这意味着银娣对浪漫的渴望和巨大的期待都失去了，永远也回不来了。在这个意义上，银娣以打了三爷一个耳光来结束了这个场景。这一个耳光明明白白地告诉他，银娣不再是以前那个被浪漫和性欲的渴望所驱动的年轻女人了。但是这也标志了她"活着的证据"的第二次死亡——这一次，谋杀者和受害者都是她自己。

（三）自译的政治性

"政治性"这个论题是海外中国现代文学研究几乎不能绕开的一个主题，也是西方世界对中国现代文学和作品研究的兴趣之一，特别是对于张爱玲这样一位"自我放逐"的中国现代女性作家。谢俐丽在对《北地胭脂》的中英文版本进行了深入而细致的文本细读之后，对张爱玲永恒的

"美丽而苍凉的手势"这一意象所体现的跨国主体性中翻译的情感问题提出了自己的见解。对于张爱玲自己来说,银娣这个人物也是独一无二的,正如她在《自己的文章》里所写:"所以我的小说里,除了《金锁记》里的曹七巧,全是些不彻底的人物。"王德威认为,《金锁记》里的七巧转变为《北地胭脂》里的银娣,这是张爱玲苍凉的美学的回归。正是银娣,这个充满忿恨和怨气的女人,而不是那个复仇的"悲剧怪物"七巧,成为她那个时代里最苍凉的女人。《金锁记》的结尾,七巧变成了一个彻底的充满仇恨的怪物:她剥夺了女儿获得爱情的任何机会,将自己的儿媳逼死了,也间接地导致了儿子小妾的自杀。这一系列的毁灭是为了什么?没有目的,也没有终结。《金锁记》就像是另一个"无限的循环",那种浪漫的循环变成了死亡的环环相扣的链条。最后,小说以明确的评述段落结束:"三十年前的故事还没有结束——永远也没有结尾。"作为对比,《北地胭脂》里删去了长安这个角色,这让银娣变得没那么恐怖。七巧身边所有的人都被她疯狂的仇恨所碾碎,与她不同,银娣和她的怨恨变得柔和了一些,因为这怨恨中混进了担心失去儿子的恐惧,那是她一生中唯一的男人。银娣仍然是一个怨恨的女人,令人讨厌也很凄惨。但是银娣缺少七巧身上那种极端的、毁灭性的力量。或者,她的毁灭性的力量更加巧妙:她从自己的经历中知道,父权制总是会占上风,因此她耐心地让时间起作用——"再多过几年他们就老了"。时间为她报仇了——"时间总是在她这一边的"。与《金锁记》以行动和反应的链条为结束不同,《北地胭脂》重新又回到了过去——"一切突然都没有了,根本没有这些事,她这辈子还没经过什么事"。这种闪回——一种行为之内的另一种行为——是用来扰乱时间,因为现在时间是唯一的行动者。有什么事情发生吗?她是不是真的死去,再次死去但是无法死亡呢?序幕的场景是她的或者其他女人的故事的重复吗?在《金锁记》中,七巧死了,但是故事在继续。在《北地胭脂》中,历史不仅是连续的,也是时间的重复。就像装饰着镜子的大厅,读者在场景中迷失了,又回到了那个最初的调情的场景:

"大姑娘!大姑娘!"

在叫着她的名字。他在门外叫她。①

像张爱玲被引用得最多的词语,"美丽而苍凉的手势",结尾创造了一种忧郁的情绪,但是也只是一个手势,正如她的语言所表现的,很容易就能结束。作为一场传奇或情节剧,在这部小说里,"他"是一个无名的、无定形的背景中的影子:中间的聚光灯是打在她身上的。手势是可以代表所有的一切,也可以什么都不是。这仅仅是一个手势,不是一种行动,因为它悬置在那儿,悬置在时间里。最终的苍凉是在时间中的遗失,因为苍凉成为了一个手势,它可以回到过去也可以去到未来,但是最后只是悬置在那里——在时间里。

这就带来了谢俐丽的最初的也是最后的问题:"美丽而苍凉的手势"可以被中文和英文读者同时理解吗?重申开头的问题:一个人可以理解另一个人的感觉嘛?如果不能,又怎样去阅读张爱玲呢,特别是她在《北地胭脂》里那个"让人讨厌"的故事?②

金凯筠(Karen Kinsbury)在《张爱玲的"参差对照"与欧亚文化的呈现》里对张爱玲现象的孤立和西方读者对她的冷漠进行了分析。金凯筠的分析主要集中在"后殖民翻译"这个问题上,她认为张爱玲在西方的隐姓埋名与文化差异没有什么关系,文化差异常常被认为是跨文化理解失败的罪魁祸首,或者是翻译的质量本身。问题其实在于对他者的缺乏兴趣。金凯筠写道:

> 所以,目前我们所面临的真正问题不是在于我们是否有好的译本,而在于所存在的市场压力强度是否足以支持译本的产生。在我看来,张爱玲之所以停止在美国市场冲刺的真正原因,是因为她看出来读者并没有兴趣花钱购买她的小说。
> 
> ……

---

① Eileen Chang, *The Rough of the North*, Berkeley: University of California Press, 1998, p. 185.

② Hsieh, Lili, "The Politics of Affect: Anger, Melancholy, and Transnational Feminism in Virginia Woolf and Eileen Chang", Doctoral Dissertation, Duke University, 2005.

一些评论家认为张爱玲的作品是"通往中国的桥梁",值得说明的是,它不仅是一座架构在这两个国家——文化之间的文学桥梁,它还是一座中间可被上下扭曲的桥梁,这一个扭曲的动作使得始终朝下的一面终得朝上,而朝上的一面也得以朝下。这种扭曲的方式正足以显示这两个国家在 20 世纪势力、认知位置上的转移,而张爱玲的作品所代表的正是这一类的桥梁。……我想能平安地走过这座中间扭曲的桥梁的美国读者将会是寥寥无几。①

在哈特(Michael Hardt)和奈格里(Antonio Negri)合作出版的《帝国》(*Empire*)一书中,提出了一个类似的问题:每一个事件都有一个似乎无法交流的语境,在达成一致方面也有障碍,那么马克思主义是全世界的怎么能够实现呢?不管是好是坏,他们的回答是充满希望和乐观的:我们需要一种普遍的语言,其存在于被称之为"多数"的混合的社会身体之中。② 那么谢俐丽的问题,即为什么张爱玲似乎对于中国读者是如此孤立的就不是另一个问题了。因为对于将来解决问题的典型读者,张爱玲的这个问题是又一个需要寻求一种普遍语言的权力问题。事实上,这可能可以部分地解决张爱玲的困境。从后殖民话语的语言中借用,这两位作者为西方读者们提供了能够让他们阅读的作品。依靠一种普遍的元语言,《帝国》本质上是对权力的一种政治的和社会的批判,这种"多数的政治"似乎对于"多数"的一些部分本身就是一个失败。但是,哈特和奈格里的书确实是用一种有力的方式处理一个重要的问题:也就是,那些看上去孤立的事件是怎样互相抵达彼此的。我们上哪儿去找一种可以互相交流的普遍的语言呢?没有这种可能性,人们怎么谈论主体的流动性和多样性或者跨国的同一性呢?③

在《翻译的政治》中,斯皮瓦克令人惊异地跟从德里达的论述,即只是使用多数的语言,认为"这对于提供给最大数量的女性主义者会更

---

① 金凯筠:《张爱玲的"参差对照"与欧亚文化的呈现》,杨泽编:《阅读张爱玲》,广西师范大学出版社 2003 年版,第 214—215 页。

② Michael Hardt, and Antonio Negri, *Empire*, London & Cambridge:Harvard University Press, 2000, p. 32.

③ Ibid, pp. 49 – 66.

公正。因此这些文本必须用英文书写"。① 斯皮瓦克的意思并不是英语是最公正的。谢俐丽在这里用斯皮瓦克的观点，是想表明这是试图让自己被人正确理解的一种努力；这是伦理学的起点。对于斯皮瓦克而言，语言有三个层次：逻辑的、修辞的和沉默的。翻译者只能翻译第一个层面，逻辑性。文本的修辞在翻译中被歪曲或者遗失了。在这个意义上，在翻译的文本中总是有一种沉默的感觉在支配着。但是，斯皮瓦克并没有就此止步。她将关注点从语言转移到了翻译者。因为"翻译仍然依靠大多数人的语言技巧"，翻译者在翻译另一个"不同风格的同一个历史"②中的他人的作品。斯皮瓦克认为翻译和阅读的最终目标是学习他者的语言，因此她所说的"在自己的写作中放弃自己"并不是一种不诚实的行为，假装他者既是万能的，同时又必须是沉默的。对于斯皮瓦克来说，表现他者的不可能性也应该伴随着用另一种语言来聆听他者的必要性。③

尽管斯皮瓦克的建议指向了一种民族的相互作用，可能还是会有人问：不管怎样用心良苦，一个人怎样才能学会所有他者的语言呢？一方面，似乎不同的语言不管怎样都能改善对于他者知识的缺乏；另一方面，这个问题也指出了不同语言的不足，因为很明显，一个人不可能说所有的语言。在这一点上，我们可以回到谢俐丽关于阅读张爱玲最开始提出的那个问题上：我们可以看到或者理解张爱玲那"美丽而苍凉的手势"吗？将这个问题扩展成类似的问题就是：我们可以感觉到他者的痛苦吗？情感可以被转移或者被翻译吗？

斯坦利·卡维尔（Stanley Cavell）的《认知与承认》一文讨论了"痛苦的私人性"。就像张爱玲"苍凉的手势"这个问题，对于他者的痛苦似乎也有某种神秘性。"你不能了解这种痛苦"，也就是，如果重点放在"这种"上，那么在某些方法上，这是一种有效的表达，因为这会成为一种与所指地有联系，并且具有其存在的完整性的痛苦；一种不能被各自不同位置的另一个他者交换或者共同拥有（就像一辆车一样）的痛苦，

---

① Gayatri Spivak, "The Politics of Translation, From Outside in the Teaching Machine", New York & London, Routledge, 1993, p. 182.

② Gayatri Spivak, "The Politics of Translation, From Outside in the Teaching Machine", New York & London, Routledge, pp. 190 - 191.

③ Ibid., pp. 193 - 194.

就像是一种可以跟从的痛苦，被表述为，"你的痛苦和我的痛苦是两种痛苦"。按卡维尔的观点，我们可以将对痛苦的讨论转为下面这个问题：怀疑论者认为"我们不能感觉到他人的痛苦，是因为我们不能拥有那种痛苦"，否定或者确定这个观点有意义吗？怀疑论者用的词汇，例如"了解""相同的""拥有"和"痛苦"对我们会产生意义吗？我们是不是也以同样的方式在使用这些词汇呢？①

对于卡维尔，事实上怀疑论者的陈述是让人迷惑的，即"因为你不能拥有同一种痛苦，所以你不能了解这种痛苦"。一方面，卡维尔提醒我们，说"我很痛苦"与说"我知道我很痛苦"（例如，在某种环境下，为了一个借口，一种强调，或者一种恼怒）是不一样的，这也和说"我知道他很痛苦"非常不一样。"我知道他很痛苦"并不需要限定我"有"那种痛苦，但是我承认他的痛苦，是通过话语、行为、表情，或者他额头上的冷汗。我并不能通过了解我自己的痛苦的同样方式来了解他的痛苦，例如，我不能将自己放在他的位置上来推断他的痛苦；但是，关键点在于我是不是承认或者拒绝承认他的痛苦。卡维尔认为，"'不能了解'可能意味着无知、某种缺席、空白。'不能承认'是某种存在，困惑、冷漠、无情、筋疲力尽、冷淡"。② 因此，就算没有一种了解痛苦的普遍性的模式，承认而不是了解，在对其他人的痛苦的在场时，总是必要的。更重要的是，承认远远超过了了解。因此卡维尔总结道："知道你在痛苦中就是承认了它，我对你的痛苦感同身受。"③

通过这样的分析，谢俐丽回到情感和张爱玲的苍凉，似乎情感是不是可转移的，张爱玲的苍凉是不是可理解的这些问题提出得并不充分。如果我们认为情感是可转移的，我们就已经设想了每一个主体，似乎它们是两座不同位置的堡垒，通过一座桥梁连接，而情感就像货物一样可以被运送。桥梁在这里是一个普遍语言的比喻，但是马上就会跟着一个问题，这座桥梁是扭曲的。这是情感的方式吗？当我们说"悲伤的电影总是让我

---

① Stanley Cavell, "Kowning and Acknowledging", *Must We Mean What We Say*? Cambridge: Harvard University Press, 1976, p. 262.

② Ibid., p. 264.

③ Ibid., p. 266.

很难过"时，我们是不是像我们"有"一盒磁带一样的"有"那种悲伤呢？[1]

谢俐丽对于张爱玲自译中翻译的情感进行了富有见地的论述，为我们提供了一个参照，让我们从政治文化和情感的社会性方面记住张爱玲"美丽而苍凉的手势"对我们来说是重要的。但是看到这个手势并不能保证对它的"了解"。事实上，看到了它也是我们与它"隔离"的一个标志，因为"我看到了我自己的手势"是一种不常见的表达。但是，其他人的手势是一种恳求，是对我们的一种要求——我想要你看到。环境可以被提供，历史可以被填充，这些可以帮助详细解释"苍凉的手势"是不是指向绝望、愤怒或者这是一种欺骗的行为。但是关键在于，你将它看成是一个美丽而苍凉的手势。

《秧歌》与《赤地之恋》是张爱玲的代表作，但由于被认为是"反共小说"，很多出版社出版张爱玲的作品时都没有收录这两部小说。英语世界对张爱玲的翻译研究相对则比较关注这两部作品，李翠恩和谢俐丽分别从女性写作和情感政治的角度，研究了张爱玲在跨文化语境中利用双语写作的优势对女性身体及欲望进行的重构，以及这些改变所体现的不同时代、不同文化、不同生活环境和不同政治背景下张爱玲自译的回环往复和自我颠覆。

如果借用塞万提斯关于翻译为地毯的比喻来说明的话，张爱玲的自译和双语写作，就是地毯上的图案，"显示在一系列不同的层次上进行的花样翻新，但又不失自己的一致的本色"。[2] 张爱玲的文学成就一部分是她双语写作的结果，她的作品吸收了两种语言、两种文学传统、两种文化和两种批评传统的差异；她的第二语言，英语与她对母语——中文的精通是旗鼓相当的。作为中英双语作家和翻译家，她既保护了也超越了中英文学和文化习俗，这为我们对她的双语写作进行研究提供了更宽广的语境。

---

[1] Hsieh, Lili, "The Politics of Affect: Anger, Melancholy, and Transnational Feminism in Virginia Woolf and Eileen Chang", Doctoral Dissertation, Duke University, 2005.

[2] ［英］特伦斯·霍克斯：《结构主义和符号学》，瞿铁鹏译，上海译文出版社1987年版，第107页。

# 第四章

# 双生花:张爱玲与女性作家的对比研究

女性主义文学理论认为,女性作家有着与男性不一样的女性经验,即女性独特的体验和感受、心理和生理机制。由于具有女性经验的特殊性和差异性,从这种和男性不同的视点和立场出发,女性意识到,她们在整个社会结构中所处的位置是不符合公正、平等法则的,因此女性要对这种不公正的对待进行反抗。女性作家的写作,就是一种不断言说经验、指认真相,使女性自身的主体意识获得成长的过程。在这一点上,张爱玲也不例外。但同时,张爱玲也是一个特例,她在中国传统文化的土壤中成长,24岁在上海几乎是"一夜成名",1955年远渡到美国后,在那个彼岸生活了40年,却没能再次成为闪亮的文学之星。在美国,她因为虱患不断地逃离,她也在对自己过去生活的回忆中不断地返回,在东西方两个不同的世界里,她似乎都只是一个"他者"。也正是这种性别的相同性与文化的差异成为张爱玲与其他女性作家比较的基础。

## 第一节 "我就是我"——张爱玲与
## 费·维尔登作品比较

我想,我是想要,成为全能的……我想称自己为"想要成为上帝的女孩"。但是如果我不是在这个我所在的身体里——可能我命中注定是另一类的和被认为有资格的。但是,哦,我要大声地反抗。我就是我——我是强大的——但是到哪种程度?我就是我。[①]

---

[①] Chen, Chiung-chu, "The Development of Female Consciousness in the Fiction of Eileen Chang and Fay Weldon", Doctoral Dissertation, University of South Carolina, 2003, p. 1.

——西尔维娅·普拉斯

我将去见我的祖母,对她说:
你的叹息就像是抽打着我的鞭子
将我年轻的生命推向出口
逃开你那干净的床铺。
但是一旦街道变黑,你就来寻我——
在那些黑暗降临的地方。

你哭泣的跑过就像是身边吹过的秋风,
你的言语就像缎带的细绳,
仍然绑住我的思想,
我的生命就是从圣书上撕下的一页
开头的几行已经遗失。①
——艾德里安·里奇

西尔维娅·普拉斯是美国自白派诗人的代表,被认为是继艾米莉·迪金森和伊丽莎白·毕肖普之后最重要的美国女诗人。她的作品激情澎湃却不失理性,是一位在理智中疯狂,在疯狂状态中颠覆社会传统秩序的诗人。在上述引文中普拉斯对自己的身份进行定义,告诉我们为什么她想要变成上帝:因为这样她才可以拒绝被分类和被给与资格。普拉斯知道自己是强大的,但是她不能彻底了解自己到底有多强大。"我就是我"对她而言就足够了。"我就是我"暗示着个人存在从"权威"中解放出来;"我就是我"暗示着一名女性渴望足够自信、自足、真实和强大来自己做决定。"我就是我"反映了女性存在的最终定义:我就是自己的主人;我就是自己想要成为的样子。因此,女性主体就此形成。在普拉斯的日记中,我们可以发现女性意识的发展,从最初被压抑的愤怒、沮丧和对自我意识的反抗到最后的自我实现。因此,"我就是我"成为女性教化的顶点。

---

① Chen, Chiung-chu, "The Development of Female Consciousness in the Fiction of Eileen Chang and Fay Weldon", Doctoral Dissertation, University of South Carolina, 2003, p. 1.

在美国当代诗人、作家和女性主义理论家艾德里安·里奇的诗歌中，我们可以找到顺从对她以及每一个女性的影响。在过去的三十多年里，里奇的理论和诗歌是美国思想和知识界最重要的声音之一，她对性别的关系、种族、语言、权力和妇女文化的种种论述使她的理论成为最受争论的理论之一。一直萦绕并鞭打着女性叙述者的祖母的叹息，象征了所有女性的挫折、痛苦和悲剧。里奇，和普拉斯一样，暗示在历史上或者每一位女性的生命中或在女性意识形态里，某些东西缺失了。那本圣书上遗失的那几行象征了什么？当然，圣书可能象征了某一方面的真理，并使女性存在的沉默成为合法的。圣书可能会吞没她们"我就是我"的呐喊，它所遗失的恰恰就是现代女性作家们努力展现的。"从圣书上撕下的篇章"就是女性的叙述，不再被消除或者被忽视；它必须被收集和回复到它本来正确的地方。已经遗失的"开头的几行"一定要被恢复、被分析和被表达。

这两段文字是美国南卡罗来纳大学比较文学博士陈琼珠分析张爱玲和费·维尔登小说中女性意识的发展的论文中首先引用的，正是在"我就是我"和"遗失的圣书"这两个意象的基础上，陈琼珠分析了张爱玲和费·维尔登两位女性作家的女性写作风格。

## 一 张爱玲与费·维尔登作品中女性意识的发展

费·维尔登是当代英国小说家，1931年出生于英国伍斯特郡一个文学氛围十分浓郁的家庭，1967年凭借《胖女人的玩笑》(*The Fat Woman's Joke*) 踏入文坛，如今维尔登已经成为英国当代最受推崇的女作家之一。维尔登大部分的小说都关注女性的境况和女性的成长，从婚姻家庭的视角，探讨女性的心理、生活和情感，她的小说如《习惯》《女恶魔》和《分裂》都描写了女性意识的发展。陈琼珠在《张爱玲和费·维尔登小说中女性意识的发展》中探讨了两位女性作家——张爱玲和费·维尔登——是怎样聚焦女性意识；她们是怎样在父权制社会里描述遗失的和被压抑的——女性主体性和性；她们笔下的女主人公们在寻求生存和身份时，是怎样激发自己的潜能，以及当一些人失败时，另一些女性是怎样完成了自我实现的旅程。陈琼珠认为普拉斯的"我就是我"在这两位作家的小说中都是一个不断重复的主题。张爱玲和维尔登将女性意识和女性成长变成一个整体。一旦女性作家决定描写女性意识的完整，就需要运用最出色一种文学类别——成长小说。①

　　为了更好地分析张爱玲和费·维尔登小说中女性意识的发展，陈琼珠首先分别讨论了女性意识和女性成长小说。她对于女性意识的定义主要来自于一些女性主义者的话语，如伍尔芙、波伏娃、西苏等。波伏娃的女性主义立场建立在存在主义基础上，研究女性是怎样有意识或者无意识地将自己从性别压迫中解放出来，探索了女性精神上和身体上的主体性。两位女作家的作品中还有一个不可回避的问题是为什么成为母亲或者不成为母亲这个选择对于女性是有效的，为什么母亲身份对于女性的解放来说是个障碍。在张爱玲的小说中，母亲身份对于现代女性来说是个障碍，而在传统女性的手里，这是一个武器，可以用它从儿子的手里夺取权力。尽管张爱玲写作的时间比波伏娃要早很多，但是她们两人都意识到女人的定义并不是由女性决定的，而是由各种社会力量所决定，即相当于父权制社会的集体意识。张爱玲相信现代女性的命运必须由她自己的自由意志形成，不管她拥有的自由多么少，女性需要时间、痛苦和折磨才能充分意识到她可以为自己而行动。张爱玲这一观点的意义在于揭示了一些被父权制制度所麻痹的女性甘于变成受害者的角色，而另一些女性，作为传统观念的受害者，一旦掌握权力就转而变成虐待别人的人。在她的小说中，一些女性不能通过自己所拥有的自由去超越自己的境况和性别，尽管她们本来可以利用自己即使如一点火花一样的自由去改变这个世界。当一个女人逃避她自己主体性的崩溃这一现实时，她面对的是她整个自我存在的崩溃。她可能变得特别懦弱或者特别强势。和张爱玲一样，维尔登不仅强调了女性的境况，还指出女性被推向掌握权力的过程中对男性统治的斗争。对于张爱玲和维尔登来说，一位女性希望通过扮演女性上帝的角色来控制她自己的生活就不是一个迷思了。

　　在张爱玲的所有作品中，陈琼珠选择了表现了女性意识完整发展的四部作品——《金锁记》《北地胭脂》《连环套》和《半生缘》，她认为这四部小说都展现了女性受压迫、解放和自我实现。在她们觉醒的过程中，这四部小说的女主角们都在寻求同一件事情——自由和主体性。陈琼珠认为和维尔登一样，张爱玲是一个现实主义者，她记录了生活本来的样子以

---

① Chen, Chiung-chu, "The Development of Female Consciousness in the Fiction of Eileen Chang and Fay Weldon", Doctoral Dissertation, University of South Carolina, 2003.

及社会环境是怎样影响了女性生活的各个方面。① 作为最杰出的中国现代女性作家之一，尽管张爱玲运用了大量的象征意象，但她从来不试图描写现实生活中不发生的事情，因此，她只描写女性生活中真实的方面。在某些方面，张爱玲通过借用自然主义中的主要精华——研究生活片段，以及通过将心理分析应用到女性人物身上，从而超越了现实主义的藩篱。她在悲剧和喜剧方面的描写都比较出色。她的悲剧作品，深刻而优雅，很有技巧地将讽刺和喜剧因素融为一体。同时，她的喜剧和讽刺作品，并不缺乏悲剧的描写。在《金锁记》和《北地胭脂》中，我们可以找到女性被压迫的悲剧；在《连环套》中，我们见证了一个女性解放的喜剧。《半生缘》的悲剧性在于女性的自我否定和后来的自我实现。像维尔登一样，张爱玲指出尽管一个女人的生活可能被悲剧所笼罩，但是她在生活的悲剧因素中表现出冷漠，她就可以生存下来。她作品中大部分的女性人物都在悲剧生活中生存了下来。因此这四部小说都展示了女性对主体性追寻的过程。她们主要关注的——压迫、自我实现和解放——都表现了不同时期的女性意识的不同程度的发展。像福楼拜和契诃夫一样，张爱玲总是将自己与她的人物拉开距离以此保持一个客观的立场。由于这个原因，全知全能叙述者的使用就成了她唯一的选择。严格地来说，张爱玲的写作技巧是在现实主义和自然主义基础之上的；但是，在她作品中隐藏的女性主义思想神奇地将她推入后现代主义的领域。

　　陈琼珠首先分析了张爱玲最著名的中篇小说《金锁记》中女性主义的主要论题，即性的解放微妙地隐藏在女主人公与自己的真实感情的斗争中。② 张爱玲描述了一个来自普通家庭，没受过教育但是非常聪明的女人，如何在一个象征父权制社会的败落的大户人家里，通过禁欲压抑自己的爱和性，保持贞操来保存自己的婚姻。20世纪40年代的中国，在女性的贞洁方面是极度保守的，认为这是关乎生死的问题，作为这个时代出现的中国女作家，张爱玲已经足够勇敢来表现与性的压迫相关的女性人物的自我意识。关于历史现实对女性的集体敌意被很多女性作家描写过。例如美国华裔作家汤亭亭，在小说《女勇士》的"无名女人"一章里精确地

---

　　① Chen, Chiung-chu, "The Development of Female Consciousness in the Fiction of Eileen Chang and Fay Weldon", Doctoral Dissertation, University of South Carolina, 2003.
　　② Ibid..

描写了一个年轻中国女人怎样与她刚出生的婴儿一起跳井而死。对于村民来说，她的境况是不可原谅的罪过；对于怀孕的女人和她的家庭来说，这是一个耻辱。这个悲剧故事被重新提起是因为生活在中国之外的母亲，试图警告自己青春期的女儿，性可能带来的危险。在中国社会同样故事还是会发生，从来没有被真正消除过，对"堕落女性"同样的轻视至今仍然可见。"无名女人"中中国女人跳下去的那口"家里的井"让人想起霍桑的《红字》，因为这成了女性痛苦的一个象征。但是，作为中国社会中的一员，张爱玲所观察到的远远超过了失去贞操、强奸和痛苦；通过她的叙述镜头，张爱玲将其看成是男性符码的解构力量。

《金锁记》中的七巧，当她还是个年轻姑娘时，她已经认识到男性统治社会对她的束缚，因此她宁愿嫁给富有的大户人家的残疾人以寻求经济上的安全感，也不愿意与一个普通男人结婚成为一个农妇度过一生。最后在她那狭小的、隔绝的世界里变成无情的女王前，她也经历了好几次巨变。女主人公七巧可以掌控权力的唯一的方式就是拒绝她所喜欢的男人的勾引。后来她成了寡妇，她更加意识到要从男人那里夺取权力，她不得不遵循主流传统社会的期望：过合乎道德的、没有男人的生活。张爱玲成功地将一个说滥了的中国传统女性的故事变成了一篇充满了女性主义思想的绝妙的中篇小说。这个简单的故事就是讲述一个曾经顺从的、长期遭受痛苦的媳妇慢慢发展成为一个寡妇、专横的婆婆、阉割的母亲。

在中国传统社会，儿子必须要尊重母亲，在家里的男性长辈去世之前，母亲在家庭中只有很少的权力。在家里最顺从的，最值得同情的是媳妇，但是她们最终会变成压倒一切的、严厉的婆婆，通常对她们的媳妇没有一丝同情。这种人际关系的恶性循环在很多中国文学作品中都得到了展现，即受虐者将自己变成了施虐者的不正常的发展。

论述《金锁记》，一般都会接着提到这部作品的另一个版本《北地胭脂》，陈琼珠也延续了这样一条分析之路。在《金锁记》的新版本，《北地胭脂》中，张爱玲写了一个关于七巧的同样的故事。如果作者不是自我放逐到美国生活，她也不用花这么多的时间来将中篇小说《金锁记》翻译成英文，又将小说用英语重新写一遍变成《北地胭脂》，然后又将英文版本的小说翻译成中文。为了激起西方读者对她作品的兴趣，在一个未知的世界里生存下来，她花了太多的时间在一个充满怨恨的中国女人不成功的教化这样一个原型上。按照王德威的说法，"历经24年的时间，用两种语言，张爱玲将同一个故事写了四次"。在新的国家经历着新事物的张爱玲，如果不是花了二十多年的时间来写同一个故事，也许可以创作出其他的作品。当然无可否认，她在新版本中加了一些新的东西。《金锁记》里的七巧，敢于用言语来挑逗她年轻的小叔子，但是张爱玲从来没有让她的女主人公超过这个行动。甚至多年后，当三爷回来引诱女主人公，希望从她这里得到一些经济支持时，作者也没有在两个人物之间创造出任何身体上的接触，尽管这是女主角所希望的。这是张爱玲表现女性的性压迫最初的、微妙的方式。但在《北地胭脂》中，被重新起名为"银娣"的女主角，曾经试图自杀，因为她害怕有人发现三爷亲了她，还碰过她的身体。陈琼珠认为"勾引"这个插曲，是这个版本的高潮，比最初的版本要更戏剧化更有力。[①]《北地胭脂》中的三爷，在他急需钱的时候，他也用性的诱惑作为引诱的方式。张爱玲表现了当一个女人可以解放自己时，她压抑自己的爱和欲望的方式。不成功的引诱加强了她的意愿，决心不再屈服于自己的身体或内心，但是这也指出了她性压抑的强烈。在让女主角有机会在无法得到性满足，只是去碰一下男人的身体之前作家花了二十年的时间。当银娣碰到了她小叔子的身体时，也标志了她对他的幻想和爱的结束。但是，从一个无性爱情节的文本，发展到有情人关系的小说，对于女性读者和女性作家来说，都是一个历史性的跨越。事实上，由于欲望是暗含的和隐藏的，无性的场景反而有更强烈的情感。除此之外，在《北地胭脂》这个版本中，为了强调银娣失去的爱，纯真和简单的生活，张爱玲用小刘，一个温顺的在中药店当伙计的年轻男人，与银娣生病的丈夫和三爷做比较。在这个版本中，张爱玲删除了一个很不寻常的人物，七巧的女儿。这样做是为了更加强调母亲和儿子之间不健康的但是典型的关系。因此，这两个版本是互相补充的，而且重要的一点是这两部小说中，张爱玲都没有改变一位女性对性解放和主体性的追寻。

张爱玲未完成的小说《连环套》，不是她最著名的一部作品，相对而言，也不是作为张爱玲解读的典型文本，但陈琼珠认为正是在这部小说中，张爱玲创造了她最有趣的女性喜剧人物霓喜，这是个在中国传统社会的边缘游走，将自己从社会规则中解放出来的女性人物。张爱玲精心地将

---

① Chen, Chiung-chu, "The Development of Female Consciousness in the Fiction of Eileen Chang and Fay Weldon", Doctoral Dissertation, University of South Carolina, 2003.

她的女主角放在香港，在这里，居民大都是从其他国家来的，都能从自己国家的社会约束中脱离出来。和霓喜有过交往的男人包括印度人、中国人和英国人。她遇见的每一个人都有象征性的意义。通过描写这些男人的不同国籍，张爱玲论证了在所有国家都盛行的男性霸权。霓喜，一个乡村姑娘，将自己的性快乐和一个印度商人做交易，当意识到自己的地位就像个奴隶，她就开始抗争以建立自己的身份。就像七巧和银娣，当追求真爱无果后，霓喜就寻求经济安全感。但是与七巧和银娣不同的是，为了实现自己寻找真爱的梦想，她勇敢地承认通奸。一旦从社会的谴责中逃脱出来，为了生存，她开始勾引男人或者被引诱。在某些方面，她和精明的七巧或银娣就是双胞胎；在另一些方面，这种边缘人的自由和生活方式又是那两个女人的对立面。在张爱玲的作品中，《连环套》是最有野心的一部，因为张爱玲表现了一个混合了所有人类弱点和强大性格的女人：天真、愚蠢、粗俗、自私、性感（沉溺情色）、适应力强、乐观、慷慨、有爱的能力，也背叛自己的孩子。和维尔登笔下那些不管犯了什么错都能活下来的女性人物相似，霓喜没有选择，只有继续跌跌撞撞地往前走，违反所有社会禁忌，抓住她能抓到的一切。尽管霓喜对女性主义一无所知，在某种程度上，她自己就是女性主义者思想活生生的体现。通过她的各种改变，读者见证了她的成长。

而对于《半生缘》，陈琼珠的解读是，在《半生缘》中，张爱玲改变了自己的写作风格，就像记者一样，她使用简单的词，简洁的句子和很少的意象。因此，对人物和场景就少了很多不必要的细节。她的语言特别平实，叙述很简洁，语气也不幽默。在《金锁记》中，张爱玲让读者印象深刻的是精致的用词和句子，数不清的意象和与主题相关的细节。她为作品精心选择的视觉意象有些是隐形的，有些是不可言传的，有些是比她通过人物描写表达出来的更深刻的。她从来不想要特意展示的智慧不经意间在那些似乎与情节无关，但事实上与她思想的主流有关系的细节中发光。像维尔登一样，张爱玲的智慧是机巧和锋利的，她对人类行为模式的讽刺性评价有时很直接，有时又很隐讳。与张爱玲相比，维尔登对男性文化的批评是赤裸裸的讽刺。维尔登很少像张爱玲一样给模糊的意象留空间。如果说张爱玲的早期叙述像一位美丽的、化了妆的贵族女性，她的后期写作风格则近似于一个可爱的、素面朝天的乡村女孩。

就是在张爱玲的新写作风格这一点上，陈琼珠找到了两位作家的一个相似点。维尔登很少用具体的意象来表达人物心理变化的细微差别，维尔登通过叙述不同的事件来建构每一部小说，但是她很少用不必要的细节来修饰。在《半生缘》中，张爱玲和维尔登一样，将主要情节和一些次要情节结合起来，使不同人物角色可以同一时间在不同舞台上演。

张爱玲的《半生缘》探讨了女性怎样成为父权制社会的受害者，以及她们要逃离男性规范的艰难。张爱玲展现了如童贞、淫荡、母亲身份和女性对其他女性的敌意等一些主题。女主人公的良好教育并没有让她对男性控制的文化的消极影响免疫。这也是维尔登小说的一个主题。

张爱玲在《半生缘》中塑造了独立、受过教育的女性。这位年轻女性的母爱使她不能抛弃自己的孩子，即使是因为强奸而怀孕的。女主角在已经开始新生活后又返回去和强奸她的姐夫结婚，因为这是她唯一能接近孩子的方法。这个孩子，她失去贞洁的见证，成为她自己自由的障碍。换句话说，她是母爱的俘虏，被男性文化创造和定义的美德；她成为她不喜欢但是已经内化的传统思想的受害者。张爱玲回顾了人们在对待失去贞操和承担后果的微妙的态度上的变化。最终，女主角意识到为了孩子的利益，她需要打破父权制权威的约束。张爱玲塑造了一个她小说中最得体的女性，她过着让人同情的生活，因为张爱玲知道母爱太珍贵以至于不能否定。但是，像大部分女性主义者一样，张爱玲明白，到最后，母爱的牺牲对她描写的虚构的女性是不利的。在这篇小说中，女主角和强奸自己的人——孩子的父亲——结婚了，但是她否定了自己的爱情。张爱玲这四部小说中的女主角，都有意识或者无意识地从来没有放弃自己对主体性的追寻。张爱玲在《半生缘》中展现了比《金锁记》《北地胭脂》和《连环套》中更复杂的女性意识的发展。

作为英国当代女性作家，维尔登被不同的女性主义意识形态所包围，这些女性主义意识形态解释为什么她小说中的女主人公和不同的女性主义运动结合时展现了女性意识的发展。维尔登自己写道：

> 在50年代和60年代，女性思想认为如果我们不快乐就只能是我们自己的错误。在某种方式上我们是神经质的，调整得也很糟糕——我们的任务是改变自己去适应这个世界……在面对我们的阴茎嫉妒时由于羞耻而低下头颅，教会我们自己温顺和容忍。当70年代到来，我们没有达到这些终点，但有了远大的目标——我们不是一定要改变

我们自己，而是要改变世界！不是我们出问题了，我们的忧郁、愤怒、歇斯底里和害死人的经前暴躁，而是世界出问题了。这个世界是男人的世界。只有在自然，像我们在父权制社会里生活，我们才能这样行动。于是我们停止抚慰……我们开始，忧心忡忡地，改变这个世界。我们影响环境，而不是影响我们自己。我们变成激进的独立派，女同性恋女性主义者或者这些的一部分，也并不是真正的让人愉快。[①]

陈琼珠认为，维尔登将女性对待自身和世界的改变的观察成功地交织在她的小说里。维尔登的三部小说分别于70年代、80年代和90年代出版，让读者可以追溯女性主义运动的发展，理解为什么维尔登的女主人公即使在父权制权力的压迫下，还能变得激进、实施复仇和不可思议的强大。维尔登反复刻画了女性的屈服、反抗、复仇、觉醒和在不同的社会环境和身体环境下的自我实现。[②]

维尔登运用了不同的叙述实验来写作小说，例如悲喜剧的小说《习惯》、闹剧《女恶魔》以及后现代的喜剧小说《分裂》。不管维尔登怎样戏剧性地改变她的叙述技巧，她从来没有改变过她主要关注的现实主义方法：女性成长必须经历的性别困境和变化。在《习惯》中，维尔登运用第一人称叙述和第三人称叙述来表现女主角的转变，从她童年时代到成年时代，从对父权制的接受到反抗，直到最后，她的觉醒和自我实现。女主人公通过卖淫、乱伦和安乐死解构了男性文化。在女主角的意识爆发和整合之前，"我就是我"的呼唤被埋在她的潜意识中。

露丝，《女恶魔》中主要的女性角色，通过整形外科将自己变成了一个美丽的女人，通过引诱和缩短人生不同阶段的方式来颠覆整个父权制世界的整体性。在这部小说中，维尔登用第三人称的叙述来提供事实，但是她用第一人称的叙述揭露人物情感的反应。在主人公颠倒了传统童话故事中男性控制的内在时，作者创造了超越女性服从的故事。因此，这部小说

---

[①] Fay Weldon, "The Changing Face of Fiction", *Fay Weldon's Wicked Fictions*, ed. Regina Barreca, Hanover and London: University Press of New England, 1994, p. 193.

[②] Chen, Chiung-chu, "The Development of Female Consciousness in the Fiction of Eileen Chang and Fay Weldon", Doctoral Dissertation, University of South Carolina, 2003.

成为维尔登从传统小说作家到女性主义作家的转变。露丝通过将不可能变成可能，让自己成为自己的上帝。像尼西一样，露丝将自己从社会禁忌中解放出来以获得权利；像七巧和银娣，她获得了权力但是失去了自己，至少是她曾经的自己。

在《分裂》中，女主角就是另一个露丝。为了从她想要离婚的丈夫那里得到她应得的，她自己进入了父权制权力的等级中。像露丝一样，她获得了进入父权制权力代表的途径：一位律师，因为他有能力改变她的生活。她试图在身体上进行复制，但是失败了。维尔登让每一个自我单独言说和行动，超越了现实主义。作为她最有实验性的一部小说，《分裂》证明了维尔登完全可以进入后现代主义文学的领域。在《分裂》的美国版本中，维尔登用全知全能的叙述来揭示每个自我内心的声音和外部的行为；在欧洲版本中，则用第三人称叙述的方式来展示不同自我难以解释的思想意识，用第一人称叙述来揭露完整的、有理智的存在。维尔登通过一个女性揭开了很多不同女性的面容。隐藏自我的出现给女性的成长提供了一个完整的画卷。

## 二 张爱玲和费·维尔登作品的异同

在陈琼珠看来，张爱玲和维尔登大部分的写作中，从来没有忘记人的因素。张爱玲在40年代、50年代和60年代就完成了她的大部分作品，因此她不是在理论结构中阐释女性意识和女性成长，而是用一种和伍尔芙一样微妙的方式。张爱玲的关注点反映了维尔登在60年代、70年代、80年代甚至是90年代所表现的。21世纪初，女性仍然被不可能颠覆的性别问题所困惑和煎熬。与维尔登对女性成长的激进方式相比，张爱玲的叙述策略可能没那么勇敢。因此，陈琼珠认为这两位作家文学方式的对比可以通过文化、时间和空间的差异得到解释。张爱玲不能在作品中更加激进地表达的原因与加之在她身上的社会文化和政治限制有关。在张爱玲的时代，不管女性作家如何现代，与像维尔登这样的作者相比，她们相对而言还是传统的。维尔登揭示的要比离婚、强奸、卖淫和乱交更让人吃惊。不同时间和空间会给女性作家提供不同的先进和大胆的女性主义观点。女作家出生得越晚，更大胆和更激烈的社会问题就更有可能出现在她的作品中。张爱玲和维尔登之间的差异为真实世界里的女性意识发展打开了一个新的篇章。张爱玲和维尔登在成长小说中都放置了具有多层面的女性，这些人物由于意识到所受的父权制社会限制，她们常常会沮丧、失望、无助、充满敌意、邪恶、扭曲或精神分裂。只要世界上存在着两性，女性的故事就永远不会结束，女性对主体性的寻求对于一代一代的女性作家来说，也是一个永恒的主题。

张爱玲和维尔登来自不同的文化和不同的国家，但是她们几乎描写了同样的事情：女性的境况，特别是女性意识的发展。张爱玲的描写是隐晦的和压抑的；维尔登的描写是直接和彻底的。通过对她们作品的分析，陈琼珠认为我们可以理解两位作家表现女性成长过程中遭遇问题的方式，她们将女性意识和成长小说融为一体了。她们遵从传统文类指向的同时，也颠覆了传统文类。在她们的小说里，两位作家都为女性赋权，调换了性别的刻板印象和客体，将男性边缘化，描写了女性之间的冲突，阐明了女性的角色，强调了旧时代的无力感，在不同的版本中发展了同样的故事，提倡女性友谊和姐妹情的重要性。[①] 因此，两位作家的作品，特别是维尔登的，差不多涵盖了她那个时代的女性问题的整个领域，张爱玲和维尔登的小说加深了我们对男性统治的文化和女性境况的现实的理解。

在她们的作品中，女性试图发现她们自身的主体性：西尔维娅·普拉斯的"我就是我——我是强大的"是所有女性想要获得的。张爱玲和维尔登笔下的女性都努力抗争，将自己从父权制规则中解放出来，不管她们看上去怎样顺从，她们都渴望像男人一样强大。张爱玲笔下受压迫的女性，例如七巧和银娣，都反映了性别解放的必要性。作为生在贫苦人家的女孩子，通过结婚，她们发现性别不平等和她们的底层社会地位是她们边缘化的原因；很自然的，为了生存下去，她们希望掌握权力。七巧和银娣的故事表明女性宁愿扼杀她们身体的欲望也不愿被生活的不确定性所控制，因此"她们发现自己在那儿戴着面具，人尽皆知"，伊里加蕾将之与女性的顺从联系在一起：

> 心理分析认为伪装符合女性的欲望。这似乎不适用于我。我认为戴上面具应该被理解为女性所做的这些是为了恢复某些欲望的因素，以参与男性的欲望，但是代价是放弃她们自己的欲望。在伪装中，她

---

[①] Chen, Chiung-chu, "The Development of Female Consciousness in the Fiction of Eileen Chang and Fay Weldon", Doctoral Dissertation, University of South Carolina, 2003.

们服从欲望的主导经济，不顾一切试图保持"在市场上"。但是女性是作为性的享受的客体，而不是那些去享受的。①

伊里加蕾的分析展示了真理的一个方面。超越它，我们可以发现反抗的女性必须戴上面具。为了生存下去，很多女性，没有权力的或者充满权力的，都带着很多面具。

一些有权力的女性带上不同的面具使自己看上去是善良的或者温顺的，以此达到父权制的文化期待，但是她们也意识到自己不再是顺从的了。老年的七巧和银娣拒绝成为男性文化的客体，因此她们伪装成有无可挑剔的美德的、无性的女家长。维尔登笔下激进的女性在解构男性统治的所有形式中走得更远。她们也寻求权力，并试图建立女性语言和建构，但是除了这些，她们发现很难取悦男性社会并在男性权力下生存，于是女人们就试图通过戴上不同的面具来确定自己的性别，例如，露丝的新形象。张爱玲笔下受压迫的妇女以儿女孝顺的名义、母爱的名义或者其他隐藏的借口偷取男性的权力。维尔登笔下的女性，纯真的或者邪恶的，则颠覆了男性权威，取代了男人，像男人一样举手投足，是为了证明男性文化的非人性。与传统男人类似，维尔登的露丝将男人转变为"性快感的客体"。很明显，维尔登指出那些掌控了权力所有形式的男人是性快感的主体。与之相反，露丝有超过她前夫的权力，她将自己从客体转变成为主体。但是，她不得不终生生活在伪装中，也就是说，她不得不永远地戴上她精心制作的面具，她的新面孔。因为她将自己从一个丑陋的高大的女人变成了一个身材娇小的美女。尽管露丝证明她可以颠覆男性权力，她还是不能公开宣称"我就是我。我就是露丝。我是强大的"。就是因为她的伪装和她拥有和享受的权力是从男人那里偷来的，不是合法地与男性分享的。

陈琼珠通过这些文本分析指出，在同样的面纱里，张爱玲在作品中也创造了很多隐藏在面具下，"堕落的和邪恶的"女性。② 霓喜，像维尔登的露丝一样，也用不同的伪装来取悦不同的男人。与维尔登笔下的女人一

---

① Luce Irigaray, *The Irigaray Reader*, ed. Margaret Whitford, Oxford: Basil Blackwell Ltd. 1991, pp. 135-136.

② Chen, Chiung-chu, "The Development of Female Consciousness in the Fiction of Eileen Chang and Fay Weldon", Doctoral Dissertation, University of South Carolina, 2003.

样，霓喜有着一个接一个的性冒险，从一种文化到另一种文化以求生存。在这个过程中，她也试图逃离父权制社会的控制。当然，霓喜是在男性控制的世界里寻求她的性别身份和地位，她希望成为性快感的主体，但是她总是被降低为客体。《赤地之恋》中的知识分子女性人物戈珊既背叛了男人也背叛了女人。在张爱玲的女性人物中，戈珊是第一个在男性权力里占据边缘位置的人。一方面，她以前习惯的不稳定的生活使她无法将性和男人太当一回事；另外，由于感染了肺结核，戈珊感受到了死亡的威胁，与她所面对的死亡相比，滥交对她来说实在就什么也算不上。像大多数的男性登徒子一样，她作为未婚的女人，同时和好几个男人交往，当她厌倦他们的时候就背叛他们；但是像绝大多数的传统男人一样，她不允许以前的情人背叛她。因此，出于嫉妒和憎恨，她通过毁掉前任情人无辜的、天真的女朋友的方式，对前任情人进行无情的报复。那个将自己从男性文化的受害者变为其同谋犯的邪恶的女人，又在张爱玲的小说中重新出现了。最后，作为受害者和施暴者，当她面对真爱时，她已经不能将其与欲望区别开来了。她用暴力的、放纵情欲来"烧掉"自己余生的方式进行了自我毁灭。在"民主生活会"上被人指责滥交时，戈珊承认她与一些异性保持了亲密关系，并希望她可以有"第二次机会"来洗涤"她身体的肮脏"，以"经历一场彻底的自我改造"。在这样一种令人尴尬的情况下，虽然被剥夺了荣誉和尊严，她仍然知道怎样迎合男性统治文化下的需求，通过她顺从的但是打动人心的口才来避免政治迫害。

毫无疑问，戈珊必须戴上不同的面具来保护自己不被毁灭。综观整个故事的来龙去脉，戈珊将性作为生存下去的工具来颠覆男性霸权，但是她也和霓喜一样，不能从男性优越的表现或从男性权力的核心等级制度中逃脱集体攻击。因此，她仍然被归为堕落的女人。但是，像法国女性主义者相信女性必须解放和重写她们的身体一样，戈珊为了"（她的）快感的个人性"，她沉溺于性冒险。很明显戈珊和维尔登笔下的普瑞西斯、露丝、安吉莉卡、杰莉和安吉尔是类似的。她就像维尔登《分裂》中堕落的苏珊；在同样的面纱下，她也很像维尔登的卡尔，尽管他将要和一个年轻貌美的女人结婚了，但是他仍然试图控制他的前妻——乔安娜·梅，既假扮她，又刺杀她的情人。戈珊比维尔登笔下的邪恶的女人更令人讨厌，也比维尔登笔下的男人更有控制欲和无人性，尤其是当她拥有隐形的权力的时候。通过滥交，她试图证明她和男人一样自由和强大，因为是她来解释她自己的性。她拒绝像西苏的不真实的女人一样行动，但是她表现的是"恶意"。麦金龙指出，"性自由意味着女人被允许像男人一样自由地表达这种性欲，被允许，也就是说，毫不羞愧地，没有社会限制地通过两性性交获得性满足"。[1] 通过性解放，霓喜和戈珊，就像维尔登笔下的女性一样，为男性和女性一起打开了性革命的大门。在她们的女性意识发展中，开始意识到自己希望获得自由和权力。

西尔维娅·普拉斯的"我就是我——我是强大的——但是到哪种程度"被这些女性人物沉默地宣告着。这些女性想要得到多少权力，她们希望走多远去获得？两位女作家笔下所有的女性都打破了男性统治，但是她们所要的并不仅仅是性别解放和打破或摧毁统治空间。她们希望像男人一样强大。

陈琼珠认为对于张爱玲和维尔登来说，对女性快感——女性性问题——的描写是对女性被压迫境况的颠覆和可能的解放的开始。对于两位作者，女性的性解放表示了她们主体性的必要。而且，女性的性解放象征了父权统治的解构，它成为每一位女性成长中一个必要的过程。女性的身体必须掌握在女人自己的手里。女性渴望建立一个新世界，她们可以决定自己的"欲望""病理""需求""权力"和"责任"。此外，她们应该还拥有与男性一起重新定义新世界的权力，男性曾经将女性排除在外去"阐释"这个世界。如果有这么一个新的、和谐的世界，女人就再也不需要戴着女性或者顺从的面具了。[2]

通过主人公对主体性的追寻，张爱玲和维尔登描写了女性意识的逐步发展。在不同的作品中，张爱玲更多地强调女性面临的不同问题——性压抑、性解放、堕落、卖淫、强奸、母亲身份、反抗、老年、觉醒和自我实现。相反，维尔登在每一本小说中都放进了女性成长的所有因素。因此，张爱玲的绝大部分作品表现了女性意识不完整的发展的不同方面，但是，

---

[1] Catharine A. Mackinnon, "Sexuality, Pornography, and Method: 'Pleasure Under Patriarchy'", *Feminism & Philosophy: Essential Reading in Theory, Reinterpretation, and Application*, eds. Nancy Tuana & Rosemarie Tong, Boulder; San Francisco, Oxford: Westview Press, 1995, p. 139.

[2] Chen, Chiung-chu, "*The Development of Female Consciousness in the Fiction of Eileen Chang and Fay Weldon*", Doctoral Dissertation, University of South Carolina, 2003.

她的所有作品却构成了女性成长的整幅图画。张爱玲至少有四部小说——《金锁记》《北地胭脂》《连环套》和《半生缘》表现了女性意识的发展。在这四部小说中，只有《半生缘》表现了女性意识的完整发展。与张爱玲相反，维尔登从来不改变她的主要关注点：女性成长的全部过程，尽管她为每一个女性角色创造了不同的心理补充和背景。基本上，她的女主角们，虽然有着不同的社会和文化背景，但有着同样的生活经历，有着同样的生活轨迹，诉说着同样的故事。这种共同性意味着不同背景的女性或者几代女性都不可避免地面对着从童年到成年同样的女性问题。此外，两位作者在小说中讨论的女性问题也都跨文化地存在着。

通过对两位作家的这些对比，陈琼珠提出，张爱玲从来不想在小说中对读者传播任何女性主义思想，反之，维尔登总是试图教育她的读者。在张爱玲的小说中，她总是与读者保持距离；相反，维尔登试图通过将她的女性主义思想灌输进女性读者的意识中，更加接近她们。维尔登大声地、激情地发声，希望唤醒女性读者的无意识思想。因此，超然是张爱玲叙述策略中一个重要的特征，而维尔登的小说中总是会出现说教的段落。[1]

为了更好地论证这一点，陈琼珠对张爱玲和维尔登的作品进行了文本细读，指出张爱玲描写了各种各样的、有着不同程度人性弱点的男性，威尔登更喜欢描写"坏"男人来强调男性统治这一无法辩驳的现实。像维尔登一样，张爱玲的早期作品更多的关注女性，但是她的后期作品，如《秧歌》和《赤地之恋》，更集中地探讨两性平等的问题。在张爱玲的早期作品中，绝大多数的男性角色是毫无希望的、放纵的、无能的、一无是处但是却有统治地位，他们是阴影一样的形象。在这些人物中，《小艾》里的五老爷就是一个典型的例子：像鬼魂一样的男性形象。他很少动也很少说话，但是他就在那里，代表了男性权威的黑暗内核。他在下午打了他妻子的年轻丫鬟，晚上他问她，"你为什么不管什么时候看见我都那么害怕？"之后就强奸了她。他很轻易地就逃开了性暴力的罪过，因为他的妻妾们都是他无情的帮凶，她们拼命地想要在这个男人的世界里被接受。他是张爱玲描写的男性人物中最可怕的一个角色，通过五老爷，张爱玲对男

---

[1] Chen, Chiung-chu, "*The Development of Female Consciousness in the Fiction of Eileen Chang and Fay Weldon*", Doctoral Dissertation, University of South Carolina, 2003.

人的残酷进行了深刻的讽刺和批判。同样,维尔登笔下的绝大多数男性人物也是没有完全发展的;他们可笑、自私、好色、不负责任、掌握权力,甚至邪恶。维尔登说:"如果被允许的话,女人可能会不可救药,男人屡教不改是因为他们被鼓励那样去做。"为了表现等级制度这种"不可救药"的典型性,维尔登不许他们为自己行动或言说。像张爱玲早期的男性人物一样,维尔登笔下的所有的男性人物都被置于她小说的边缘,而不是中心。

因此,尽管她们将大部分的男性角色都是作为社会和文化现实的消极体现,张爱玲和维尔登还是在男性人物身上表现了人性的各个方面。张爱玲《半生缘》中的女主角曼桢,当她发现丈夫带着小女儿去看医生,小姑娘对他表现出信任和爱时,突然对这个和她结婚的,也就是强奸她的人产生同情。她也意识到她的丈夫是一个孤独的人,他知道自己永远得不到妻子的爱和尊重,知道她只是为了孩子才嫁给他的,而孩子是他的罪孽的结果。在描写这些时,张爱玲表达了她对孤独的、绝望的人的同情,不管他们是谁,也不管他们做了什么。与此类似,在《习惯》中,厄玛也对男人表现了同情,她这样告诉普瑞西斯——"他(菲利普,厄玛和普瑞西斯的前夫)是和你一样的受害者"。维尔登暗示男人也和女人一样,因为破碎的人际关系而痛苦。此外,《复制乔安娜·梅》的女主角决定养一个男孩,他是从卡尔的细胞克隆来的,她去除了前夫邪恶的一面。他的死是对男性规则的一个象征性的结束。一方面,维尔登试图通过将一个魔鬼一样的人重置为单纯的克隆人来颠倒父权制话语;另一方面,她又给读者留下恐惧和希望——是传统男性控制的可能重新出现还是新一代男性的重生?不管是张爱玲笔下的小女孩还是维尔登笔下的小男孩,不管他们是怎样模棱两可的角色,他们都象征了一种新的世界秩序的希望。因此,我们可以知道维尔登描写坏男人基本上是一种手段:为了突出女性问题的写作策略。尽管两位作家都在小说中对占统治地位的男性人物进行了讽刺和边缘化,她们也对女性性别的对立面——男人,表现了同情和爱。

在分析男人的残忍之外,两位作家还描写了女人对其他女人的敌意。在她们的小说中,被男性权威控制的女人,总是与她们的女性对手竞争,因为她们都被不确定性和恐惧所萦绕。她们变得嫉妒、满怀敌意、充满复仇感和邪恶。

张爱玲擅长描写女性之间不断增长的敌意,在她的第一部中篇小说

《沉香屑 第一炉香》中，就成功地描写了女性对其他女人的忌妒和敌意。七巧和银娣，没有女性对手去对抗，因此她们就转而折磨自己的女儿和媳妇。在《连环套》中，霓喜表现出对与她同居的印度男人的秘密情人的敌意，她的不安全感驱使她变得残酷和歇斯底里。因为这种暴力冲突，霓喜被迫离开了她的同居男人，在很短的时间里她又发现了另一个男人——一个年纪大的中国商人。在经历了男人的背叛后，霓喜也毫无罪恶感地背叛这个又老又病的中国男人。此外，霓喜不能忍受她年轻的秘密情人暗地里和别的女人结婚了，而且还是得到了他的老板——霓喜的生病的同居者的经济资助。她感到非常愤怒，被背叛了，被威胁了，尽管那个从乡下来的顺从的女人把她看成是上等人来尊敬，但是霓喜还是觉得一切都幻灭了并充满了敌意。《半生缘》中，曼璐发现她多年前因为家庭不得不放弃的前未婚夫爱上了她的妹妹时，变得悲伤、嫉妒、暴怒、后悔和堕落。她恨她妹妹，因为后者不经意地毁掉了她永远不能忘记的、最珍贵的初恋的记忆。同时，她也恨她自己，因为她发现自己的牺牲什么都没得到。由于这种自卑感，曼璐怀疑她的妹妹看不起她。她恨她妹妹还有另一个原因：后者有着"纯真的脸庞"。曼璐的故事讲的是姐妹情转变为仇恨的荒谬的变化。当曼璐发现除非她有一个孩子，要不然就不能挽留住婚姻时，她想到了她妹妹。没有一丝同情，曼璐设计毁掉了自己的亲妹妹——这是一个她以前会尽一切努力去提供教育的好女孩。

在张爱玲的作品中，现代女性对其他女性的敌意与传统女性一点区别都没有。在《赤地之恋》中，戈珊邪恶地毁灭了她的女性对手，后者相信戈珊是她爱人的真正朋友，会将他救出来。在《小艾》中，张爱玲描写了传统女性对待其他女性的残忍的方式。在这部中篇小说中，小艾是一个丫环，她遭到女主人非人的待遇，还被男主人强奸了。听到小艾怀孕后，妻子与小妾都指责是小艾勾引男主人。为了保住自己的丈夫，顺从的妻子，已经失去了丈夫的爱，想在孩子生下来之后抱养他，但是这让小妾觉得受到了威胁，产生了不安全感，因为她不能有自己的孩子。因此，小妾冲进大房的房间，拼命打小艾，让她流了产。大房对小艾却没有一丝同情，反而更恨她，因为她觉得就是小艾的"行为不检"让她没办法与丈夫和小妾保持表面的"良好"关系。因此，她拒绝给因为流产生病的小艾请医生。没有人对小艾表示同情，相反，所有的人，特别是一个年纪大的女仆人，把她看成是勾引男人的、堕落的女人。通过这部中篇小说，张爱玲描述了旧中国男权社会最悲惨的结果。在张爱玲的小说中，绝大部分的女人，传统的或者现代的，都因为男人的利益而变得堕落和邪恶。

维尔登的女主角们也无一例外。在《普瑞西斯》中，当普瑞西斯的母亲当她发现女仆和自己拥有同一个男人时，表现出了极大的敌意。在同一部小说中，普瑞西斯背叛了自己最好的朋友——厄玛，把她的丈夫抢了过来，然后，塞丽娜，菲利普的新女朋友，又对普瑞西斯表现出了敌意。在《女恶魔》中，露丝对她的女性对手发动了一系列的战争，心理的或者经济的，甚至是宗教的，尽管她用很多其他方式资助了其他无助的女人。在《分裂》中，也出现了类似的消极情绪。在她的其他小说中，如《胖女人的玩笑》和《女性朋友》中，描写了女人间所有邪恶的竞争、敌意和背叛。在《最深的恐惧》中，亚历桑德拉，像一只猎犬，在她丈夫死后到处找他不忠的证据。她"最深的恐惧"成为了现实——她的丈夫和她的女性朋友背叛了她。表面上看，是亚历桑德拉想要证明她的丈夫对她不忠，但是实际上，是作者推着她的女主角在婚姻中寻找自己的身份。维尔登将这种猎犬一样的行为作为一种方法，来探究女性对其他女人的消极态度，以及她们在男性统治社会里的不确定性。维尔登通过普瑞西斯明确地指出男性文化这种不能忍受的现象：

> 我们互相背叛。我们通过性来操控：我们为了拥有男人而互相争斗——猛咬、攫取、吞咽、消失！下一个在哪里？我们更愿意要男人作伴而不是女人。我们故意让我们的姐妹嫉妒，变得可怜。①

像维尔登一样，张爱玲意识到男性文化最黑暗的一面是女人之间的冲突，因此她描述了那么多邪恶的但是值得同情的女性人物。被男性文化所驱动，这些女人处在精神崩溃的边缘。当这些女主角们没能推翻将她们降低为客体的男性价值体系时，她们就变得歇斯底里。因此，女性的疯狂是父权制压迫的表现。

同样作为女性，陈琼珠认为张爱玲和维尔登在描写女人最黑暗的一面

---

① Fay Weldon, *Praxis*, New York: Penguin, 1990, p.206.

的同时，也都呼吁女性之间的友谊和姐妹情。① 维尔登从她写作第一篇小说开始，就描写了女人对其他女人的敌意这样一种最臭名昭著、令人伤心的现实；她试图通过女性友谊和姐妹情来建立一种新的价值体系。尽管维尔登的女性角色互相背叛和争斗，她们最后还是会互相安慰和帮助。在《女人之间的沉沦》中，苏珊，一位年轻的继母，对斯佳丽非常嫉妒，斯佳丽是她的继女，因为斯佳丽代表了她丈夫未知的过去，对于她这个新妻子而言，面对着这过去，她完全是个局外人。与此相反，斯佳丽，这个年轻的单身母亲，没法在拮据的环境里生活下去，很羡慕她的继母所拥有的：她父亲的爱和财富。幸运的是，斯佳丽有一个很睿智并且思想开放的母亲和一些女性朋友。尽管斯佳丽的女性朋友批评她混乱的私生活，但她们仍然支持她。在小说的结尾，甚至她年轻的继母也与斯佳丽及她的母亲有了良好的互动。在《女性朋友》中，三位好朋友互相背叛对方，但是她们却还是互相关心对方。在她们之间，克洛伊不仅照顾自己的孩子，还照顾她不负责任的女朋友的孩子。在《普瑞西斯》中，厄玛遭到亚历桑德拉的背叛，但是当普瑞西斯被厄玛的前夫遗弃时，她还是来帮助了普瑞西斯。《复制乔安娜·梅》中的乔安娜与她其他身份的克隆人重新联合起来，她们互相支持对方，成为女性联盟的一种超级力量。维尔登珍惜这种姐妹情，她在一次访谈中提到：

> 姐妹情是一个相对来说比较新的概念，我认为它会成功的。我笔下的人物一旦她们获得了姐妹情的概念，她们就不再互相背叛。在50年代，女人与女人之间互为敌人是一种传统……当女人可以靠自己活下去，并且有一个男人作为一种选择，一种可选择的附加，女人就很少再将男人视为一种财富或者将其他女人看成是竞争者或者对手了。②

在她绝大部分的小说中，维尔登强调对于女人来说，拒绝社会文化的

---

① Chen, Chiung-chu, "The Development of Female Consciousness in the Fiction of Eileen Chang and Fay Weldon", Doctoral Dissertation, University of South Carolina, 2003.

② John Haffenden, *Novelists in Interview*, London and New York: Methuen, 1985, p. 306.

期待，抛弃女人之间植根于父权制的恶意竞争是必要的。玛丽·达利认为："姐妹情和女性之间的友谊烧毁了男性所定义的类别和定义的藩篱。"[1] 与达利一样，维尔登鼓励她的读者摆脱旧的父权制束缚，进入一个新的、积极的话语。张爱玲很少描写女性好的方面，但是她也从来没有忽视过女性之间友谊和姐妹情的必要性。在《金锁记》中，三爷的女儿对七巧的女儿表示了同情并试图帮助她。《半生缘》里，曼桢在医院里生下一个男孩，感到无助时，得到了陌生女人的帮助。这位朋友，是希望和姐妹情的象征，对张爱玲的读者来说这成为了一个奇迹。这部小说中的女性友谊成为不可忘怀的一部分。

陈琼珠认为张爱玲和维尔登之间的共同点还在于她们都不断地阐明女人的定义。张爱玲在她的第一部小说《沉香屑 第一炉香》中就颠覆了贞洁女子的形象，从那时起，她就从来没有停止过去除女性角色身上的神话色彩。因此，张爱玲作品中的女性角色，包括母亲都是有问题的。通过七巧和银娣，我们可以发现在女人的性、仇恨和控制中都有母爱的连接。在《半生缘》中，张爱玲在描写一位优秀的现代女性怎样成为母爱的受害者时，表现出女性所珍惜的，同时也轻视的是无条件的母爱。在这部小说中，张爱玲也表现了一种传统观念，即有没有一个子嗣会将一个女人，例如曼璐，从一个自我牺牲的女性变成一个邪恶的女人。后来，曼璐对她妹妹的孩子的爱又将她从一个邪恶的女人再一次变回到一个充满爱的母亲。孩子为她在当妓女时无数次的流产提供了情感上的补偿，母亲角色的扮演有一种强大的改变的力量。对于张爱玲而言，一个想方设法想成为别人孩子母亲的妓女与一个神圣的母亲没有什么区别。在《赤地之恋》中，黄娟宁愿付出生命的代价也要经历一次流产，不愿屈辱地活着。换句话说，她拒绝成为一个她不想要的孩子的母亲，因为她是为了救自己的爱人，不得不求助于一个自己不喜欢的、有权势的人，不得已与之发生了性关系。她很快就被认为是性放荡的和被遗弃的。让人感到同情的是，她最终通过自己的死来控制了自己的身体。这种自主是她反抗的一种姿态。对于维尔登来说，她同样质疑了无条件的母爱的价值。普瑞西斯，一个很好的继母，用耐心和爱养育了她第二个丈夫的孩子们，但是她抛弃了自己的

---

[1] Mary Daly, *Gyn/Ecology: The Metaethics of Radical Feminism*, Boston: Beacon Press, 1978, p. 380.

孩子。后来，她为了帮助养女找到新生活，杀了她养女那个智障的孩子。通过普瑞西斯，维尔登表现出对母亲身份积极的和消极的态度。《女人之间的沉沦》里的旺达，在没有父亲的帮助下独自养大了女儿斯佳丽，对婚姻和母亲身份有深刻的幻灭感。因此，当斯佳丽，这个未婚的年轻姑娘意外怀孕，但是并没有真正准备好成为母亲时，旺达试图打碎女儿对成为母亲的快乐那种错误的想法。作为早期女性主义者的代表，旺达是波伏娃笔下母亲概念的镜像。尽管张爱玲和维尔登颠覆了传统的母亲身份概念，她们还是描述了一些女性人物想要成为母亲的欲望。《小艾》中的五太太想要一个孩子，但是她不能生。因此，她用耐心和爱带大了她的养子，因为和其他传统女性一样，她必须表现出传统的母爱来取悦她的丈夫和他的家庭。在这部小说中，女主角小艾也想实现自己成为母亲的梦想。最后，她领养了一个孩子来完成自己成为母亲的梦想。在《乐队主唱》中，维尔登的桑德拉，一个成功的事业女性，拒绝成为母亲是因为她自己父亲声名狼藉的过去，但是随着年纪的变大，她改变了自己的想法并对自己的怀孕感到高兴。毋庸置疑，桑德拉成为波伏娃的"母亲类型的女人"，她们"坚持自己还是可以有一个孩子：她特别希望再次创造生命"。因此，陈琼珠指出张爱玲和维尔登同时表现了人文主义和女性中心主义，两位作家都试图颠覆女性角色的传统概念，但是她们也表现了很多其他积极的价值。

　　年老对女性的影响也是陈琼珠在分析中对两位作家的解读。在《金锁记》和《北地胭脂》中，七巧和银娣意识到生命在她们自己选择的隔绝的世界里被荒废掉。她们拥有了权力，但是她们不能充分地享受。在《半生缘》中，曼璐以前是有名的"舞女"，害怕因为年华老去不能再用美貌来取悦顾客。她觉得不得不找一个男人结婚，否则太老了她就过不上正常的婚姻生活了。由于害怕年老，她决定嫁一个普通也不富有的男人，因为舞女的生活经历，使她不再相信有钱人和上层社会的人。她新的关系的发展动态很复杂。这个男人是个投机商，犯了重婚罪来讨好她。从她的立场上说，婚姻不是建立在对他的爱上，而是她对生活的妥协，因为她这个年纪和背景的女人，已经很难再找到一个体面人。但是，她错了。当这个男人偶然间成了暴发户后，就开始因为她的过去挑她的毛病，开始羞辱她。通过曼璐这个人物，张爱玲指出金钱的力量会让人颠倒他们的角色地位：控制者和被控制者。另外，由于金钱，他意识到她已经不再年轻了。

很明显，曼璐的不安全感来自女人年华老去的现实。在《连环套》中，霓喜，曾经用她野性的美貌吸引男人，也受到了年纪大的威胁。当她知道印度媒人是给她13岁的女儿介绍了一个富有的印度商人，而不是她自己时，她突然意识到她"老"了。张爱玲创造的所有这些妻、妾和其他女人都是时间的受害者并且因为美貌的失去而受到威胁。

在维尔登的小说中，波伏娃关于年老的概念反复地出现。在《胖女人的故事》中，艾斯特意识到她再也没有苗条的身材和年轻的脸庞来与她的女性对手竞争。在《女人之间的沉沦》中，旺达非常清楚所有的女人都会被时间、家务活和母亲身份耗尽生命。维尔登的普瑞西斯、乔安娜、桑德拉，以及其他女性角色都意识到年华逝去的威胁。尽管维尔登的绝大多数女性人物在她们的老年找到了自由，她们也发现什么都没有留下。

与维尔登笔下的女性不一样，张爱玲小说中只有少数女性人物在老年的时候获得自由，因为女人之间的恶性竞争在她们变老之前很久就已经夺去了她们的一切。在《小艾》里，五太太一生都在照顾丈夫第一次婚姻里的孩子们，还有她丈夫长期不在家的家庭事务。她从来不知道怎么和她丈夫说话，因为他和小妾生活在一起，很少回家。她唯一的希望就是在她死之前她丈夫会回来看看她。在《半生缘》里，世钧的母亲知道她丈夫病了，要从小妾的房子里搬回家的时候觉得很满意，她有一种胜利的感觉，因为她的丈夫会死在她的地方。这些可怜的传统女人们都被父权制社会所要求的一切杀死了，她们的生命都被荒废掉了。她们的希望和身体、空虚和荒唐都让我们感到可怜和恐惧。张爱玲预示了波伏娃关于女人年老的概念；相反，维尔登使波伏娃的理论形象化并展示了它的急剧扩散。

张爱玲和维尔登都将火作为女性解构男性文化迷思的一种反抗的象征。在张爱玲和维尔登的小说中，女性反抗的很多形式都得到了分析。我们发现她们的女主角们也对父权制统治有极端的行为。就以火这个意象为例。《最深的恐惧》的亚历桑德拉，和《女恶魔》里的露丝一样，面对婚姻的现实，她放火烧了房子。对房子纵火的行为是对之前生活的一种毁灭。然后，张爱玲和维尔登两个人都实现了自己的个人成长。维尔登一直创作这种类型的女主角并不是一种偶然，她们都是不仅烧掉了自己的房子，也烧掉了自己漂浮的生活，一种男性操控和权力的象征。在张爱玲的小说中也同样出现了火的意象。《北地胭脂》的结尾有一个场景，银娣的丫鬟放了一把火。在《秧歌》中，女主人公月香放火烧了谷仓——政治压迫的象征——作为对政治统治的一种反抗。月香最后通过死亡得到了她的自由让人感到同情。与维尔登的火的意象相比，张爱玲表现得更绝望也更有革命性。在张爱玲的火的意象中没有喜剧因素。

除了火的意象，两位作者也都用男性统治者的死亡来意指父权制的终结。在《复制乔安娜·梅》中，卡尔的死亡是男性统治的象征性终结。在《小艾》中，五老爷因为和日本人走得太近，被不知名的暗杀者一枪打死了。他的死也象征了传统男性权力的终结。

张爱玲通过早期作品的不同版本来重新发展同一条故事主线，维尔登则几乎是同时提供一部小说的两个版本。张爱玲重新将《金锁记》写了好几次，因此有短篇小说的版本和长篇小说的版本，有中文版也有英文版。出于不一样的原因，维尔登给读者提供了《分裂》的两个版本。

除了《金锁记》，张爱玲还重写了《十八春》，将它改写为有一个新的结尾的《半生缘》。很明显，在共产党统治下生活的张爱玲为了避免她认为的可能的政治迫害，将《十八春》赋予了一个有意识形态的"公式化的"结尾——所有的主要人物都去了东北，将他们的生命献给了自己的祖国。在这个最初的版本的结尾，女性人物都剪去了长发，像男人一样，决定穿上"列宁"装，抛弃她们旧的生活方式。在《十八春》中，张爱玲的独特性和以前的写作风格都不复存在。在这部小说中，最有意思的故事情节是那个强奸了曼桢的男人，成了她的丈夫，后来因为一次海难淹死了，因为他像其他投机者一样，想从上海逃到台湾。这里，张爱玲将投机者与台湾联系在一起，证明了张爱玲不想激怒当时控制她生活的政治权威。这个结尾，缺乏艺术的神韵，这不是张爱玲所要的。

在同一个时期，张爱玲写作了《小艾》，小艾是传统社会的受害者，被转变成了新社会和政治话语的女代言人。张爱玲不喜欢这部中篇小说，尽管《小艾》中的绝大部分情节都写得很好。她不喜欢《小艾》的原因很可能是由于她在这部中篇小说中用的一些"公式化的"策略，在这部小说中，当小艾听到以前强奸过她的男主人死了时，觉得"情感都被激起来了"，"感到很满意"和不确定。

张爱玲在《小艾》和《十八春》中，对这种邪恶的男性原型的死亡都用了很苛刻的句子，后来在《半生缘》中，她对强奸者表现出了人性的一面。当然，张爱玲用这两个平庸的结尾来取悦传统中国读者，他们常常喜欢善有善报恶有恶报的大结局。这些强奸者的死亡，都是和传统社会或者和台湾联系在一起的，再一次表明了张爱玲当时宁愿避开可能的政治权威的迫害，而不是保持自己的叙述策略。这证明生活在不确定的政治环境下，张爱玲也别无选择。

20 年之后，《十八春》的新版本——《半生缘》出版了，这部小说证明了在没有了政治约束后，张爱玲为自己的作品创造出一个艺术的和有深意的结尾。我们相信，如果张爱玲还有时间和精力，她可能还会重写《小艾》。那种看不见的父权制力量几个世纪以来在人们讲述真理或者提出自己抵抗的时候都是一种障碍。除了《小艾》，这两个版本之间的差别也向读者讲述了一个真实世界和历史上发生过的另一个故事。

另外，对于张爱玲和维尔登两位作家，她们各自的生活经历对作品的影响也在陈琼珠的研究范围之内。她认为张爱玲将自己的个人经历渗入不同的版本中，开拓了女性问题的范围。在《金锁记》和《北地胭脂》中，张爱玲将自己、父亲、母亲和亲戚的故事都融为一体。在 1954 年出版的中文版本《赤地之恋》中，张爱玲展现了女主角的牺牲和逝去。但是，在 1956 年的英文版本中，新增了 1954 年中文版本里没有阐明的——女主角的流产和死亡。很明显，张爱玲为同一个女主角创造了不同的悲惨境况。按照司马新的说法，张爱玲 36 岁的时候经历了一次流产，是和她第二任丈夫赖雅在一起时怀孕的，因此她在小说中详细地描写了自己痛苦经历的细节。在那次手术中，她认为自己要死了。如果这是真的，张爱玲就像波伏娃一样，为了专注于写作，最终选择了控制自己的身体。

维尔登通过创作实验性的小说《分裂》进入了后现代主义的领域，这部小说有两个版本和多重自我。张爱玲则是在不经意间跨过了后现代主义的界限，她用英语重新改写了自己著名的中篇小说，然后又用英文和中文分别改写成长篇小说，不断完善她自己认为由于政治现实而被毁掉的旧作品，或者在新版本中融入了自己新的女性经验。通过这些不同的版本，我们可以看到张爱玲表现的女性斗争、艰难、野心、理想主义、完美主义和女性发展。最终，像伍尔芙一样，张爱玲成为了"没有国家"的女人，就像她为弟弟张子静的杂志所画插图的标题"没有国籍的女人"所指一样。伍尔芙说，"作为一个女人，我的祖国就是全世界"。当张爱玲开始描写普遍的女性状况，并在异乡追求她的写作梦时，张爱玲的"国家"就成了"整个世界"了。对于读者来说，张爱玲的个人发展就是一个活生生的女性个人成长范例。维尔登也不例外。通过一个作品的不同版本，两位作者都展现了小说世界的现实之外的女性现实的不同层面。

## 第二节　哥特变异——张爱玲与尤多拉·威尔蒂和卡森·麦卡勒斯之比较

季进和王尧在《海外中国现代文学研究译丛》的"编辑缘起"中指出："海外中国现代文学研究者的队伍构成也在发生变化……既有以西方文化为背景的，也有以中国文化为母体、后来又受西方文化熏陶的。以后者而言，有些学者先在中国大陆完成大学教育而后再到海外问学。"[①] 马祖琼就是后者中的一位，她1999年至2006年就读于北京外国语大学，获得英语语言文学硕士学位，2006年赴美国路易维尔大学留学，2010年获得人文博士学位，现任教于北京外国语大学。她的博士论文《女性哥特小说，中国和美国风格：张爱玲的〈传奇〉与尤多拉·威尔蒂和卡森·麦卡勒斯的小说比较》将张爱玲视为中国女性哥特小说家来研究，这一观点是对张爱玲文学成就的重新评价，并且在全球女性运动中为张爱玲获得了一席之地，这场女性运动将努力通过写作为女性建立自己的声音看成是一个完整的部分。马祖琼的这种跨文化比较方法拓宽了女性哥特文学领域，将作为西方的一种有活力的女性主义文学形式拓展到了东方，通过这样的方式，改变了女性哥特文学的面貌。就像父权制将女性"他者化"并且努力将女性心理看成是跨文化一样，女性"丑陋"的形象、社会压迫的形式和逃跑的路线在张爱玲以及美国类似作家的作品中都被特定的文化因素所塑造，这些文化因素包括美学、文化习俗以及文学产生的社会和历史语境等。但是通过将张爱玲放置在女性哥特文学的地图上，马祖琼首先挑战了哥特小说最新的研究理论，强调了跨大陆间的共性并调节了文化差异；其次，中美女性哥特小说的对比创造了全球文学想象的相互作用，这不仅可以确定哥特文学在东方研究的新领域，而且更新了对目前已经建

---

[①] 季进、王尧主编：《海外中国现代文学研究丛书》"编辑缘起"，上海三联书店2008年版，第3页。

立的西方女性哥特文学的理解，例如尤多拉·威尔蒂和卡森·麦卡勒斯的作品。①

## 一 传奇的文本：女性哥特小说的不同风格

马祖琼选择了美国南部的女性哥特小说作家为对比研究对象，是因为她认为张爱玲所在的中国与尤多拉·威尔蒂和卡森·麦卡勒斯所在的美国南部之间的特定历史和文化环境，在作家的文学想象中提供了一种"先验的"、包括一切的可比性。这两个空间都受到了战争的创伤，也同时具有一种殖民性。尽管20世纪40年代，美国南部不像中国在本土经历了战争，但是南北战争的幽灵仍然萦绕在其意象中，种族暴力所造成的影响也如火如荼。更重要的是，这两个地点对性别从属都有一种更严格和更根深蒂固的形式。尽管20世纪40年代，在中国和美国南部的女性解放都取得了实质性的进步，但是家庭仍然是强有力的压迫女性的场所，是现实冲突和想象冲突发生的地方。

在文学语境下，哥特小说本来指的是18世纪60年代到19世纪20年代之间英国及其在美国所影响的一种表面上看来是同一种类的小说。其特点是被恐怖气氛所萦绕，有一种真实的或被想象出的超自然的存在，古旧而简单的环境设置，高度类型化的人物和造成文学上的悬念这样的技巧。很多现代的和当代的文学文本只要与"最初的哥特小说"有一点点关联，就被冠之以"哥特小说"这样的标签，因为它们是描写最基本的人类恐惧和焦虑的本能，这些小说运用哥特小说的文学方法来完善引起这些的心理状态。

这个文学流派中一个重要的分支是"女性哥特小说"，一般来说指的是女性作家吸收和重新配置了哥特小说体裁和主题因素所创作的作品。女性哥特小说有其鲜明的传统，从安·莱德克利夫和玛丽·雪莱到勃朗特姐妹再到美国女作家，诸如尤多拉·威尔蒂和卡森·麦卡勒斯。自从爱伦·莫尔斯首度提出女性传统和男性传统的区别，女性主义批评家们就倾向于将女性哥特小说看成是一种具有独特意识形态和美学输入的独立的形式。

---

① Ma, Zuqiong Cardine, "Female Cothic, Chinese and American Styles: Zhang Ailing's Ghuanqi in Comparison with Stories by Eudora Welty and Carson Mccullers", Doctoral Dissertation, University of Louisville, 2010.

事实上，20世纪西方哥特小说研究有意义的突破恰恰是发生在性别和文类方面。"女性哥特小说"这个概念不仅标志了哥特小说研究中性别观念的介入，也为女性主义文学研究开辟了一个新的领域。爱伦·莫尔斯在《文学妇女》中创造了"女性哥特小说"这一术语，来表示由安·莱德克利夫开创的一种有力的文学形式，它将消极的哥特小说女主角转变为积极的主体，她们旅行、探索、创造并自我拥有。女性主义批评家将莫尔斯的观点视为一个出发点，恢复和重新评价那些被埋葬的或被边缘化的女性哥特小说文本，揭示她们在颠覆欧洲和美国父权制文学传统中的潜力。

尽管这些批评家的著作对哥特文学的西方式的理解做出了贡献，并且对20世纪70年代之后的女性主义文学革命是一个主要的推力，但是只有非常少的批评家将目光投向了东方。马祖琼试图将最近的女性主义哥特批评的视野超越欧洲中心主义（英美为中心），将张爱玲作为研究对象，将她视为女性哥特小说的一位自觉的参与者。她认为张爱玲重新描绘了中国哥特传统，颠覆了父权制等级制度和厌女症的方向，通过女性主义的推力，重塑了中国传统哥特文学，因此可以与已经被广为人知的西方女性哥特小说家进行比较。这些小说家包括来自于美国南部的尤多拉·威尔蒂和卡森·麦卡勒斯等，因为她们也是一再呼吁对女性主体性和自我进行探索和肯定的哥特文学家。因此，在《女性哥特小说，中国和美国风格：张爱玲的〈传奇〉与尤多拉·威尔蒂和卡森·麦卡勒斯的小说比较》中，马祖琼研究了张爱玲以及美国类似女作家对女性哥特文学主题的有效利用，包括女性丑陋的形象、监禁和逃亡等，以此来质疑她们所处的那个历史时期的父权制霸权。

由于40年代是张爱玲最多产的一段时间，为了使这种对比研究更有针对性，马祖琼将研究范围限定在三位作家1950年之前的小说。她认为1940—1950对三位作家来说都标志着一段极为有创作力的时期。张爱玲绝大多数的小说作品，特别是她第一部也是唯一的一部小说集《传奇》及其再版就是出现在这一时期。在她移居香港并与50年代早期移民美国之后，她的精力主要分散到了文学批评和翻译方面。卡森·麦卡勒斯40年代创造力爆发，出版了除一部之外的其他所有小说，创作了她绝大部分的作品。1950年之后，直到1967年她令人惋惜的早逝，麦卡勒斯将大部分的时间花在将作品改编为话剧和电影上。尤多拉·威尔蒂的文学创作事业虽然一直持续到了21世纪，她的前三部短篇小说集和头两部小说也都是在 40 年代出版的。

　　马祖琼的研究得益于大卫·庞特（David Punter）具有开创性的观点，他是唯一尝试将哥特文学作为分析方法，对现代中国的文学意象进行深度研究的理论家。他在富有创意的著作《恐怖的文学》中首度将哥特小说视为一种严肃的文学，1998 年，庞特在第二本哥特小说的专著《哥特变异：文本、身体与规则》中，用整章的篇幅对刘索拉——一位中国女性音乐家、歌者和作家——的中篇小说《寻找歌王》进行了哥特小说的阐释。庞特对叙述中展开的广泛的哥特式主题进行了深入的分析：崇高、分裂的人格，对现实界限的质疑，幻想和美梦，等等。他也很关注刘索拉的哥特主义背后的社会文化原因，不像西方哥特小说，《寻找歌王》讨论的是一个高速发展变化的社会中的典型症状如迷失和异化的心理痛苦。但是，庞特没有指出刘索拉本人的文化传统，事实上中国哥特小说传统，在时间上比欧洲首次出现哥特小说潮要早了超过一个世纪，是中国现代作家文学传统的一个重要部分。更重要的是，庞特没有将《寻找歌王》看成是"女性"哥特小说，因此没有涉及文本更深入的意义——对女性和艺术之间关系的至关重要的关注。[①]

　　马祖琼对张爱玲小说的研究借鉴了庞特开创性的努力，以他的理论仔细分析了在哥特小说这个概念下的中国现代文学的心理张力，同时又注意避免将中国现代哥特文学从它丰富的传统遗产中连根拔起，忽视其性别意义的误区。因此，马祖琼整个论文的逻辑思路首先是讨论张爱玲与中国传统哥特文学的亲密关系和分离，接着将张爱玲的著作与尤多拉·威尔蒂和卡森·麦卡勒斯的著作进行了比较研究，每一章都集中探讨了女性哥特文学的一个中心主题。研究以张爱玲的个人历史为开端，指出在中国文学传统中哥特文学和"哥特文学形式"的定义，梳理了张爱玲对中国传统哥特文学的继承和分离。然后研究了张爱玲和美国作家在对女性怪诞形象使用上的异同。通过定义怪诞形象、女性怪诞形象，将女性怪诞置于语境中进行研究，以此来对抗两种文化中对理想女性的描绘。马祖琼认为威尔蒂、麦卡勒斯和张爱玲都创造了超过正常尺度的女性怪诞形象，如那些违反父权制限制的女性被描绘成在身体上就是让人厌恶的。威尔蒂和麦卡勒

---

[①] David Punter, *Gothic Pathologies*: *The Text*, *the Body and the Law*, New York: St. Martin's Press, Macmillan Press, 1998.

斯作品中的女性丑陋形象通常是身形特别胖、特别重的，在张爱玲的作品中，则是一系列身体上不正常的，包括萎缩的和消瘦的。而且，在张爱玲的小说中，不仅打破规则的人物是可怕的，那些墨守成规的人也同样是令人厌恶的。[1]

女性哥特文学的另一个主题是监禁。威尔蒂、麦卡勒斯和张爱玲都运用了家庭空间将动态的权力和精神力量空间化和物质化，这种权力和力量也同时限制了女性存在。与威尔蒂和麦卡勒斯一样，张爱玲经常运用与身体无关的结构和空间，包括屋子、房间和内部用品。但是她也会大量运用通过女性的珠宝和服饰所造成的"琐碎"亲密的"身体"空间。张爱玲的意象主要由她那个时代的现实的社会经济所形成，她主要描写父权制婚姻关系对女性所设的陷阱。

最后马祖琼阐述了在父权制对女性生活的遏制和控制中，受限制的和逐渐变弱的努力，以此来探讨逃离的可能性。张爱玲、威尔蒂和麦卡勒斯都创造了哥特小说中女无赖的人物形象，如最早由莱德克利夫所创作的流浪汉人物的女性形式，来探究女性从父权制性别角色限制中逃离出去的可能性。但是，美国作家会让女主角的旅程有一个虽然不确定，但令人振奋的结束，而张爱玲会让逃离成为父权制社会中最易受伤害的时刻。

## 二 跨领域研究的尝试：女性哥特文学地图中的《传奇》比较研究

马祖琼尽力提供一种对张爱玲的《传奇》的新理解，将它视为全球女性努力通过重塑父权制文学传统以建立她们自己的声音的一部分。为了达到这个目标，她讨论了两个相关的问题：（1）论述了张爱玲与中国传统"哥特"文类"传奇"的亲密关系和转变；（2）通过将张爱玲的作品与尤多拉·威尔蒂和卡森·麦卡勒斯的作品进行比较，阐明了她对于西方女性哥特文学主题的使用。[2]

为了完成第一个问题，马祖琼采用了比较的观点，研究了中国重要的文类"志怪"和"传奇"与西方哥特文学概念，并基于这两者之间的关

---

[1] Ma, Zuqiong Cardine, "Female Cothic, Chinese and American Styles: Zhang Ailing's Ghuanqi in Comparison with Stories by Eudora Welty and Carson Mccullers", Doctoral Dissertation, University of Louisville, 2010.

[2] Ibid..

系,以及后者对恐惧和焦虑的刺激对哥特文学进行了定义。由于"志怪"和"传奇"为彼此的再现提供了一个文学的舞台,它们不可避免的都是以哥特文学征兆为基础。"志怪"倾向于使这征兆失去控制,"传奇"一般是强行控制这种征兆来引起哥特文学心理状态的对立面——浪漫的和美学的感伤。马祖琼认为张爱玲的《传奇》首先继承了传统"传奇"故事对于"相异性"领域的探求——爱和女人的性,但是"传奇"是有选择性地表现女性的"他者"来取悦男性的凝视并维护父权制关于女性的观点,与此不同,张爱玲通过将痛苦、丑陋和混乱的矛盾潜流置于明显的位置,破坏了传统浪漫故事中有吸引力的美学表面。

为了达到第二个目的,马祖琼对尤多拉·威尔蒂和卡森·麦卡勒斯的作品进行了文本细读,以此来论证张爱玲对于女性的丑陋形象、监禁和逃离的(结构)安排。每一个主题都揭示了张爱玲和美国同时代女作家之间大量的共同基础,也提供了一个出发点去探求张爱玲和美国女作家的哥特主义中各自的文化特殊性。

至于女性丑陋形象的比喻,马祖琼认为尽管有文化特殊性,但是在中国和美国两种文化语境下,理想的女性都是无私的,是家庭被动的管理员,以至于最近还有一种"民族主义"的意义。女性丑陋形象正是自我寻求和自我表现,是对家庭的、公共的和"民族主义"的定义的一种抵抗,是坚持自己是"过分"活跃的、独立的和欲望的主体。[1] 张爱玲与尤多拉·威尔蒂和卡森·麦卡勒斯的作品中都创造了这种反抗的女主人公,而且都是外形丑陋的。但是,尤多拉·威尔蒂和卡森·麦卡勒斯作品中的性别反抗常规性地"包括"了体型特别大、体重特别重的特点,这一点异于张爱玲,张爱玲作品中的父权制规范是通过身体的丑陋和毛骨悚然来表现的,包括了身体的萎缩。另外,在张爱玲的文本中,不仅仅规则打破者是丑陋的,循规蹈矩者也同样面目憎恶。

马祖琼讨论的第三个主题是逃离。如果女性丑陋形象和监禁的主题构成了反抗和控告父权制对女性压迫的话语抗议的主要方式,女性哥特文学家对于逃离叙述模式的关注也证明她们,以及所有女性——对于自由和逃

---

[1] Ma, Zuqiong Cardine, "Female Cothic, Chinese and American Styles: Zhang Ailing's Ghuanqi in Comparison with Stories by Eudora Welty and Carson Mccullers", Doctoral Dissertation, University of Louisville, 2010.

走的渴望。同样,三位作家的作品中都有对逃离的不同路线和不同程度成功的描写。美国作家的小说中,女性从被迫的异化处境逃离到禁锢的社会外自由漫步,或者试图改造和重建这个社会的中心成为一种必需。与之相对,张爱玲的女主角们离开她们世界的中心——家庭——希望摆脱传统的婚姻关系的束缚。另外,美国作家让她们的女主角们奔向一个虽然不能确定,但是令人激动的终点,张爱玲则认为逃离仅仅是在父权制社会中最脆弱的时刻采取的一种可能的方式。

通过将张爱玲放在女性哥特文学的地图上,马祖琼不仅为欣赏张爱玲的文学成就提供了一个新的视角,而且对尤多拉·威尔蒂和卡森·麦卡勒斯的小说也提出了一种新的解读方式。马祖琼这位受到了中国和西方双重学术训练的学者希望这种跨洲的文本阅读可以改变女性哥特文学的面貌,因为之前都是将它视为一种严格的西方现象,现在可以将其看成是全球范围和影响的一种文学运动。

另外值得一提的是,马祖琼提出了一个非常有意思的论题,即探讨文学哥特主义是怎样受到视觉艺术的影响并成为其镜像的。事实上,张爱玲经常为自己的小说设计或者选择插图。在她1944年出版的《传奇》和1949年之前发表的文章中,可以找到大量她自己创作的插画。这些插图中的绝大多数是她对自己作品中女性人物的准确描绘。这些插图表现了她们身体上的痛苦和悲惨,例如扭曲的面部特征和怪诞、扁平的身体。这些插画也成为一个图像的证据,即张爱玲在小说中有意识地利用女性的怪诞身体作为对父权制压迫的一种话语控告。张爱玲在那个年代发表的一些散文也表达了对西方和中国绘画的更深入的批评。从散文作品可以看出,她对中国传统绘画非常熟悉。她也对一些超现实主义画作进行了评论,她将"能激起恐怖气氛的新方法"与艺术形式梦幻般的无理性联系起来。超现实主义可能促使张爱玲在小说中运用了顿悟般的幻觉,野兽派画作可能激发她运用疯狂的、具有强烈对比的颜色来造成恐怖的环境和非人格化的女性外貌。例如,在《沉香屑 第一炉香》的结尾处,张爱玲在描述过节的、快乐的集市时运用了动态的、不稳定的色彩。集市上生机勃勃的欢庆场面没有让人感到温暖和快乐,而是怨恨和敌意,因为它强调了薇龙的命运就像集市上陈列的那些炫目的商品一样。马祖琼认为张爱玲的描述很容易让人想起马蒂斯那些充满暴力色彩的画作,特别是《马蒂斯夫人》。

最后一点，马祖琼认为，之所以对中国和美国女性哥特主义做进一步的比较研究，可能在于将作者的所在地看成是哥特主义意象的特别的场所。正如之前提到的，在张爱玲的中国（特别是上海）和尤多拉·威尔蒂与卡森·麦卡勒斯的美国南部之间可以勾画出某种平行线。最有意义的也许是，事实上这两个地方都是在半殖民主义的条件下受到刺激而开始现代化。美国南部在南北战争之后，被北方"殖民化"，不得不进行工业化和城市化；第一次鸦片战争之后，清朝政府没有保住领土的完整，上海成了中国最好的商贸口岸。如果说美国南部的新旧环境，如其分裂的地志学和心理学，提供了时空背景去反抗美国当代性别定义，同时创造了充满反抗的女主角，那么对于上海——"强加的"现代化背景下产生的现代城市——类似的文化矛盾与张爱玲质问儒家对女性的苛责是一致的。马祖琼一直思考的一个问题在于是不是快速改变和异化的社会所造成的心理暗示产生了一般意义上的哥特主义的意象以及特殊的女性哥特主义。在张爱玲与尤多拉·威尔蒂和卡森·麦卡勒斯的小说中都存在着传统与现代、本土与境外的神秘混合。

## 第三节　另类写作——张爱玲与赛珍珠和谭恩美之比较

相对而言，海外学者的文学研究具有不同的学术方法、思想立场，他们接受的也是不同于国内的学术训练，因此能包容更多的话语空间。在面对张爱玲这一特定的研究对象时，英语世界的研究学者试图综合不同的学术研究方法，对张爱玲在中国和美国这两个不同的文化空间中的自我转型、自我碰撞等进行反思，将她与其他作家进行比较以做出更全面的观察。纽约州立大学比较文学博士吴美玲的《另类：赛珍珠、张爱玲和谭恩美的他者、本土与其他文学和文化表现》就是以这种边缘史观，将赛珍珠、张爱玲和谭恩美这三位有着一定相似度的女作家进行了比较。吴美玲发挥了海外学者的西方理论优势，对后殖民主义、女性主义等兼容并蓄，在深厚的理论分析基础上结合传统文本对三位作家进行了别具一格的论述。

## 一 另类写作：二元对立的本土与他者

当代话语的主要理论争论之一就是对殖民主义的分解。吴美玲首先对殖民主义这一理论进行了极具思辨性的分析。她认为由于殖民主义本身就是一个有问题的术语，通过不同的批评手段来编织这一话语的实践为纵览占主流的权力和底层的权力之间的二分法提供了很多机会。一方面将美国理解为21世纪唯一的一个后殖民超级大国事实上是对中国一直具有的殖民倾向的一种低看。另一方面，将中国视为美国新兴的、侵略性的政治和军事威胁或对手，也揭示了通过文化的反映，美国终于再一次将未知的"担心"体现和转变成了一种具体的"恐惧"。通过对20世纪最重要的一系列事件的观察，吴美玲认为中美之间的关系事实上是在无目的、持久的变化中，而且是不间断的竞争状态。有一个特别的证据就是，当新殖民化、非殖民化、内部殖民化、外部扩张、后殖民主义和文化殖民主义这些议题都被考虑进来，通过美国主流机构所表现出来的中国形象很少是稳定、清楚或者明确的。中国的意象，或者对中国的叙述，经历了不断的革新和转变。建构复仇女神这个可改变的但是又反复无常的意象的过程是被美国的文化—政治利益所决定。因此，通过对"他者"意象的建构变迁的回溯可以反映出"自我"的反省。

由于文学作品为美国人创造了中国的刻板印象，美国读者对这样一种被建构的形象的喜好已经被预先决定了。矛盾的是，文学里中国形象的具体化不仅反映了"他者"的形象，也帮助形成了"美国性"。对"中国"形象的文学转变的过程回溯会促使美国人重新思考美国本土性问题和文化共识。由于文化包括种族、阶级、性别和它们的表现这类一般概念，因此"他者"的形象不仅意味着结果，也意味着"自我"文化认知的过程。提供另一种形式的解读，即在不同时间里通过文化表现中细微差别的比较来阅读，是证实或者反驳当代话语壁垒的一种尝试。

文化殖民主义并不是发生在其他地方的某种历史表达。相反，它是一种散漫的、看不见的权力结构，它决定并保持了文化表现和叙述的方向。为了保存美国文化中的"精华"，不同种族和民族群落之间的差异被强调，而且，由于差异是异常的表征，因此对美国有色人种的监禁和消除不仅对于"美国白人"的"自我定义"是至关重要的，同时对于"有色人种"的政治也至关重要：融合的种族、阶级的同化、少数族群的典范和去性别，等等。尽管阶级差异在消费逻辑下变得模糊，将一个阶级与另一个阶级区分开来的清晰边界仍然残留。因此打破边界需要不同种族、性别、社会和政治类别间更加具有普遍性的"跨越"。

当殖民权力干涉其他早已存在的等级权力时，如果其他的权力变迁在不同的种族、性别、阶级和文化类别中被贬低了，一种新的权力顺序排列就会确保最有特权的那个会继续获得优势。因此，"美国性"的权威不是存在于一系列固定和已决定的客体，而是在于这些"不是那么美国"的形象（表示了一种不同的种族、阶级、文化、政治存在等）是怎么被人熟知，然后形成的过程中。正如霍米·巴巴指出的，"国家就是叙述"：叙述的权力，或者阻碍其他叙述形成和出现，在一个国家使一种绝对和占主流的文化合法化过程中是非常重要的。在美国，一种美国文化和"不是那么美国"的文化（包括了中国文化）的区别更多的是一种政治上的区别，而不是可保卫的知识或美学的区别。这种区别是为了一种英美文化的合法化。英美国家文化权力当然是由其叙述共识所产生的。美国性，展现成为一种新的、与堕落的欧洲帝国相反的文化，同时是与被殖民的、文化经济仍然匮乏的国家不同的文化。因此，美国文化通过将自身与其他文化差异化而被定义和确认；它是唯一的、自我创造的，是不过时的，也是没有缺点的。因此，中国——第三世界的超级大国或者美国"新兴"的流行政治和文化对手——对美国而言成为最合适的"他者"去克服和形成"美国性"的叙述。为了让人们形成一种集体感，宏大叙述或美国共识不得不找到一种通过"美国"文化消费来吸引和操控人们方式。因此，叙述共识是通过公众需求来构建的，反过来也一样。

另一方面，在现代和后现代的中国，流行文化生产和消费也决定了"国家叙述"的结果，形成政治和社会动员的基础。在此，吴美玲借鉴了比尔·阿希克罗特（Bill Ashcroft）的观点，认为在建构现代国家和对抗帝国主义国家的过程中，中国对文化的利用是有争议的和矛盾的。

> 反殖民运动运用了前殖民过去的理念，通过差异感来团结他们的对立面，但是他们利用这种过去不是重建前殖民社会，而是为在欧洲

国家主义范本上的后殖民国家的建立获得支持。①

在欧洲接受教育的中国知识分子或本土的知识精英为了反抗欧洲和现代化日本的文化和政治帝国主义，都赞成建立国家这个理念。国家主义者和爱国者的反殖民国家主义形成了一种国家形象建立和消费———"新"中国的"新"女性的表现。对于爱国者们来说，"新女性"就是通过"新"国家产生的潜在的母亲。"五四"之后，流行和商业叙述不仅表现了中国人的信仰和实践，也为文化和政治上的不同意见者提供了发泄途径。与中国共产党的文化斗争相一致，不同政治主体（中国大陆、香港、台湾以及海外流散者）的后现代消费迫使中国文化现在要重新定义；但是，这些反殖民的国家主义的多样性并不是可以摆脱性别偏见的。国家救助的"爱国主义"叙述或多或少都错误地将女性表现为同伴或者谄媚者。正如安妮亚·隆巴（Ania Loomba）所说，"如果国家是一个想象的社会，这种想象就是深深地被性别所影响的"。②

在这一点上，吴美玲认为性别是不同文化叙述中的一种身份来源。当重新定义文化开始准备实施，性别就不再仅仅是性的问题，而是一个不同阶级权力限定的问题，被种族覆盖上了阴影。女性主义对于后殖民话语来说成为一个决定性的利益，因为父权制和帝国主义都有类似的模式，即统治底层的、女性、被殖民的。当诸如身份形成和主体性建构等问题发挥作用时，在抵抗文化父权——帝国主义的话语等方面，女性主义与后殖民主义是一致的。比尔·阿希克罗特认为：

  女性主义理论文本和那些后殖民主义文本在很多方面是意见一致的，如身份理论、差异和由主流话语质问的主体等，另外它们在对这种控制的反抗中，还互相为对方提供了很多不同的策略。③

---

① Bill Ashcroft, Gareth Griffiths and Helen Tiffin: *Key Concepts in Post-Colonial Studies*, New York: Routledge, 1999, p. 154.
② Ania Loomba, *Colonialism/Postcolonialism*, New York: Routledge, 1998, p. 87.
③ Bill Ashcroft, Gareth Griffiths and Helen Tiffin: *Key Concepts in Post-Colonial Studies*, New York: Routledge, 1999, p. 102.

对于殖民的和处于底层的女性，为了与父权制和殖民语言"分离"，女性主义者和后殖民主义者都试图通过一种前殖民语言或者原始的女性语调来恢复语言的真实性。但是，前殖民其本身就是有问题的，这种恢复的实践的不可追溯性暗示了它的不可行性。矛盾的是，当时那些畅销书，由于对中国妇女流行文化的表现，以及作为多元文化的代表，为那些对后殖民女性作家的适当性、真实性和主体性的怀疑主义提供了一个场所。

正是通过分析历史上"美国"话语对中国女性的描绘，以及对"他者"中国的叙述的不稳定性，吴美玲的《另类：赛珍珠、张爱玲和谭恩美的他者、本土与其他文学和文化表现》选择了20世纪在文化上具有多样化的三位女作家作为研究主体。赛珍珠、张爱玲和谭恩美都是表现和抵抗不同的文化殖民话语的散漫连接的女作家。由于文化殖民主义在历史、社会经济、政治、意识形态和商业领域都有广泛的控制，它不会被局限在种族、阶级、大众消费或性别等某个单独的问题里。女性主义和后殖民主义话语不能分割地纠缠在一起，吴美玲的研究是对边缘主体再思考的一个回应。在父权制象征秩序内写作和对宏大叙述的反响同时都是对这种浪漫化或均匀化的抵抗，这一点正好可以区别这三位"另类的"作家。但是，她们的"另类"特点——各自继承的多元文化性、被强制的混杂性、写作的女性气质和商业的知名度等——都使这三位作家的文学地位有了很多值得研究的领域。英语世界对赛珍珠、张爱玲和谭恩美的接受是极端情况的一种：她们既被高度评价又被严重歧视。这些极端情况可以被认为是两极分化的一个演变，是在后现代和后殖民话语中被稳定下来的各种文学理论。由于没有一种单独的文学理论可以包含她们这些"另类的"特点，因此吴美玲用一种"另类的"方式来解读这些女作家提供给我们的不同于传统的阐释。

在吴美玲看来，对赛珍珠、张爱玲和谭恩美的另类解读过程也是对经典化和殖民化的追问和变迁的追溯。[①] 仅仅在"一个"标准下，或在"一种"经典的镜像中，这些边缘的作家毫无疑问是被分裂的和与世隔绝的。使这些作家得到承认的作品内容是那些对特别的检验标准来说是"本土

---

① Wu, Meiling, "The Alter-Native: Other, Native and/or Alternative Literary and Cultural Representations of Peal S. Buck, Eileen Chang and Amy Tan", Doctoral Dissertation, State University of New York, 2000.

的"内容。矛盾的是，同样的标准所不赞成的那部分是被标上了"他者"标签的。在"本土"与"他者"之间的二元对立排除了并置的可能性。因此，赛珍珠、张爱玲和谭恩美都毫无疑问被指定和处理为文学经典的"另一边"，然后在多元殖民主义的逻辑中被发现。

在二元对立中，"本土与他者"是含混不清的，作家的身体不但被殖民化而且也被性别化，而她们的声音要适应传统的父权制—帝国主义修辞。她们作为"言说的女性"和"作品很流行"的特殊地位并没有在"象征"阶层缓和她们的边缘地位。由于个人叙述形成了这三位女作家写作中有意义的组成部分，她们的个人生活也常常与她们的写作一起被人关注，她们每个人都成为了作家—人物。这种"他者—本土"关系结构是不同世界的内部/外部，中国的世界/美国的世界和/或其他世界。另外，在"本土"和"他者"之间的摇摆不定的制衡使她们发现自己"处在殖民'前线'，这给她们提供了一个抵抗的场所"。作品被排除在经典的界限之外，这些作家的身体也在类别的反光镜中被肢解。这些批评在殖民的和经典的利益观点之间摇摆，通过对比解读，可以使这些"他者—本土"作家被建构的整体地位以及两极分化的地位引起人们的关注。吴美玲认为这种努力不仅能刺激对文化殖民主义的拷问，也能解决女性主义和后殖民主义之间纠结的矛盾，由此产生一种"他者—本土"理论。

## 二 另类（另類）的解读：口、力、頁、米、犬

对文学研究的理论转向，王德威指出我们必须保持自觉，因为"从后殖民到后现代，从新马克思主义到新帝国批判，从性别心理国族主体到言说'他者'，海外学者多半追随西方当红论述，并迅速转嫁到中国领域。……理论干预成了理论买办，文化批判无非也就是文化拼盘。"[①] 就国内的学术实践中对于文学理论的运用，王晓路教授提醒我们应该认识到，"理论是对经验的解释和化约式的言说，其功能是为人们提供对事实和经验的观察、提问和解释的陈述方式……任何一个有效的理论背后，也往往有一个十分重要的文本环境（text medium），涵盖其文化传统和阐释

---

① 《海外中国现代研究译丛》"总序"（王德威），上海三联书店2008年版，第4页。

传统"。① 吴美玲在对理论进行独有见地的阐释基础上,抓住英文的"alternative"和中文的"另类(另類)"两个互相关联的关键词,重新思考和诠释了目前在后殖民研究和性别研究中都比较流行的"他者"理论。

吴美玲认为赛珍珠、张爱玲和谭恩美文学事业和她们的作品特点的跨文化遭遇被认为是"他者—本土","他者"和/或者"本土"。为了表明这种身份,两个术语——"本土"和"他者"——确定了民族性和种族性的两个极端的概念。② 这三位被讨论的"他者—本土"女作家,通过各自的生活经历和叙事表达,连接了两个隐喻性的空间。通过比较赛珍珠、张爱玲和谭恩美的事业发展和成就的相似性,吴美玲指出虽然她们都被文学经典所认可,被确定了经典地位,但是她们仍然是受限制的和被边缘化的。一旦她们的"主体性"被确定为"一类"文学经典,这三位作家中的每一位实际上都被分类,被归属于"本土/他者"的这一相对概念的一端或者另一端。这种经典中心的"主体性"因此也常常已经是处于殖民化的,作家已经被限制了,被定义为一个支持"整体的"/"单一的"美学的、交流的和政治目的的经典"本土"作家。任何试图跨越界限达到"他者"的努力,都会因为划分而由此危害已经被承认的经典而受到谴责。在经典中,打破界限是个禁忌。与经典的界限对抗,反抗被限定会导致"他者—本土"主体性被否认和达不到标准。但是,"他者—本土"作家们需要被"再"认识和"再"铭记,即使在经典的长廊中没有她们"合适的"位置。因此吴美玲对三位女作家的研究没有关注于她们表现的平静,在二元对立中使一端与另一端互相适应的方面,而是探究她们写作中不可调和的特质。对三位作家某些文本的分析、对她们文学表现中一些跨文化遭遇的揭露都是以对作家的文学地位的分析为基础的。

"东方主义"和"异国情调"都不足以解释赛珍珠、张爱玲和谭恩美作为作家和她们作品中的"他者—本土"的特性。在百科全书式的《当代文学批评》中,赛珍珠被介绍为"一位在中国长大的美国人……在中

---

① 王晓路:《西方马克思主义文化批评研究》,北京大学出版社2012年版,第8页。

② Wu, Meiling, "The Alter-Native: Other, Native and/or Alternative Literary and Cultural Representations of Peal S. Buck, Eileen Chang and Amy Tan", Doctoral Dissertation, State University of New York, 2000.

国生活了差不多四十年"。在《亚裔美国文学》中,张爱玲的介绍是"出生于一个典型的上海家庭……移居美国后,张爱玲与不同的大学有过联系"。《亚裔美国名人》里对谭恩美的介绍是"在她父母移居美国后的第三年,她出生了"。[①]"她们出生"在中国人的世界里,或者在土生土长的中国文化"形成"的地方出生,这将她们放在了东方主义的范围之外。对于她们来说,出生的地方是一个"其他"的世界,是"与这类不同的"、遥远的、异国的和想象的。她们父辈文化和语言方面的传统——美国的(赛珍珠),中国的(张爱玲),美国华裔的(谭恩美)——对于她们的艺术发展仍然是潜在的和本质的。同时,她们生活的环境——美国传教士家庭所处的中国(赛珍珠),中国上海(张爱玲)和美国的中国城(谭恩美)——形成了她们的"他者—本土性"。她们在"本土"和"他者"之间的文化界限中生活和写作。由此定义,"他者—本土"作家包含一种多元主体性和/或身份。任何一种想定义单一主体性或在已经建立的文化界限中限定身份都无法避免其随意性。这一点特别是在发生对抗时,多边帝国主义与连续的民族主义革命相对的演变中最为明显。不仅她们的身份,她们的"爱国"主义也受到考验。

吴美玲指出,通过作品可以对三位作家的身份和写作进行分类:赛珍珠"出版的作品努力为西方世界阐释中国",这确定了一种美国批评;张爱玲是"唯一一个从红色中国出逃,真正有能力在竹幕的这一边书写中国的生活的作家";谭恩美"从她能获得的美国华裔背景中创造一些细节"。这种对"他者—本土"写作的分类导致了对作家作品"爱国"和殖民的寓意,这要归于她们的写作要负责为文化殖民化目的传递知识。"他者—本土"文本被认为是叙述"真实"的文化"他者"来表现权力。为了描述"他者",在二元对立的一端确立"本土性","他者—本土"作家的写作中包括了真理的制度。由于对于父权制和殖民权力的扩张而言是有价值的,她们与这种"真理"一致的知识获得了支持。赛珍珠、张爱玲和谭恩美对未指明的父权制—殖民的体系进行了控诉,她们被添加在权力范式之上。通过"爱国"话语的约束,"他者—本土"作家被改变成新

---

[①] Wu, Meiling, "The Alter-Native: Other, Native and/or Alternative Literary and Cultural Representations of Peal S. Buck, Eileen Chang and Amy Tan", Doctoral Dissertation, State University of New York, p. 17.

闻广播员、被边缘化的主体,这是具有双重危险的。一方面,"他者—本土"作家的他者性危险被降低为艺术的弱点,而她的被边缘化地位是处于服从地位的。相反,"本土主义"中某种逃脱不了的"爱国主义"组成部分会消除关于背叛的全部指控:艺术家会由于真实性不够以及自私的动机产生与经典的对立而受到指责。

由于抵抗"爱国主义"话语或者拒绝成为"被男子气概所欣赏"的"主体",赛珍珠、张爱玲和谭恩美都感受到了政治斗争的痛苦。赛珍珠是"政治敌意的受害者,由于她积极的民权努力受到右翼的攻击,由于直言不讳的反共产主义而受到左派的怀疑"。[1] 张爱玲的作品被认为缺乏"时代的精神",因为当时的"中国"正在为与帝国主义为"争取民族生存而斗争"。谭恩美的小说"展现了很多象征性地重新建立美国社会政治霸权主义的友好关系的标志"。[2] 由于似乎不确定的政治立场使她们看起来更加个人主义,同时她们很难分类的特点,让她们的作品被表示了怀疑。

在吴美玲的理论阐释中,"他者—本土"的表现打破了传统的修辞和父权制话语。[3] 与此相关的一个例子是斯皮瓦克将英国女性的社会边缘化描述为英国帝国建立过程中的同伙时提出的一种批评。这种批评是由勃朗特姐妹、奥斯汀等女性作家引起:"她的声音是男性的,她的身体是女性的,她在已经存在的男性话语中写作"。[4] "他者—本土"的表现总是以危机为基础。

在后现代时期,理论家们都在寻找可替代的理论,去解构"绝对主体",去重新定义被压抑的"主体",将关注点转到被客体化的"他者",

---

[1] Peter Conn, *Pearl. S. Buck: A Cultural Biography*, New York: Cambridge University Press, 1996, p. xvii.

[2] Lin Shirley Geok-lin, "Immigration and Diaspora" in *An Interethnic Companion to Asina American Literature*, ed. King-kok Cheung, New York: Cambridge University Press, 1997, p. 32.

[3] Wu, Meiling, "The Alter-Native: Other, Native and/or Alternative Literary and Cultural Representations of Peal S. Buck, Eileen Chang and Amy Tan", Doctoral Dissertation, State University of New York, 2000.

[4] Smith-Rosenberg, Carroll, "Captured Subjects/Savage Others: Violently Engendering the Newe American".

或者聆听沉默的"他者"言说。后现代主义者们对构成了被边缘的"他者"的主体性的质疑，产生了与后殖民主义者寻求真实的"本土"相反的作用。吴美玲通过回顾单词"alternative"的拉丁词源，指出我们可以从"他者—本土"的各种理论领域中得到某种洞见。"alternative"和其他英语单词都是拉丁词"alteritas"的派生词，这个拉丁词意味着交替、变换、自我的另一面、他者性，等等。"alteritas"的所有派生词都隐含了"他者或不一样的状态"，"他者—本土"的理论符合拉丁词源"差异的、多样性和他者性"的含义。用"alternative"这个词玩填字游戏时，可以分成相等的两个词，它挑战了而不是继承了拉丁词的原则，即在给出定义和一般性阐释时的武断性和自我中心的倾向。这种分为两部分的实践也与中国"拆字"的传统很类似，即通过将汉字的部首拆开，重组并赋予新的意义来说出运势。吴美玲将并不是按字母顺序的衍生词的中国文化系统带入讨论，不仅可以给表音法带来有竞争的对手，而且也对二元对立的相对分类中明显的等级划分提出了质疑，如男人/女人、本土/他者、殖民者/被殖民者，等等。"他者—本土"理论在二元逻辑建构内部/外部寻找可替代的选择，避免二元对立中的一方总是对"他者"采取控制这样的等级制度的暴力，由此应该在多样性的中间状态中确定位置。

正是通过这样仔细的分析，吴美玲将"alternative"这个词拆开，让我们发现其中包含了"他者"（other）和"本土"（native）这两个词中后现代和后殖民概念中的模糊性。①

（Latin） alter, a, um　　　　= the other
（Latin） nativus, a, um　　　= the native
（English） alternative　　　　= alter + native = the other + the native

由于"alternative"包括了"他者"和"本土"两个词的两种特性，"他者—本土"理论同时接受并反抗后现代和后殖民理论家努力对文化帝

---

① Wu, Meiling, "The Alter-Native: Other, Native and/or Alternative Literary and Cultural Representations of Peal S. Buck, Eileen Chang and Amy Tan", Doctoral Dissertation, State University of New York, 2000.

国主义占主流地位的解构或"去殖民化"。这些词的词源，"other"和"native"，是文化现实的能指，并不从属于对立的分类；"other"的符号表现与另一个符号"native"的不同；"other"是与"one"（本土）提到的或隐含意思不同或有区别的。换句话说，只有通过将一个人（本国人）与他的出生地或国籍相联系才能让"他者"差异化和"本土"确定化。可能有人会对其霸权话语进行争论，"他者"和"本土"的能指都已经与它们最初的所指有所改变。随后，被殖民的、原始的、野蛮的、未开化的、丑陋的、未启蒙的、未教化的等成为"本土"或殖民地的"土生土长的居民"，殖民地的"他者"是"殖民地移居者"、有文化的，等等。"本土等同于他者"这一概念的转变掩盖了无处不在的占统治地位的一方，并使它不可见。由于文化帝国主义成为被不可见的中心所控制的言语的结构，主体性的构造由两方面来决定：一方面是主体与其充分类似的"他者"的关系，另一方面是主体希望在不可见的文化中心被确认为"本土"的欲望，由此政治语言学被确立了。因此主体性的构建是一个存在问题的过程和矛盾的尝试，同时吸引又拒绝客体、人、行为或殖民倾向。

当矛盾的主体在互相竞争的两种文化中心的战斗中被确定时，表现是特别明显的。尽管"人类主体性是由意识形态（阿尔都塞），语言（拉康）或话语（福柯）所建构的"，这种主体展现出来的行为或文化表现必须"在某种程度上是那些事情的结果"①。换句话说，按照霍米·巴巴关于矛盾的理论，尽管一个顺从的主体可以重新生产殖民地的消费、习惯和价值，但是永远都不会产生对殖民者的绝对"模仿"，而只是矛盾的主体——被殖民者。矛盾的主体与殖民的文化建立了一种"不确定的"或"两种权力的"关系，这种殖民文化的特性可以被认为是拟态和拙劣的模仿。② 霍米·巴巴关于矛盾的概念，虽然处理的是对殖民话语所同时发生的吸引和厌恶，仍然指出了一个中心圈内的矛盾的主体性。对于霍米·巴巴而言，在那些围绕着中心旋转的殖民者遭遇的矛盾的空间里，殖民者可以构成并主要理解为是杂混的，被殖民者可以分裂这种整体的权力并将殖民权力去中心化。一种整体的中心，尽管被挑战，但仍然存在并掌控权

---

① Bill Ashcroft, *Key Concepts in Post-Colonial Studies*, New York: Routledge, 1999, p.145.

② Homi Bhabha, *The Location of Culture*, New York: Routledge, 1999, p.21.

力。与之前关于"他者"与"本土"对比的讨论一致——"他者"（边缘）只有通过对"自我"（中心）的身份认同才可以被定义——对"他者"和"本土"的定义是一直在变化中的，这样一种定义是由它与中心的象征性的他者的关系所决定的。在美国（大英帝国以前的一个殖民地）和中国（一个历史悠久的帝国）之间殖民遭遇这种椭圆形的空间里有两个焦点。这两个焦点之间的关系是模糊的、一直变化着的和难以捉摸的。"他者—本土"主体性是在与这种双重焦点之一的特殊关系中产生的；这种强制性是决定或分类"他者—本土"主体性的不可避免的结果。这些"他者—本土"作家，赛珍珠、张爱玲和谭恩美，在两种不同中心的文化中被确定，不可避免的也是被模糊地定位为既是"他者—本土"，也是"本土—他者"。

该研究中最新颖的一点是吴美玲认为"他者性"和"本土性"还隐含在中文"另类（另類）"一词中。由于吴美玲对于中国文化很熟悉，因此她根据中文书写体系的原则，通过将这两个中文汉字拆开，改变和合并部首的方式，向我们展示了这两个字："另"和"類"所包含的多种意义：

另＝其他的；另一个；额外的；此外；除了；分开

類＝本地的；相像的；同一阶级；同族；同一型号；同一种性质；同一类

另類＝另一种类别；alternative[1]

追溯这两个词的词源，"另"并不是"類"的反义词，也并不表示一种相反的文化现实，尽管"另"有分开这种行为的特性，这一点与"類"是不一样的，"類"是一种分门别类的做法。就像"other"和"native"一样，词语"另類"与单个的"另"和"類"这两个字的含义是不同的。通过将这两个不同的概念组合在一起，就产生了一个新的词义。有意思的是，当有连字符时，作为一个汉语词的"另類"表示的是另一种，另一个类别或者 alternative，它也同时揭开了词缀的任意性：两种不同类别首先被分开，差异化，分类；然后一种可替代的就产生了。换句话说，

---

[1] Wu, Meiling, "The Alter-Native: Other, Native and/or Alternative Literary and Cultural Representations of Peal S. Buck, Eileen Chang and Amy Tan", Doctoral Dissertation, State University of New York, 2000.

任意性是在将一种事物（本土）与"他者"的"分开和区别"的过程中获得的，将它们组合在一起归于二元对立中，然后将它们用词缀联结成为一个词来改变意义或为了隐含一种可替代的（新的）概念使用。连接符（ling-lei）和这第三类的隐含意义——"本土"的"他者"，"他者"的"他者"，或者"自我"的"他者"——组成了成为"他者—本土"和"本土—他者"的可能性。与中文词源原则一致，这两个字的部首也暗示了成为"他者—本土"的预先设定原则——也就是，叙述、知识和权力的分类以及殖民、驯服、改编和殖民化的分离。

另（部首）　　　　口　嘴；叙述
　　　　　　　　　　力　权力；武力；力量
类（部首）　　　　页　张（一页纸，一页手迹）
　　　　　　　　　　米　大米（种植、培养）
　　　　　　　　　　犬　狗（家养的，驯服的，控制的）

"另"，由口（嘴）和力（力量）组合，表明只有通过叙述和权力，多变的和两极的话语才能形成。与福柯的话语理论一致，殖民话语指的是一种殖民知识有明显边界的领域，一种处在其中殖民世界就可以被了解的叙述体系。但是，这种了解是由叙述权力合法化的，并且由多种学科如语言学、历史、人类学、哲学和文学所养育而成的。对于萨义德来说，对"在熟悉的（欧洲，西方，"我们"）和奇怪的（东方，"他们"）之间"的差异以及对被殖民的"本土"保持殖民的权力而言，殖民的"他者"的知识是至关重要的。换句话说，通过嘴（口）和武力（力），"本土"和"他者"都被定义并被区别；随着对殖民"他者"的区别的了解，"自我"也被确定了。因此，通过嘴（口）和武力（力）所造成的区别将"自我"从"他者"中确立出来，将"本土"从"他者"中确立了出来。

与叙述和权力的殖民应用相反，后殖民批评试图确立并理论化被殖民者的对立、反抗和颠覆，由此恢复被沉默的叙述（口），抵抗力量的联合对于去殖民化过程变得至关重要。斯皮瓦克在对底层和被压迫的主体的讨论中，质疑了对被沉默的叙述的恢复和由此造成的抵抗力量的联合的可能性。被压迫的主体，受性别压迫的和被殖民的，在所有的话语中都缺席了，因此"对于底层的主体没有空间让他们言说"。① 正是"他者"知识分子或被同化的矛盾的"本土"希望表现底层，以此来使他/她的后殖民精英声音可以被听到；对于那些在殖民等级制度中继续处于底层的人来说，自我表现仍然是有问题的。当这些问题还没有解决时——"底层不能言说"这个争论和它的悖论即底层通过象征之外的渠道言说——不可否认的是被压迫的——沉默的主体事实上是没有被言说的故事。在底层妇女的这"类"中，她的故事是由那些将底层妇女带进象征（秩序）之内的底层代言人来说的。

由驯服（犬），培养（米）和书写（页）所构成的"类"字，表示通过驯服、培养和书写，底层妇女进入到象征秩序并被提供了父系的知识。通过"他者—本土"代言人，为被表达的人群的写作不能被认为是象征秩序之外的纯粹反抗的理想文本；它已经被这种秩序所驯服和培养，这种写作本身就是其自身矛盾的展现。以另一种可替代的视野来重新检视驯服、培养或书写的过程，就形成了"他者—本土"主体。这两个汉字的结合，另和类，得到了一种新的意义，与单个的两个汉字的意思是不一样的，但是它仍然包含了各个部首的意义——叙述（口，嘴）、权力（力，力量）、驯服（犬，狗）、种植（米，大米）和书写（页，一张纸）。换句话说，"他者"和"本土"的区别容纳了知识和权力；分类造成了在驯服、培养和描述的概念中的含糊不清。"他者""本土""他者—本土"或"本土—他者"的排列结果可以通过仔细分析的多重过程和再表现的分类被理解。因此吴美玲认为对赛珍珠、张爱玲和谭恩美的"他者—本土"特点的定义需要通过对她们作品的阐释，对作家（身份）的确认和对"本土""他者""他者—本土""本土—他者"几个概念之间关系的区别叙述来确定。

### 三 张爱玲：他者与本土的跨越

对于张爱玲研究，吴美玲的关注点在于"他者性"和"本土性"之间的跨越。在对张爱玲的写作生涯进行了简单的描述之后，吴美玲指出，

---

① Gayatric C. Spivak, "Can the Subaltern Speak?" in *Marxism and the Interpretation of Culture*, C. Nelson and L. Grossbet ed., Basingstoke: Macmillan Education, 1988, p. 57.

就像赛珍珠一样，对张爱玲的文学接受也是两个极端。"他者—本土"作家的文学地位受到怀疑，常常是因为他们的"他者性"和"本土性"被认为是分裂成了两个对立面。[1] 对于张爱玲，她的跨文化经历和多元文化的特征被中国文学界解读成具有政治的、意识形态的或文化的目的。作为后"五四"作家之一，张爱玲属于接受了白话文写作的"新"的一代。"五四"白话运动承载了超过文学意义的目的，这一文化—语言的运动暗示了一个"欧洲化的新时代"，这一白话语言运动表达了跨文化尝试的信息。张爱玲，作为一名白话文作家，继承了这样一种跨文化文学传统并参与了这样一种跨文化—语言学的改革。

张爱玲身上体现出来的继承的多元文化性、被强制的混杂状态和写作的女性化使她赢得了商业上的成功；但是，她对中国文言文传统矛盾的观念和方法又使她与主流作家们区别开来。她从小接受的中国传统文学训练，她对于流行小说和戏剧的沉溺都使她能采用一种能吸引更多层次读者的方式创作。

自古以来，传统中国文学中，小说从来不被认为是属于文学，直到19世纪末，小说才被新文学界认为是一个文类，并成为"传播政治思想"的工具。同很多后"五四"作家一样，张爱玲也希望为这种长期以来被轻视的文学形式争取空间。但是，在文学—语言学或白话的推动下，对待小说的态度发生了显著的改变，表达社会不公成为了中国现代小说的主要主题。杜博妮和雷金庆认为：

> 这一现象可以部分归因于多种因素影响的结合，传统小说揭露了不道德的官场的罪恶和自己所处时代的堕落，有着与西方不同的现实主义和自然主义；同时，现代中国作家见证了巨大的痛苦和压迫……女性写作的小说和关于女性的小说更加普遍，对家庭和社会改革的讨论与关于浪漫的和性的爱情故事结合起来。[2]

---

[1] Wu, Meiling, "The Alter-Native: Other, Native and/or Alternative Literary and Cultural Representations of Peal S. Buck, Eileen Chang and Amy Tan", Doctoral Dissertation, State University of New York, 2000.

[2] Bonnie S. McDougall and Louie Kan, *The Literature of China in the Twentieth Century*, New York: Columbia University Press, 1997, p. 82.

换句话说，这一新的文学运动设置了一个政治目标——唤起人们的"爱国"意识去进行社会改革，去反抗欧洲和日本帝国主义。这一新文学运动本身就是矛盾的。一方面，通过接受西方著名作家小说创作的风格、技巧和意识形态来鼓励作家"模拟"帝国主义者（他者）；另一方面，它希望这样的一种模仿成为巩固中国人（本土）的工具并激起他们的爱国意识。绝大部分作家一直为内心的冲突而感到痛苦，最终调整自己适应这种爱国的结果，与他们不同的是，张爱玲的模仿更接近嘲弄。张爱玲对西方文化帝国主义和中国对文化运动的模仿之间的矛盾关系的嘲弄让爱国的精英批评家们感到焦虑，因此迫使她成为了爱国者们的"他者"，"他者的本地人"。

　　这是吴美玲对张爱玲在"本土"成为"他者"的第一个原因的分析，除此之外，吴美玲认为还有一个原因也是我们不能视而不见的。作为与推进民族主体性来交换一个独立主体的主流文学话语的"完美对比"，张爱玲揭露了人类天性中共同的弱点——自私。对于她而言，痛苦和谴责都是历史偶然的事件；她对于人性弱点的态度来自于她"对人性缺乏信心和她对个人主义的与众不同的见解"，她对于民族救亡的迷思表达了自己的怀疑。一方面，张爱玲的怀疑主义与抗战期间中国小说创作的爱国主义模式形成对照；另一方面，她在拥抱物质世界时对于个人主义的不同见解使集体主义的民族主义站在了她的对立面。她于是被归类为民族主义的"他者"，"本土的他者"。

　　正如夏志清所表明的，"上海和后来的香港都是处在政治中心之外的"，这两个地方也是那些不属于"为民族解放的文学"联盟的流亡者的所在地。这两个地方的流亡作家们对表现半殖民地异国情调的生活方式感兴趣。因此，从民族主义者的观点来看，对于共产党和民族主义者的文化政治中心而言，上海和香港的作家被认为是不符合要求的和被边缘的；在张爱玲文学事业的第一个阶段，她的小说正是以这两个城市为中心，因此张爱玲的文学地位，与这两个被边缘化的城市一起，尽管是"本土"的，但是被看成是"他者"。

　　由于张爱玲小说中的两个城市都被西方国家所影响，对于那些将自己的故事放置在政治上有意义的空间的中国"本土"作家来说，她被认为是不那么"真实"的，因此，她是一个"本土他者"。这样一种政治就是文化的观点又一次成为自我服务和霸权的。赛珍珠的中国故事是为东方主义的话语服务,即西方通过与东方的关系来定义"自己",与此不同,张爱玲的中国故事由于"不是完全的中国"而受到否定。这样一种不那么中国的"本土他者"与中国人"自己"的区别仍然遵循着霸权的修辞去建构一个共同赞成的"本土"自我。

在对张爱玲的再发现中,吴美玲对夏志清的研究给出了很高的评价,但是她指出,尽管夏志清发现了张爱玲"他者—本土"的混杂状态,他却没有进一步讨论她存在问题的状态,只是仅仅将她看成是"新培育"的一员。[①] 夏志清对于当时既研究中国文学传统,也研究西方文学传统的新一代作家的认可,只是简单地将他们归类在爱国的、真实的文学标准之外。他们的"新"主要是因为现代西方和现代中国的混合,这一新团体因此是被殖民的"他者本土"。吴美玲认为在殖民地上海人的文化混杂状态这个问题上,张爱玲的作品表现出了复杂的文化上的模糊不清,比如《到底是上海人》等散文中就有明确的表述。

张爱玲对于文化畸形的观点来自于旧文化和新文化的互相妥协,这与霍米·巴巴在《文化的定位》中的论点是一致的——文化的"纯洁性"在上海这样的多元殖民地是无法维持的。但是,由于所有的文化陈述都是在"阐释的第三空间"建构的,从张爱玲对立的和矛盾的写作空间中就出现了一种"不正常的"文化主体性。这些文化上反常的主体,是对多元霸权文化混杂的一种模仿,永远都不可能精确地或真实地再生产霸权文化,只能在文化上调和"他者本土"或"本土他者"。

通过上面这些分析,吴美玲认为张爱玲被认为是与"爱国"作家毫无关联的"他者本土",同时也被看成是混杂的小说家这样一种"本土他者",因此在中国现代经典中,她被流放到了一个边缘位置。[②] 她的混杂性被怀疑是有一种殖民身份的暗示。在张爱玲的文学表现中,西方的颓废文化存在于殖民地的通商口岸——传统的封建中国和放纵的外国租界之间的矛盾关系——引起了对她严厉的和武断的批评。另外,作为矛盾的被殖民的"主体",张爱玲的一生总是被与她的文本一起解读,她对于殖民的

---

[①] Wu, Meiling, "The Alter-Native: Other, Native and/or Alternative Literary and Cultural Representations of Peal S. Buck, Eileen Chang and Amy Tan", Doctoral Dissertation, State University of New York, 2000.

[②] Ibid..

颓废或实用主义的叙述（口）被认为是她殖民身份的一种理所当然的体现。张爱玲意识到了在她的读者心目中关于她"自己"的这样一种双重"他者性"——对于自我身份为爱国的读者而言，她是殖民的"他者本土"；对于现代资本主义的读者而言，她又是"本土他者"。出于对这种置换的意识，她在《自己的文章》中对此进行了充分的解释：

  我的作品，旧派的人看了觉得还轻松，可是嫌它不够舒服。新派的人看了觉得还有些意思，可是嫌它不够严肃。但我只能做到这样，而且自信也并非折衷派。我只求自己能够写得真实些。①

  张爱玲对于给予她的文学批评的反应导致了更有争议的讨论。吴美玲认为像赛珍珠一样，张爱玲在她的自传文章《私语》中表达了自己这种"他者—本土"的状态。对于赛珍珠和张爱玲这样的"他者—本土"作家，分家是一个经常出现的隐喻。从家庭（屋子）的分裂中，从家庭中表现内在殖民化的"他者—本土"作家被允许从特殊角度或从整体角度颠覆父权制的统治。张爱玲的第一个家在天津。"最初的家里没有我母亲这个人，也不感到任何缺陷，因为她很早就不在哪里了。"② 从《私语》和其他一些散文中，吴美玲简单地分析了张爱玲的母亲与父亲各自的性格和他们的婚姻生活以及这些对张爱玲所造成的影响。张爱玲对她住过的"屋子"有过不同的描述，如张爱玲的母亲曾试图与她丈夫和好，他们一起搬到了一处新房子："我们搬到一所花园洋房里，有狗，有花，有童话书"。父权制的封建中国和母系的西化的现代中国的两个对立在同一栋屋子里同时存在，但是这两种对立力量之间的冲突最终导致了分裂。

  张爱玲的父母最终决定离婚，是因为当她父亲病好了之后，马上又回到了他那旧时代的生活中。在父亲的监禁下的生活，张爱玲用"苍凉"的概念表达了陷入二元对立中占绝对控制的一边。由于父亲的再婚，全家又搬进了一栋"民初式样的老洋房"，这栋屋子处在中国本土殖民地现代

---

① 张爱玲：《自己的文章》，《流言》，北京出版社出版集团、北京十月文艺出版社 2009 年版，第 188 页。
② 张爱玲：《私语》，《流言》，北京出版社出版集团、北京十月文艺出版社 2009 年版，第 109 页。

精英社会之外，这座回忆中的屋子是处在"本土他者"和"他者本土"之间。在吴美玲的理论视角观察下，张爱玲母亲那种西式精英凝视之下的张爱玲是旧的封建中国的副产品，但是倾向于西方文化，是一个想要成为"他者"的"本土"，因而是一个"他者本土"。从代表着苍凉中国的父亲的观点出发，张爱玲是一个心里向着"他者"的"本土"，是站在她母亲那边的，因而是一个"本土他者"。在她自己的自传文章中，张爱玲把自己的家看成是一个合适的隐喻，来表现传统父权制教化的神秘可怕，来具体体现她对其"不对称的对立"矛盾的欲望，那是一个半西方的殖民世界。在这座屋子里，没有与她相关的任何人、任何东西——既不是她父亲，"本土的"父权制，也不是缺席的母亲，一个出席的但是从未存在的"他者"，"荒凉"的象征。

吴美玲认为批评家们对张爱玲在上海时期的文学事业的分歧是最极端的。例如耿德华，将张爱玲看成是一位有创造力、有风格的作家，"异端的作家张爱玲在40年代初期和中期还是忙于写作心理现实主义的短篇小说和中篇小说"，[1] 耿德华很赞赏张爱玲对于矛盾的社会中人类心理的富有洞见的描写。与此相反，唐文标则认为张爱玲是不符合标准的，总是不道德地秘密挖掘人类心理、隐私和作为痛苦的社会存在。张爱玲对于最痛苦和最受压迫的人的表现，虽然反映的是后五四文学最受欢迎的现代主题，但还是被像唐文标这样的批评家认为在揭露中国社会问题时是不正常的和过于精心创作的。

对于父权制权力的维护是藏在反对像张爱玲这样的"他者—本土"作家背后的一种力量。因此，张爱玲被传统中国文学界、"爱国的"宣传者和父权制的儒家"本土主义者"永远地定位为"他者本土"。在面对经典的本土主义者的退化时，主流作家们的文化边缘化和多元殖民化迫使中国面对一场伟大的社会意识形态的变革，张爱玲不得不在50年代初期被迫离开，在香港开始她文学生涯的第二个时期。

从意识形态的角度出发，吴美玲批判性地分析了当时的政治环境对张爱玲写作的影响。从50年代开始，由于作家很容易被定位为右翼为中心或左翼为中心，张爱玲的相异性，揭示了权力确定的主体建构问题。反讽

---

[1] Edward Gunn, *Rewriting Chinese: Style and Innovation in Twentieh-Century Chinese Prose*, Stanford: Stanford University Press, 1991, p. 143.

的是，张爱玲对于无声的"本土"的表现（口），特别是她对处于底层妇女的描写，流露出她在政治上的弦外之音，表达了她"参差的对照"的"他者—本土"的观点。① 一方面，张爱玲的不对称的对立面表明了二元对立的问题，如殖民者/被殖民者、民族精英/底层、新/旧、男人/女人，等等。另一方面，正如周蕾指出的，张爱玲在这方面的叙述"'进展'不是为了解放，而是为了俘获"。与后五四进步女性作家如丁玲和萧红相反，张爱玲仍然是一个"他者本土"。她对于表现"新中国妇女"那些有特权的女性作家来说是"他者本土"，那些女性作家理想化并赞美对父权制封建主义的摧毁，从爱情和婚姻中追求对立，将自己献身于社会革命。她们是父权制约束的精英女性，新的"爱国的"主体，发出被父权制同化的声音。张爱玲绕开女性主义彻底反对父权制的潮流，用"他者—主体"的方式写作女性——不对称的被解放和被囚禁。正如周蕾观察到的：

> 现代主义寻求"内在主体性"与"新国族"之间的身份认同，但张爱玲的叙事模式却破坏了这样的身份认同。她的女性角色因为意识形态而显得不完整，这些女性角色嘲弄追寻如此身份认同的进步性修辞。②

张爱玲文学创造性的第二个阶段随着她离开"本土"——中国——移居美国而结束。她从此再没回过中国大陆，也没有回到台湾，或者香港。这三个政治上统一的中心，没有一个可以给她提供"他者—本土"表达的空间；而且，对于每一个"政治就是文化"的中心来说，她仍然是"他者本土"或者"本土他者"。她第三个阶段，也是最后一个阶段，美国时期，是文本研究，作品重写，中国古典文学翻译和将吴语转译为国语的阶段。在学术研究之外，张爱玲1955年在美国出版了《秧歌》，巧合的是，赛珍珠同年出版了《帝国的女性》（*Imperial Woman*）。对于美国

---

① Wu, Meiling, "The Alter-Native: Other, Native and/or Alternative Literary and Cultural Representations of Peal S. Buck, Eileen Chang and Amy Tan", Doctoral Dissertation, State University of New York, 2000.

② ［美］周蕾：《妇女与中国现代性》，蔡青松译，上海三联书店2008年版，第183页。

文学界来说，张爱玲完全是一个东方的"他者"，尽管她的作品本来就是用英文写作并没有从中文翻译而来。互相矛盾的是，欧洲人美国人这个读者群给予赛珍珠（美国的中国人）"他者本土"的作品的特权，远远超过了给予绝对的他者，张爱玲（中国人）。通过对张爱玲创作阶段的分析以及和赛珍珠的比较，吴美玲注意到这样的差别所在，即在相似性基础上得出的文学表达的定义的武断性，揭示出读者的喜好已经由他们确认的经典的"本土性"决定了。[①]

## 第四节　暗香：伍尔芙与张爱玲比较研究

杰奎琳·罗斯（Jacqueline Rose）的《西尔维娅·普拉斯的萦绕》一书的开头写道："西尔维娅·普拉斯在我们的文化中阴魂不散。对于很多人来说，她是一个阴影中的人物，她表现了诱惑和强迫。她所要求的可能是永远都不清晰，似乎根本就不可能得到的。被憎恶，但是又被极端崇拜，普拉斯在肯定评价和否定评价的两个极端徘徊；她在关于评价、评估，关于道德和文学的评定这类最极端、最暴力的空间里萦绕不去。"[②] 每一段历史的重复都是多么相似——这个名字"西尔维娅·普拉斯"不是一样可以被伍尔芙和张爱玲所取代吗？用这样的方式，那些表面上似乎个人的、传记的叙述是不是就成为巴特的现代神话，即女作家的正确的名字事实上就是一个空洞的能指，一个作为病理学的忧郁的女性主义意识形态的占位符。萦绕在这些女性作家头上的阴云，丑化同时也重塑了文学"名媛"，完全没有被历史吹走而大踏步进入帝国的新时代。谁是"她"，"她的"声音是什么？为什么"她"说的似乎总是一成不变的忧郁的故事，总是不会被时间、历史和政治所改变，也不会意识到这些因素。这也许就是对伍尔芙和张爱玲这两位作家进行比较的意义所在。

---

[①] Wu, Meiling, "The Alter-Native: Other, Native and/or Alternative Literary and Cultural Representations of Peal S. Buck, Eileen Chang and Amy Tan", Doctoral Dissertation, State University of New York, 2000.

[②] Jacqueline Rose, *The Haunting of Sylvia Plath*, Convergences: Inventories of the Present. Ed. Edward W. Said, Cambridge, MA. Harvard University Press, 1991, p. 1.

## 一 不可靠的现实：文学空间的家庭化

伍尔芙（1882—1941）和张爱玲（1920—1995）有一个共同的荣誉就是各自创造出了一种互相冲突的批评传统。她们的这些批评各自具备自己的特点，即一方面是占优势的、重要的和有影响力的，另一方面又是边缘的、有问题的和不可靠的。她们获得的这些混杂的评论，部分是因为她们试图将文学空间家庭化。伍尔芙和张爱玲很严肃地对待家庭现实，她们特别关注女性在家庭和屋子里的作用。我们可以发现很多对她们严厉批评的表面之下，正是她们这种严肃性使她们受到挫败：她们太女性主义、太守旧、太琐碎、太古怪，或者太没有政治意识，对社会太冷漠。现任教于美国欧柏林学院东亚研究所的威斯康星大学麦德逊分校博士蔡秀妆的《伍尔芙和张爱玲的家庭空间》，就是希望通过比较研究指出两位女作家对家庭空间主题和风格的关注不是为女性受到轻视建立基础，而是她们运用这一构成来展现她们所发现的意义深远的现代"问题"：例如在传统和现代、男性和女性、现实主义和现代主义之间不能解决的张力。

两位作家都试图将家庭空间看成是一种现代主义现实的形式——具体的和抽象的、完整的和碎片的——这是对现代性环境的一种反应。伍尔芙问道："'现实'的意思是什么？似乎是某种不稳定的，非常不可靠的东西。"① 这种不稳定的感觉在她的整个写作中一直保持不变。"生活是非常稳定还是非常不可靠呢？我常常被这两种矛盾所困扰。"② 对于伍尔芙来说，现代生活，一种现实的形式——既是稳定的也是充满变化的，她的家庭空间与她的其他小说和理论性写作都有这种矛盾情绪的倾向。对张爱玲而言，现实也是不稳定的："现实这样东西是没有系统的，像七八个话匣子同时开场，各唱各的，打成一片混沌。"③ 张爱玲的家庭空间反映了这种嘈杂的现实，从碎片中聚合，可以被理解为在作者与她不可靠的、不安

---

① [英] 弗吉尼亚·伍尔夫：《一间自己的屋子》，上海人民出版社2008年版，第115页。

② Virginia Woolf, *A Writer's Diary*, ed. Leonard Woolf, New York: Harcourt Brace Jovanovich, Inc. 1954, p.73.

③ 张爱玲：《烬余录》《流言》，北京出版社出版集团、北京十月文艺出版社2009年，第48页。

全的、不断变化的现代世界之间的美学融合之点。

  蔡秀妆没有利用太多的细节来探究两位作者写作的历史和政治环境，她指出伍尔芙和张爱玲自觉地家庭化了一种叙述的现实，这种叙述的现实既是对她们文化和政治环境的表现，也是一种反应。[1] 伍尔芙所在的英国和张爱玲所处的中国都经历了现代化彻底和深远的进程。爱德华时代（1901—1910）到乔治时代（1910—1952）的英国，伍尔芙所处的现代生活的社会经济环境充满了动乱的转变。与此类似，张爱玲所处的现代中国，民国和新中国建立前也经历了动荡的革命。伍尔芙和张爱玲都经历了这样动荡的历史现实，因此她们都意识到现代主义的双刃剑会促生"新的"写作形式去适应现实。但是她们也面对不同的挑战。伍尔芙主要是在叙述传统和新女性的写作之间以及现实主义和现代主义之间的斗争。她的写作证明，在这些领域不能解决的张力之间存在数不清的形式。另一方面，张爱玲感受最深的是在东方和西方之间，政治上的左派和右派碰撞之间的文化冲突——这些通常是压抑的冲突成为她作品流行的原因之一。蔡秀妆认为从根本上说，在日常环境和文学表现空间中，这些斗争变得内在化也是毫不让人吃惊的，问题在于：我们应该怎样解读家庭空间？"家庭的"（来自拉丁语 domus，即屋子）一词暗示了某种日常的、熟悉的（不是外国的）和家庭的（家庭、屋子的一部分）。在这个意义上，家庭空间就是砖墙环绕的、设备齐全的、受保护的、封闭的和熟悉的地方。最重要的可能是，这是一个复合的和人性化的空间——这是一个集体主义的存在，不同的房间就是其基本的单位——充满了丰富的意象（累积的客体的颜色，阴影，形状）、内涵和暗示（记忆，气味，白日梦，危机和激情）。在物质的层面，从它是手工艺品的累积的角度来看，它是具体的；从抽象的层面看，这个空间充满了意识形态冲突、情感的关联和不确定性。从诗意的和象征的层面来说，家庭空间，正如我们所看到的一样，也可以被理解为是超越了明确边界的一种理想的、虚构的，或者综合的现实。

  在蔡秀妆的眼里，文学中家庭空间的屋子有很多入口：我们可以将它看成是一个传统的主题、一种比喻、一种理论、一个主题、一个背景以及其他很多的方法。但是理解它的"逻辑"的最好方法是问一些实践的问

---

[1] Tsai, Hsiu-Chuang, "Domestic Space in Virginia Woolf and Eileen Chang", Doctoral Dissertation, University of Wisconsin-Madison, 1999.

题：房间里的客体是什么？（房间里的东西有哪些？）为什么是在这样一个给定的空间里，用这样一种聚合、暗示或者象征的方式来展现？对于人物，作为整体叙述，或者对于作者来说，这样的目的是什么？我们也可以从美学的意义和重要性来进行解读：在诗学实践的层面（例如构成、分析和戏剧效果）和象征应用的层面（例如个人的、文化的、意识形态和历史的含义），家庭空间的运用有什么意义？①

很明显，将伍尔芙与张爱玲笔下的家庭空间进行比较研究所提出的问题和挑战是非常多的。这些空间一方面是具体的、有用的和物质的，另一方面又是主体的、概念的和情感的，那么我们怎么来将空间理论化？不同的方法论可以证明它们自身。由于蔡秀妆的目的在于探讨家庭空间中言语、意象、客体和人类情感之间的关系，与马克思主义相关方面有联系的现象学就成为了一个更有意义的研究方法。蔡秀妆认为巴什拉对家庭空间的意象和诗学天性进行了有启迪作用和深刻的研究，因此在研究中，她主要依靠《空间的诗学》一书中巴什拉提出的理论。巴什拉的著作从本质上是对居住空间的心理纬度进行阐释，因此，在他的理论中居住空间趋向于抵抗科学和哲学的系统化分析。例如，巴什拉对于家居或卧室的洞见可以压倒严格的、理论性的表述方式，运用批评使自身对家庭空间的独特的、个人的、任意的、矛盾的、复杂综合的和极其有建设性的天性变得敏感。②

巴什拉强调解读诗学空间的经历是一种在读者和美学客体之间"超越主体"交流的形式。在他看来，叙述通过"使我们成为所要表达的"来表达我们。这种个人的可移动性使我们意识到家庭空间由"不寻常的诗学意象"构成，在这个意义上，家庭空间恰恰依赖于我们想象的"成见"：

我想要研究的实际上是很简单的形象，那就是幸福空间的形象。在这个方向上，这些探索可以称作场所爱好。我的探索目标是确定所

---

① Tsai, Hsiu-Chuang, "Domestic Space in Virginia Woolf and Eileen Chang", Doctoral Dissertation, University of Wisconsin-Madison, 1999.

② Gaston Bachelard, *The Poetics of Space*, trans. Maria Jolas, Boston: Beacon Press, 1969, p. 4.

拥有的空间的人性价值，这一空间就是抵御敌对力量的空间，也是受人喜爱的空间。出于多种理由，它们成了受到赞美的空间，并由于诗意上的微妙差别而各不相同。它们不仅有实证方面的保护价值，还有与此相连的想象的价值，而后者很快就成为主导价值。被想象力所把握的空间不再是哪个在测量工作和几何学思维支配下的冷漠无情的空间。它是被人所体验的空间。它不是从实证的角度被体验，而是在想象力的全部特殊性中被体验。①

对于巴什拉来说，作为反对客观价值或社会符码的"想象的价值"，统治了我们对于居住空间的意义阐释。正是由于这一点，在我们观察房间和居住者之间亲密的、私人的关系时，想象的运作或参与方式变得尤为重要。与巴什拉类似，蔡秀妆也将家庭空间看成是"局部的、不公平的、受偏爱的"现实，它被想象的精神力量所诗学化。她认为对于家庭空间的阐释倾向于主体性，也就是我们主要是通过我们自己，也是为我们自己而创造了这种空间："我们只告诉别人通向隐私的方向，而从来不能客观地说出隐私。"② 对于巴什拉而言，"屋子里的东西：橱柜、箱子、衣柜"就暗示了那些秘密的事情，因为它们都是隐含了锁和钥匙的存在的储存空间。基于这一点，蔡秀妆加以补充，认为这种隐藏的暗示，以及对隐藏东西的揭露的前景都使解读家庭空间成为一种令人激动的冒险。

巴什拉对于怎样达到对居住空间心理和想象纬度的阐释在蔡秀妆的研究中非常重要。它允许每一个人自由地想象事物、记忆和白日梦之间的关系。但是，除了研究巴什拉所称之为的"幸福空间"的简单意象，蔡秀妆还关注于她称之为"模糊空间"的更复杂的意象——模糊空间指的是令人窒息的、保护性的、狭窄的，但同时也是释放的空间。另外，还扩大了对"场所爱好"的范畴，加了随身用品，并且更深入地研究了在不同的房间——卧室、起居室、客房和餐厅等——中不同种类物品的文化和政治内涵。通过仔细探讨现代家庭空间与女性生活、身体和经验之间的

---

① [法]加斯东·巴什拉：《空间的诗学》，张逸婧译，上海译文出版社2013年版，第27页。
② [法]加斯东·巴什拉：《空间的诗学》，张逸婧译，上海译文出版社2013年版，第14页。

本体论的联系，蔡秀妆调整了巴什拉的理论以适应更多女性主义的研究方向。

在我们将家庭空间理解为比喻或主题这一层面上，我们可以在女性主义和后殖民理论中运用从新批评发展而来的分析方法。蔡秀妆特别运用了文本细读、探求基本文学逻辑和分析语言矛盾等方法，研究伍尔芙和张爱玲利用家庭空间反映她们对性别冲突和文化碰撞的关注。在探讨了她们的动机和方法后，蔡秀妆认为两位作者都倾向于从事，甚至转变某些比家庭空间本身更广大的事物——一种传统，一个国家，或者一种社会现实及其他。

对于空间，除了巴什拉的观点，蔡秀妆对于从物质到象征的阐释运动这一点上，在理论上还吸收了其他研究者如大卫·哈维（David Harvey）所共同关注的问题。尽管并不直接关注家庭空间，但是大卫·哈维中肯地评价道："时间和空间都不能独立地支配物质过程的客观的意义，只有通过对后者的研究，我们才能正确地确定前者的概念。"① 与巴什拉相反，哈维将客体的形成看成是一个理性的目标并认为评论家可以将空间中人类和物体之间的关系系统化。这种希望似乎是乐观主义的，哈维确实促进了已经建构的空间中的文化和社会政治意义的研究。如他所言，"认识到时间和空间可以表达的客体特性的多样性和在其建构中人类实践的作用"是必要的。② 这个主张指出了一种普遍的方式，即人们必须用物质的手段去确定空间（以至于时间）的"客观的"意义。

对家庭空间的研究也是对哈维的一种回应，他强调空间的"表面的"含义，也确认巴什拉对房间的私人的、心理的和想象的特性的阐释。对于哈维的政治化和巴什拉的诗学化这两种不同的方法，蔡秀妆已经认识到将它们融合在一起的困难——这是一种不稳定的融合，也是一种有创造性的融合。事实上，希望表明家庭空间的复杂性和冲突，如果不考虑这两种理论的立场，就不能完全将其揭示出来。

什么是家庭空间的"复杂性"？当然这个回答对每一个作家都是不一样的，因此蔡秀妆也解释了她对作家的选择。除了19世纪的"家庭小说

---

① David Harvey, *The Condition of Postmodernity*, Cambridge & Oxford, Blackwell, 1994, p. 204.

② Ibid., p. 203.

家"，很多现实主义作家和现代主义作家对家庭空间的美学构成都表现出了极大的兴趣。奥斯汀、狄更斯等很多作家对"房间"都有其各自独特的描写技巧、叙述目的和象征运用。因此，大家可能会理性地问道：为什么选择伍尔芙？为什么选择张爱玲？

答案就在于她们的"复杂性"。简单来说，从伍尔芙和张爱玲的文学和批评著作可以揭示出两位作家一直试图将文学中的空间家庭化（"控制""驯化"或"带回屋子"）。这种"家庭化"包括两个本质的，但是复杂的问题：（1）女性"控制"她们自身写作空间的斗争；（2）在叙述中将家庭空间的意义"带回屋子"的困难。伍尔芙和张爱玲的作品，相对于其他作家而言，在文学家庭化这一点的很多方面——现实主义的、意识形态的、技巧的、政治的、象征的和美学的——表现出了更多的有力的洞见。[1]

蔡秀妆运用文本细读来研究一些对两位作家来说都很重要的问题，通过解读伍尔芙和张爱玲美学"家庭化"中多样的复杂性，论证了在我们理解现代女性写作中家庭空间的特殊作用时，这两位作家做出的无与伦比的贡献。对伍尔芙的研究主要是根据伍尔芙的大量作品，包括《一间自己的屋子》《本涅特先生和布朗太太》《现代小说》《女性的职业》等，分析了伍尔芙以对现实的二元构想来促进现实主义批判的方式，以及伍尔芙对现实的家庭化的方式，这些方式证明了她的现代主义和女性主义的视野。"雌雄同体"是伍尔芙最有争议的一个主题，通过对《到灯塔去》《达罗卫夫人》《一间自己的屋子》和其他文本的一些重要段落的仔细分析，蔡秀妆认为对于伍尔芙而言，雌雄同体代表了一种去性别化的、非个人的和自由的家庭空间，雌雄同体理念想象了一种"新"的女性写作的家庭化形式。

由于张爱玲的作品对于细节的讲究，一些评论家认为张爱玲的作品琐碎化，而另一些又抬高她的美学成就，蔡秀妆抓住"家庭空间"这个关键词，准确地把握住了张爱玲对于坚持作品中家庭空间重要性的努力，证明了张爱玲怎样使用家庭空间来阐明和反映女性与正在改变的社会的内在斗争。张爱玲的成长环境和她的人生轨迹都表明她对于东西方文学和文化

---

[1] Tsai, Hsiu-Chuang, *Domestic Space in Virginia Woolf and Eileen Chang*, Doctoral Dissertation, University of Wisconsin-Madison, 1999.

的吸收，因此，为了准确描述张爱玲的心理现实主义美学，蔡秀妆将她与曹雪芹进行了对比。通过将《红楼梦》和《金锁记》进行比较阅读，指出两位作者通过房间的内在装饰来刻画在家中的女性的社会和个人危机的不同方法。同时也探讨了张爱玲使用家庭空间来反映现代中国殖民现实的技巧。通过比较张爱玲和毛姆作品中东方和西方之间殖民碰撞时不同的特征，指出他们对家庭空间的运用揭示了在探讨殖民者和当地人之间的动态发展时的一种相反的观点。毛姆认为殖民者的看法"就是"当地人的观点，而在张爱玲的文本中，她对这种假定表示了怀疑，她运用家庭空间对西方的东方化幻想进行了回应。

在这些比较的基础上，蔡秀妆证明伍尔芙和张爱玲都将家庭空间看成是一个资源丰富的来源：伍尔芙运用现代主义技巧将现实主义的"屋子"转换成了客观的、不带个人感情的和去性别化的生活空间，张爱玲则通过现实主义方法来展现东方和西方之间的文化冲突。

## 二　跨国女性主义中情感的政治

二战期间，在仔细考虑了战争、女性和国家主义的关系后，弗吉尼亚·伍尔芙在她的反战文章《三个基尼》中指出："实际上，作为一个女人，我没有祖国。作为一个女人，我不需要祖国。作为一个女人，我的祖国就是整个世界。"尽管当想象一个反战的跨国女性主义的激进版本时，伍尔芙似乎建议给予女性一种无家的、无根的全球"公民身份"，另一方面，"家园感"是对她的家乡——伦敦——的一种奇怪的怀旧之感。令人惊异的是，中国现代最重要的作家之一，张爱玲，在她对城市的钟爱之情中隐藏了一种几乎同样的"不健康的爱国主义"的乌托邦情绪。当时的殖民地上海，是新旧世界交界的城市、战争与和平交界的城市，张爱玲骄傲地称自己为"小气的上海人"，她解释为是"新旧文化变形混合"的产物。

二战后，张爱玲自我放逐到美国，作为一个流散作家，她试图将她的"旧"世界，即殖民的和前现代的世界以重写和翻译的方式搬到这个"后"现代、跨国界的世界里，但从未成功过。正如伍尔芙一样，张爱玲似乎独属于她的城市——殖民地的上海。还是和伍尔芙一样，只是在她"琐碎的都市"中，我们才能看到在父权制社会里一个女人充满矛盾的爱恨：封锁的公车上那充满希望的快乐，男女之间情绪的流动，但是在这个畸形的城市里，一切都是不定型的，一切都让人忧虑。这个城市，就是朱迪斯·莎士比亚被淹没在车流中的那个城市，或者是女人自己的滚滚车流。

此刻的伦敦正处于两次世界大战之间，1940年的上海是处于两种国家力量之间的孤岛——什么是"双城记"？像伍尔芙和张爱玲这样的女性怎样将国家主义理解为爱国主义？爱国主义，尽管她们对其反抗，但是仍然保持她们的爱和"想象"的根。在我们当代政治舞台上，像流浪、女性（大写的、单数）、跨国主义等，这些概念是一种乌托邦式的热情。那么，当我们将伍尔芙和张爱玲并置时，会得到一幅什么样的图景？她们之间有何独立性和差异？这正是谢俐丽希望解开的谜团。

"情感的政治"这个术语是谢俐丽在《情感的政治：伍尔芙和张爱玲的愤怒、忧郁和跨国女性主义》中为了更好地理解女性主义、政治和跨国主体性这些概念而提出的。[①] 在这些概念的萌芽期和发展期，在伍尔芙和张爱玲的作品中，以及其后的理论构想中，这些理论一直占据了我们的知识界和理论界。情感是政治的，政治是情感的，听起来像是理论的陈词滥调，特别是在后结构主义的氛围下。谢俐丽一针见血地指出，很多海外学者一直谨慎地依赖于一种根源为"弗洛伊德—马克思主义"的不成功的项目中，因此，对于这样的人来说，将情感加于政治似乎是一种行动的方式，用拉康的话来说，"与欲望相符合"。因此，在后现代主义时期，这并不是一种奇怪的现象，彼特·米德顿（Peter Middleton）认为其特征是缺少情感，理论家们应该进行一次重大的转变来影响那些似乎重要的政治话语：在殖民和后殖民、全球化、同性恋为表现的作品中。[②] 在我们从米歇尔·福柯那认识到主体是死的，从詹姆森那了解到心理的"第一世界"的征兆并以此来取代政治无意识之后，是不是由于情感——即感觉或激情——太过于个人化，被看成是中产阶级的，涉及心理学的而不能被政治意识所欣赏？与女性主义第二次浪潮的口号"个人的就是政治的"相比，在当代理论的不同场域，对于情感的关系已经表明其相反的观点

---

① Hsieh, Lili, "The Politics of Affect: Anger, Melancholy, and Transnational Feminism in Virginia Woolf and Eileen Chang", Doctoral Dissertation, Duke University, 2005.

② Peter Middleton, "Vanishing Affects: The Disappearance of Emotion from Postmodernist Theory and Practice", *New Formations*, 12 (1990), pp. 125-142.

"政治的就如同个人的"是一样可以构成的。

"情感的政治"这个术语证实了一个政治视野,也就是谢俐丽所主张的,情感仍然是现代政治的核心;实践的政治,我们首先必须去正视、遭遇、使用、行使、引导、分析和相信情感。谢俐丽的这篇论文第一眼看上去的这种拒绝是复兴一种伟大传统,即强调公民生活中情感的关联,这一悠久的传统可追溯至从亚里士多德的《论修辞》和《尼各马科伦理学》,到启蒙运动哲学家如大卫·休姆和亚当·史密斯关于道德情操的讨论。但是与这一悠长的知识界传统相反,实际上谢俐丽想要论述的是,与术语"情感的政治"同时被经常预示的还有霸权主体,有两个不容忽视的因素:分析和情境化。谢俐丽认为这样一种立场,深深地根植于现代女性主义作家如伍尔芙和张爱玲的作品里。[1] 通过"情感的政治",她从伍尔芙逃避的,有时玩世不恭的构想中找出男性的形象,这是一种矛盾的形象,某种充满希望的才华来自于虽然充满矛盾,但仍然强有力的激情。其"他者"或受压抑的一面,就是女性的压迫。张爱玲,她在华人世界中的地位,就如同伍尔芙在西方世界的地位。张爱玲在她著名的"苍凉的美学"里,创造性地改写了中国诗歌中悠久的感伤主义传统,也探究了情感的修辞。如果将伍尔芙和张爱玲看成是"情感的政治"的理论家或分析家,就会使我们重新思考主体的"位置",它是由情感的变迁,历史的重写、混合和相互交织而成,也是性别分化普遍的结构。这只是在重新激起人文主义的再生,"看,这个人"这一似是而非的观点,是旧时代留下来的怀旧情绪在政治上的投射——实际上,在我们这个时代是不受欢迎的。谢俐丽想要反驳的是,在这个自杀或炸弹袭击横飞的时代,甚至是"机器复制"的时代,除了重新思考人物形象,我们别无选择——不管这变成多么荒谬。

正是基于这样的背景,谢俐丽的研究主要转向两个重要的论题:文本的重新思考与情感的政治的情境化;对个体不可避免的拷问。

在近期的政治写作中,"情感"一词被广泛使用,在提及行动的潜能时、在分析下层社会政治现实中像大屠杀和种族灭绝这样的悲惨状况时,"情感"一词被认为是一个强有力的概念。布莱恩·马苏米(Brian Mas-

---

[1]　Hsieh, Lili, "The Politics of Affect: Anger, Melancholy, and Transnational Feminism in Virginia Woolf and Eileen Chang", Doctoral Dissertation, Duke University, 2005.

sumi）认为"有融合的情感，但大部分是冷漠的生产线不正常的转变，这可以理解为强大的存在，如果它能传达其受虐狂似的利己主义的去除……这很明显是政治生态学"①。再者，借用德勒兹的方法，女性主义者罗西·布雷多蒂（Rosi Braidotti）将"社会想象"定义为"欲望的——或情感的——景观"。后人文主义女性主义的主体——"内心的或流浪的欲望主体"——布雷多蒂写道，"倒是一种介于两者之间的：情感外在影响的内抑面同时又是情感本身的展开面"，② 在此不断重复表达的是情感的中心，就是在政治、伦理和女性主义规约之后的行为。在情感宏大的主张里，看上去黯然失色（或被毁灭）的是对从情感产生的文本的仔细分析。

　　谢俐丽指出将情感放回（政治）上下文语境中，是那种认为情感是上下文语境所包括的，或反之亦然。对于情感的另一种普遍的看法，是将其看成是无所不在的，甚至是无意识的政治结构，这种观点使情感看上去像一个政治情境的容器——或者说至少是加强的结构。③ 朱迪·巴特勒在《安提戈涅语言》中指出："在这个意义上，当乱伦禁忌用来组织并不乱伦的爱情时，所产生的就是爱情阴暗的场域，那种尽管在本体论的暂停模式下——仍能坚持的爱情。这里所出现的是在爱的范围之外的生活和爱情，制度上处置的缺乏使语言永远词不达意，这不仅说明一个术语如何能一直表明其处于常规限制之外，而且也表明了意义的虚无形式使生命不断流逝，通过在公众名义下构成的政治范围内，剥夺其本体论确定性和持久性上的意义。"④ 忧郁症有一种力量可以超越象征其名义上的和标准的意义，可以动摇政治的和公众的领地。用这种方式，它也就成为一种能指力量，有助于公众领域的构成。但是，这也让情感和语境产生了一种反常的图景：似乎忧郁症实际上包含了，也使政治领域成为可能。在关于忧郁的

---

　　① Brian Massumi, *Parables for the Virtual: Movement, Affect, Sensaton*, Durham: Duke University Press, 2002, p.255.

　　② Rosi Braidotti, *Nomadic Subjects: Embodiment and Sexual Dfference in Contemporary Feminist Theory*, New York: Columbia University Press, 1994, p.116.

　　③ Hsieh, Lili, "The Politics of Affect: Anger, Melancholy, and Transnational Feminism in Virginia Woolf and Eileen Chang", Doctoral Dissertation, Duke University, 2005.

　　④ Judith Butler, *Antigone's Claim: Kinship between Life and Death*, New York: Columbia University Press, 2001, p.78.

情感特权这一问题上,在种族理论中占主要地位的理念是情感,如忧郁,作为一种社会的或政治的先验索引和构成。尽管我们将种族或性别作为政治来对待,有一种感觉马上在忧郁症的作用下转变为被译成密码的文本。情感的转变扩展了忧郁,服从个人与社会互相交织的纽带,这种纽带是在忧郁症或不可言说的和不可挽回的损失下的一神论表征。而且在这个半封闭的系统里,除了忧郁以外的情感——快乐的、充满希望的或开心的——会显得是次要的、不重要的或不可靠的。情感的理论化作为环境的隐藏或控制,能够引起他人的兴趣,正如反对者所指出的,忧郁症是被包含在种族化和性别化的社会语境中的。最后,可能这两种想象包含的方式都非常相似。在这个情感和环境的一元结构里,在不同环境下疏通、交流、改变,隐喻或理解情感这个问题很难被确定,因为各种各样的感情,在如忧郁症这样的情感外衣下常常是融合在一起的。

语境或语境化已经成为女性主义争论的温床,特别是在对于后结构主义理论家的理论转向之后,这些理论家包括了雅克·拉康、德里达、福柯和德勒兹等。如情感这个术语所暗示的,"情感的政治"指的是个体的问题。回到女性主义理论,个体的或自传的"我"(或"我们")也和毋庸置疑的经验的稳定一样,在它理论的一致性和政治的暗示性两方面都受到了挑战。但是辩论的另一方驳斥道,确实存在着女性,存在着女性问题——因为作为范畴的"女性"是无法消除的。谢俐丽指出情感的政治不能消除"个体"或"主体",尽管这也是一个应该争论的话题。因此转向两位最具代表性的女性主义作家也是重新思考个体问题的一个方法。谢俐丽认为实际上,伍尔芙和张爱玲都是她们各自文化中典范的、可仿效的女作家。在某种意义上,她们总是被当作有代表性的作家被阅读,总是被很多人看成是她们所处文化或性别的代表人物,也就是说,这两位都是被大家所特别关注的典范。[1]

除此以外,谢俐丽选取张爱玲和伍尔芙做例子还有另一层意义:她们是范例,或更精确地说,个案。对我们而言,伍尔芙这位女性天才人物基本的流行的想象是:她有自虐的倾向,忧郁、沮丧,她就是一个个案。与伍尔芙一样,张爱玲对于中国读者来说也是一个有吸引的偶像。很多关于

---

[1] Hsieh, Lili, "The Politics of Affect: Anger, Melancholy, and Transnational Feminism in Virginia Woolf and Eileen Chang", Doctoral Dissertation, Duke University, 2005.

她的传记不断指出她在中国大陆与在美国这个新世界的反差,她晚年由于蚤患,不停地从一个汽车旅店搬到另一个汽车旅店,试图远离那些跳蚤。这给她的读者和评论家一种集体语言来平息为何张爱玲在上海获得辉煌的成就,而在美国却是长时间沉默的质疑。电视和电影里关于张爱玲的传奇也不断地被戏剧化,这将我们带回到一个观点,即她的典范性并不仅仅在于她是一个有代表性的作家,而且还因为大众对她一厢情愿的、富于幻想的不同意象,这些意象让她成为一个个案——一个可以区别天才、女性主义和疯狂是否一致的个案,但这些意象最终又都是模糊不清的。

谢俐丽将伍尔芙和张爱玲看成是理论家、作家和情感的分析家,这是试图对个性采取另一个不同的立场。按心理分析的方法,一个分析家,在她(他)行动和参与这个意义上并不成为一个主体,也不是接受精神分析的人的真相的拥有者。尽管对移情和反移情的处理在心理分析领域远远不是一个已经确定的争论,分析的种族适用性和政治适用性也不能缺失:分析家是一个有保证的但公正的代理人,他既不是行动者也不是旁观者。

将伍尔芙和张爱玲看成是理论家,是因为她们将情感的政治和跨国女性主义作为两个错综复杂的项目。谢俐丽论述了以下几个观点:第一,就如一些现代主义批评家所指出的,伍尔芙和张爱玲作品中的美学与她们潜在的政治是密不可分的,尽管有时她们的写作看上去像是"纯粹"的美学或非政治的;第二,在伍尔芙和张爱玲的美学中,感情的概念加强了其政治性;第三,张爱玲和伍尔芙"业余的"情感的政治给政治的传统版本提供了另一种清新的选择,也就是说,依存于学者、精英和政治家的政治——可以称之为"男性的"政治。伍尔芙和张爱玲的情感的政治实际上可以被逆向地理解为对"传统"政治的含蓄批评,"传统"政治过于形而上学,过于做作,或过于夸张。[1]

谢俐丽特别关注于对伍尔芙的反战文章《三个基尼》和张爱玲著名的"苍凉的美学"的重读,以此提出一种情感的政治,可以使我们更深入语境,重新思考个性。特别研究伍尔芙的《三个基尼》是因为这常常被认为是伍尔芙最愤怒的、最明确的女性主义作品。尽管女性主义者,从赫伯特·马德(Herbert Marder)、简·马库斯(Jane Marcus)到纳奥米·

---

[1] Hsieh, Lili, "The Politics of Affect: Anger, Melancholy, and Transnational Feminism in Virginia Woolf and Eileen Chang", Doctoral Dissertation, Duke University, 2005.

布莱克（Naomi Black）都对女性主义和伍尔芙研究做过贡献，她们批驳了那些认为这本书简单、不实际和歇斯底里的蔑视的看法，认为"这是一个非常奇异的头脑写出的作品……一种非常的心情写出的作品"。谢俐丽认为女性主义的情感的政治不仅仅是控制愤怒，也是有限制的影响。根据后结构主义理论成果及其相对的理论来阅读《三个基尼》，谢俐丽为这部伍尔芙之前被忽视的作品提供了一种非常复杂的，尽管并不是全部作品中展示的，情感的政治。这种情感的政治有种潜在的力量，促使我们用一种新的方式去思考有组织的反抗，去想象异质的群体。这实际上是一部伟大的女性主义作品，但是通过伍尔芙女性主义批评，它的政治含义远远超过了女性主义意识。对于差异、理解、沟通和社群形成，它都提供了一种创新的方式。

在对伍尔芙和张爱玲的研究中，跨国主义是一个相互矛盾的概念，因为它既不是一个给定的事实，也不是一个待定的但被无限推迟的未来学；这是一个女性主义的政治理想，需要不断地工作，是不可能做到的翻译和微妙的情感转移。由于谢俐丽认为张爱玲和伍尔芙并没有形成一组对称的或相似的对比，因此她也并不希望对比英国现代主义和中国现代主义。如果在将两者并置的时候，只是对于意象的类推、比较和镜像，那么在两者比较的自明的框架内的再现中，调查和中立则是更进了一步，这应该是现在的研究应该采取的。总之，谢俐丽的研究目标是提出并挑战将张爱玲和伍尔芙分开的意识形态和经典的边界线，并使张爱玲成为一个作家，一个中国移居国外的流散作家，一个有代表性的中国女性作家。尽管张爱玲确实写过并出版过英文书，她也翻译过，但她几乎从未被认为是以英语为母语的作家、美国亚裔作家或流散作家。张爱玲的国籍身份似乎是自然而确定的，她的文化传承也很固定，这给了她在中国文学中的独特地位，这些都是被忽视的，它提醒我们跨国主义在某些政治主体上造成的困难比在其他问题上造成的困难更多，程度更大。由此，谢俐丽提出的问题是：我们怎样与那些未能度过这些困难的人达成妥协？不同语言和文化在更好的沟通方面有哪些困难？在翻译中，情感到底是促进者还是阻碍者？

用这种观点来看张爱玲及其作品，谢俐丽认为这样一种极端的或夸张的观点，与情感的概念是非常不一致的。正如德勒兹及其学派证明的，情感实际上是潜在的、不断形成的、强烈的。对于这方面，斯坦利·卡维尔（Stanley Cavell）争论道，在了解别人的痛苦并不神秘这一论点上是有用的提醒。"知道你在痛苦中就是承认痛苦，或者拒绝承认——我对你的痛苦感同身受。"① 谢俐丽认为，在了解张爱玲的苍凉的背后并没有神秘的知识，同时还需告诫的是自我翻译包括很大的情感风险，更别说政治上的风险了，这两者是比肩而行的。依恋、不真实的忠诚、背叛或不忠在翻译情感的复杂化中都是需要考虑的因素。这是对情感的误解，而不是了解，了解是需要分析的。

通过以上五位学者对张爱玲与欧美女性作家以及华裔女作家的对比研究，我们发现，将她们和张爱玲放在一起讨论时会面临一些挑战。任何一位作家，由于成长的文化环境的差异，就如同我们的身体一样，打上了其独特的空间印记——它有领地和边界。在这种观点下，将张爱玲与其他女性作家放在一起既是比较、类比，也是用一方来征服另一方。不同的作家是在空间和领地上完整隔开的，独立的存在，就像上海、伦敦和纽约，被大西洋隔开的不同大陆上的不同城市，是完全不可能接触的。不管是对女性成长意识的共性、中美女性哥特小说的不同风格进行的研究，还是对张爱玲、赛珍珠、谭恩美这样永远在"他者"世界里挣扎的"另类"作家比较，抑或是将张爱玲与伍尔芙这两位天才的女作家放在一起进行解读，我们都应该将语境看成是不断移动的领土，个性是"建构"的始终目标。在跨国主义的语境下，用另一种方式来阅读女性、主体、城市、个人和空间，才能避免传统领域里的征服、主导、殖民、帝国主义和战争。

比较文学领域里的比较，其实就是建立一个通道，"是在相互尊重、保持各自文化个性、差异与特质的前提下进行平等对话"。② 因此尽管上海、纽约、伦敦相隔万里，尽管张爱玲从未与伍尔芙、维尔登等作家谋面，但我们想象有一天，她们在电车上相遇，她们一定会互相交流，她们会发现对方是以同样的方式来面对周遭一切的陌生人。

---

① Stanley Cavell, *Must We Mean What We Say*? Cambridge: Harvard University Press, 1976, p. 48.
② 曹顺庆：《东西方不同文明文学比较的合法性与比较文学变异学研究》，《外国文学研究》2013 年第 5 期，第 56 页

# 第五章

# "参差的对照":中国与英语世界的张爱玲研究的差异

不管是英语世界的张爱玲研究还是中国国内的张爱玲研究领域,都有一大批思想活跃、学术态度严谨的学者,他们或对张爱玲研究中传统的文学性和写作技巧问题提出更深层次的探求,或对性别政治、民族主义等张爱玲研究的新领域发出不同的声音。在这些路径各不相同的反思中,由于学术传统、思想氛围的差异,英语世界的张爱玲研究和国内的相关研究出现了不同的话语空间,但都值得我们侧耳倾听。通过对比国内与英语世界的张爱玲研究的差异,可以帮助我们更好地建构张爱玲研究的理论大厦,在多元问题中形成自己的独立思考。

## 第一节 意识形态分析:文学的政治性

不管是英语世界还是中国国内的张爱玲研究,意识形态都是一个不可回避、首当其冲的问题。2005年复旦大学出版社出版夏志清的《中国现代小说史》时,虽然距离其英文版已经45年,但在"出版前言"中仍写道:"夏志清的《中国现代小说史》是一部有相当影响、也是有相当争议的中国现代小说研究的学术著作……我们认为,为了繁荣学术研究,扩大学术交流,出版一些不同思想、不同观点、不同倾向的学术论著还是很有意义的。"[①] 张爱玲及其作品在国内的传播与接受有着非常明显的意识形态影响,其中两个明显的节点就是1949年中华人民共和国成立后张爱玲

---

① [美]夏志清:《中国现代小说史》,复旦大学出版社2005年版,第1页。

作品的消失和 20 世纪 80 年代的重新浮现。

## 一　张爱玲：意识形态的表象

20 世纪后半期以来，意识形态在文化批评领域中不仅是重要的方法论，而且也是文学理论的重要组成部分，文学理论的文化政治指向已经十分明显。文学研究中的文化政治学倾向也是当代西方马克思主义文化理论家多注意到的现象。林纳德·杰克逊（Leonard Jackson）在其著名的《马克思主义的解物质性：文学与马克思主义理论》（*The Dematerialisation of Karl Marx: Literature and Marxist Theory*）一书中专门以文学理论和社会革命为章节的题目，非常明确地指出了文学理论的政治指向：

> 当代文学理论具备其政治日程，这一点是人们达成的共识。它旨在摧毁阶级制、父权制、帝制以及支撑这三者的西方形而上基础。……事实上，文学理论的雄心并不限于此：它也意欲改变人类主体性本质，或至少改变我们对人类主体性的观念。它旨在建立或至少辨别出一个"去中心的主体"，这个主体实际上是一组"文本性效果"……但是这种具有政治形态的文学理论在 20 世纪 60 年代后才形成，而且在 80 年代以后才在学术界成为主导的实践。[①]

张爱玲 1952 年离开中国大陆，此后 30 年在大陆文学史中失去踪影，夏志清带有一定意识形态观点的《中国现代小说史》，重新发掘了她小说的艺术魅力，奠定了后来"张学"研究的基础而具有特殊意义。因此张爱玲研究本身就存在意识形态问题。首先是张爱玲及其作品的意识形态问题，其次就是英语世界的研究者与国内评论家的意识形态问题。

张爱玲本人的意识形态问题，是 1949 年之后很长一段时间内对张爱玲进行评价的首要问题。20 世纪 40 年代初的上海，张爱玲横空出世，1944 年她的小说集《传奇》出版四天后即销售一空，在不到四个月的时间里印刷了三次。抗战胜利后，她由于发表作品的刊物的性质、抗战期间所参加的社会活动，特别是与胡兰成的关系等这些政治原因一度搁笔，

---

[①] 转引自王晓路《西方马克思主义文化批评研究》，北京大学出版社 2012 年版，第 150 页。

1947年与导演桑弧合作的电影《太太万岁》和《不了情》等获得了巨大的成功。新中国成立后以梁京为笔名创作小说《十八春》和《小艾》，1951年张爱玲还参加了上海第一届文学艺术界代表大会。但是1952年张爱玲突然离沪赴港，期间受到美国驻港总领事馆新闻处（简称"美新处"）的资助，完成两部"反共"小说《秧歌》和《赤地之恋》。1955年秋，张爱玲乘坐轮船离港赴美，从此永远离开了中国，在大洋彼岸走完了自己的人生。也就是那以后几十年的中国大陆文学史上没有了张爱玲的名字，她从人们的视野中消失了，关于她个人的消息和她的作品都处于冰冻状态。直到20世纪80年代之后，张爱玲热才从港台蔓延到大陆，此后逐渐升温。张爱玲国内接受史的跌宕起伏对应的历史时期大概是上海沦陷期、抗战胜利后、新中国成立后至20世纪70年代、20世纪80年代至今。这些时间段反映出了张爱玲及其作品本身存在的意识形态问题。

无可否认，张爱玲在大陆的重新崛起，在很大程度上得益于夏志清、李欧梵、王德威等一批海外华人批评家的极力推崇。特别是夏志清的《中国现代小说史》，第一次将张爱玲纳入到了文学史的叙述之中。在这本书中，关于张爱玲的一章有42页，鲁迅的一章只有26页（英文版）。夏志清在书中将张爱玲列为单章详细分析评述，并在章节开篇称张爱玲是"今日中国最优秀最重要的作家"。他认为《金锁记》是"中国自古以来最伟大的中篇小说"，《秧歌》"在中国小说史上已经是不朽之作"。夏志清将张爱玲置于中外文学的大背景中考察，发掘出她创作思想和艺术手段的渊源——对于中国传统文化、人情风俗及西方文学意象的营造，心理刻画技巧的把握。同时，夏志清继承胡兰成所说的张爱玲对普通人弱点的包容和同情观点，指出其小说的苍凉意味。郑树森认为，要是没有夏志清对张爱玲的定位，就肯定没有后来创作上的"张派"、研究上的"张学"、读者群中的"张迷"。[①] 像夏志清这样一批英语世界的文学批评家，他们本人所持的意识形态立场以及他们的地缘性所蕴含的意识形态意味，也是我们在考察张爱玲研究的意识形态问题中一个不可忽视的因素。

随着中国政治经济的发展，传统的文学研究也在悄然发生变化。对于

---

[①] 许子东、梁秉钧、刘绍铭编：《再读张爱玲》，山东画报出版社2004年版，第5页。

研究者本身的意识形态因素，国内的学者已经有足够的自信，表现出一种更加从容和理性的心态。例如对于夏志清《中国现代小说史》中鲁迅和张爱玲哪一位更伟大，张爱玲是不是"今日中国最优秀最重要的作家"，《金锁记》和《秧歌》是不是最伟大的不朽之作等这些问题，中国学界认为都可以商榷，可以同意，可以不同意，但是形成的共识是，夏志清开风气之先的勇气、眼光和比较研究视野带给大陆现代文学研究的影响不容小觑。乐黛云指出："旅居美国的夏志清教授所写的《中国现代小说史》固然有许多我们不能同意的观点，但我认为他有一个长处，就是经常从比较的角度来谈出中国现代小说的特色……这样从与同时期世界文学的比较中来看中国现代小说的特点，当然要比孤立地'就事论事'来得深刻。我想，中国现代文学史中的许多问题通过比较可以得到更好的阐明。"[①]

## 二 《秧歌》与《赤地之恋》：意识形态的冲突

在对英语世界的张爱玲研究进行梳理的基础上，目前国内与英语世界的张爱玲研究在意识形态领域的主要不同点集中表现在对《秧歌》和《赤地之恋》的评价上，这两部作品触及到了意识形态的冲突点。

《秧歌》与《赤地之恋》是张爱玲到香港后完成的两部作品，由于当时张爱玲受到美新处的资助，这两部作品在国内很长一段时间内被认为是在美国授意下的"反共文宣"。根据高全之对当时美新处处长理查德·麦卡锡（Richard M. McCarthy）的访谈："张爱玲与我们协议提供翻译服务，翻译一本算一本。美新处乃政府机构，支持美国的外交政策。美国外交政策之一，是努力制止毛泽东思想在亚洲蔓延。达成此项目的方法之一，即忠实报导中国大陆的情况。"[②]《秧歌》中文版1954年在香港出版，英文版于1955年在美国出版，《赤地之恋》中文版也是1954年在香港出版。《秧歌》英文版首页标明"献给理查德与莫瑞"，理查德指的就是麦卡锡，莫瑞是莫瑞·罗德尔（Marie Rodell）女士。她是张爱玲在美国的出版代

---

[①] 乐黛云：《比较文学与中国现代文学》，北京大学出版社1987年版，第73页。

[②] 高全之：《张爱玲与香港美新处：访问麦卡锡先生》，《张爱玲学：批评·考证·钩沉》，一方出版有限公司2003年版，第244页。

理人。① 这些是给《秧歌》和《赤地之恋》贴上"反共"标签的外在因素。

就作品而言，这两部小说都涉及到了新中国成立后中国农村土改的现实，对于当时农村的饥荒问题和"三反五反"进行了描述。在20世纪50年代触及中国农村的敏感问题，而且是用她那冷冷的张氏手法将人性中所有的恶都聚在一起加以强化，希望表现她所理解的政治名义下恐怖的对人性的迫害。对于这样的作品，中国大陆当时激烈的反应是很容易理解的。柯灵在《遥寄张爱玲》中虽然更多的是温情的回忆，但是对《秧歌》和《赤地之恋》却是在意识形态的框架下进行评述的："我坦率地认为是坏作品……并不因为这两部小说的政治倾向……海外有些批评家把《秧歌》和《赤地之恋》赞得如一朵花，醉翁之意不在酒。……他们为小说暴露了'铁幕'后面的黑暗，如获至宝。"② 于青在《张爱玲传》中也认为"这两部书稿的写作和出版，应为张爱玲创作生涯的'滑铁卢'阶段。其主要原因是应召而作，命题作文"。③ "《秧歌》和《赤地之恋》这两部长篇小说的政治倾向性，反映出作者的一种心态，自然，谋生是前提，但在另一方面，也现实了作者政治上的幼稚。"④ 在2000年11月由香港岭南大学中文系主办的"张爱玲与现代中文文学"国际学术研讨会上，刘再复也表达了类似的观点："无论是《秧歌》还是《赤地之恋》，都是在经济的压力下写就的'遵命文学'。……不得不与当时美国的反共意识形态相通。……其反共的动机与立场，非常明显。"⑤ 不过，国内也并不是所有学者都持这样绝对的观点，一些年轻学者对张爱玲这两部作品的评价相对更温和也更客观。余斌在《张爱玲传》中认为："《秧歌》自然已是一部近乎完美的作品，即如《赤地之恋》，虽有种种可挑剔之处，至少也显示了她准确把握时代气氛的能力以及驾驭'尖端'题材的一种可能

---

① 高全之：《张爱玲与香港美新处：访问麦卡锡先生》，《张爱玲学：批评·考证·钩沉》，一方出版有限公司2003年版，第243页。

② 柯灵：《遥寄张爱玲》，《读书》1985年第4期，第102页。

③ 于青：《张爱玲传》，中国华侨出版社2003年版，第294页。

④ 于青：《天才奇女——张爱玲》，花山文艺出版社1992年版，第258页。

⑤ 刘再复：《张爱玲的小说与夏志清的〈中国现代小说史〉》，许子东、梁秉钧、刘绍铭编：《再读张爱玲》，山东画报出版社2004年版，第47页。

性。"① 皓元宝指出："大陆学者重新发现张爱玲时特别看重她四十年代的创作，我认为主要是文学史反思过程中矫枉过正所致。文学史反思最初的兴奋点是重新评价被以往政治标准排斥在文学史权威叙述以外的作家作品，对张爱玲如此，对周作人、钱锺书也一样，这些作家的意义确有非意识形态或反意识形态的方面，但仅仅着眼于此，无视其他方面，那就是用新的单一标准（非或反意识形态）取代旧的单一标准（迎合意识形态），从意识形态的角度看自然各各不同，但对作品整体艺术内涵的片面选择，却如出一辙。"② 袁凌的观点与皓元宝是一致的。他认为："所谓矫枉过正，就是在反拨旧的政治决定论的同时，又滑入了新的政治决定论，即把凡是与政治疏远的作品都划进纯艺术领地，而和政治接壤的作品则想当然地划进非艺术的领地，张爱玲四十年代的小说与政治无关，于是就给予较高乃至极高的评价，对五十年代以后像《秧歌》、《赤地之恋》带有政治倾向的作品则通通视为拙劣的宣传。"③ 费勇在《张爱玲传奇》中则进一步肯定了张爱玲的"作家的立场，或者说，是文学的、人道的立场"，并特别指出《秧歌》"从一个独特的角度表现一场震惊世界的大革命"，"即便对于二十世纪中国文学史而言，也是宝贵的收获"。④ 但是，总体来说，这两部作品在国内还是被归于"具有反共倾向的作品"。

在英语世界的张爱玲研究中，也正是由于这两部作品具有"反共倾向"的特殊意义，而被给予了更多的关注。夏志清认为"《秧歌》在中国小说史上已经是本不朽之作"。⑤ 针对中国国内评论界所批评的由于张爱玲没有在农村生活的亲身经历，而导致了"《秧歌》和《赤地之恋》的致命伤在于虚假，描写的人、事、情、境，全都似是而非，文字也失去作者原有的光彩"⑥ 这样的指责，夏志清辩护道：

---

① 余斌：《张爱玲传》，广西师范大学出版社2001年版，第319页。
② 皓元宝、袁凌：《重评张爱玲及其他》，《山东社会科学》1999年第3期，第85页。
③ 同上。
④ 费勇：《张爱玲传奇》，广东人民出版社1996年版，第239—240页。
⑤ [美]夏志清：《中国现代小说史》，复旦大学出版社2005年版，第254页。
⑥ 柯灵：《遥寄张爱玲》，《读书》1985年第4期，第104页。

作为研究共产主义的小说来看,这两本书的成就,都非常了不起,因为它们巧妙地保存了传统小说对社会和自我平衡的关系。而且,更难得的是,这两本小说既没有滥用宣传口号,也没有为了方便意识形态的讨论而牺牲了现实的描写。那是西方反共小说的通病。……张爱玲和他们恰巧相反。她不是研究共产主义的学者:共产主义之出现,令她大感意外。因此,在她的小说中,她是以人性而非辩证法的眼光去描写共产党的恐怖的。她的着眼点是:一个普通的人,怎样在一个完全陌生的制度下,无援无助地,去为着保存一点人与人之间的爱心和忠诚而挣扎的过程。[①]

夏志清在艺术方面肯定了《秧歌》中的人性内涵,王德威则在这两部作品中看到了饥饿、未消失的女性主体等张爱玲自己的风格。[②]

客观地来说,利用艺术来宣传政治立场在任何文化和历史时期都是普遍的事情,像这样的宣传获得其作为现代政治的所有意义,是发动媒体技术来形成和控制大规模的民众的观点。完全否认这两部作品的政治宣传意味也是不客观的。正是由于《秧歌》和《赤地之恋》具有一定的政治宣传性,作品中有一些与刻板形象相联系的地方也就不足为奇了。英语世界的一些研究者认识到,针对当时的世界政治格局,在冷战的地缘政治的紧张压力之中,东亚已经成为主要战场,这个时期张爱玲属于蓬勃兴起的能用(至少)两种语言进行写作的泛太平洋写作团体。他们的作品受到环境的限制,像张爱玲这样的流亡作家也不得不挣扎在从亚洲到美国的这样一个转变中,这一变化深深地改变了他们的民族认同感。事实上,《秧歌》和《赤地之恋》吸引英语世界研究者的地方还在于它跨文化的维度:这两部小说分别用英文和中文进行了创作,就像它有两个不同的生命一样,不仅是在于两种语言,而且还有两种不同的文化环境。例如布朗大学的李明在《美国亚裔的主体性:美学调和与写作道德》中就着重研究了张爱玲是怎样调解小说写作和"真理"之间不确定的、危险的关系,以此来反思张爱玲在这两部小说中试图进行现实主义写作的意义。他指出:

---

[①] 转引自刘锋杰《想像张爱玲》,安徽教育出版社2004年版,第131—132页。
[②] 刘再复:《张爱玲的小说与夏志清的〈中国现代小说史〉》,许子东、梁秉钧、刘绍铭编:《再读张爱玲》,山东画报出版社2004年版,第47页。

"夏志清赞扬《秧歌》，认为它超越了政治写作的限制，他批评《赤地之恋》太着急而没有完成写作计划。我对于这两本小说本身的比较不是那么感兴趣，更确切地说，是强调另一种对比，即张爱玲关于文学现实主义的微妙的沉思与决定她的作品被解读和误读的多种因素的政治环境之间的对比。"①

对于美国读者而言，《秧歌》毫无疑问提供了关于中国的一些其他途径可能无法获得的信息，同时她自己的身世背景和个人经历又格外给予这种叙述一种真实性。评论家一再地提到她的"逃离"，以此来强调她对共产主义的第一手经验。通过将张爱玲描述中国状况的能力和她的种族背景、个人历史联系在一起，美国读者不知不觉地接受了一种与卢卡奇的阶级意识概念相类似的逻辑。但是在决定张爱玲进入美国文化市场的条件时，种族划分很轻易地就取代了阶级。美国读者认为这部小说的首要功能是民族志的，因此将她的文化身份看成是一个证据，以此证明《秧歌》的内容是真实的。

夏志清试图超越政治来评价《秧歌》，但是，与夏志清的评论相反，美国的读者看张爱玲的小说里的共产党"暴行"时，恰恰在于这种粗野，因为它提供了其他一些不能获得的"事实"来满足美国读者的好奇心。在这种情况下，《秧歌》就属于在美华人的中国书写悠长传统中，从容闳的《我在中国和美国的生活》（1909）一直到现在为数众多的关于"文化大革命"的回忆录等之类的出版物。

李明通过对美国主流媒体，如《时代》和《星期六评论》发表的关于《秧歌》的评论的粗略调查，发现称赞这部小说的评论家们都很明确地表示张爱玲关于"现代中国的小说"迷住了她的读者。原因是其"对世俗的和真实的报道给出了所有的证据"，② 被认为"可能是至今为止对

---

① Lee, Christopher Ming, "The Asia American Object: Aesthetic Mediation and the Ethics of Writing", Doctoral Dissertation, Brown University, 2005. p. 51.

② Paul Pickrel, Rev. of *The Rice-Sprout Song*, by Chang Eileen, Yale Review, 1955, p. 639.

中国共产党领导下的中国描写得最真实的小说"。① 普勒斯顿·斯科耶（Preston Schoyer）在《星期六评论》中写道："张爱玲给予场景和人物以最真实的感觉和最中国的味道；这两者都是无与伦比地生动。这本书还有另一个维度，即关于红色中国的生活和这个新政权的主要特点，和相关的学术研究相比，它打开了一扇更清楚的窗户。"② 通过与那些苍白的学术著作相比，斯科耶将《秧歌》描述为一部更好地描写了中国社会的小说，他暗示了一种"本质的"中国文化确实存在于事实的领域之外。他的评论进一步说明与复杂的信息相比，一般文化对于和世界的感性交流更感兴趣。事实上，评论家们被文化的特性，小说的因素所吸引，也喜欢用"真诚""激动人心"和"夸张的"这样的词语描写他们的反应。

与国内的张爱玲研究相比，英语世界的张爱玲研究更充分认识到张爱玲生活的独特性——作为一个流行作家，一个有宣传作用的作家，一个流亡者，一个隐居的传奇——也产生了一种主体地位，认为张爱玲极大地丰富了在更广大的亚太现代性语境下我们对于美国亚裔作家的理解。张爱玲总是能够一再地将历史的另外一面转变为创造性的来源，正是这一点使她受到了欧美众多热爱中文的读者的喜爱。由于美国亚裔研究更多的关注冷战时期的跨国因素，对于张爱玲作品的重新阅读，带有意识形态色彩也是在所难免的，但是至少可以给我们提供思考的其他角度。

## 第二节 文学现代性：影响与融合

张爱玲的小说集《传奇》的增订本封面所呈现的是她作品现代性的一个绝好的注解：晚清时的一张仕女图，一个女人幽幽地在那里玩骨牌，旁边坐着抱着孩子的奶妈，仿佛是晚饭后最家常的一幕。栏杆外，很突兀

---

① "Slavery & Hatred", *Time*, from Lee Christopher Ming, "The Asia American Object: Aesthetic Mediation and the Ethics of Writing", Doctoral Dissertation, Brown University, 2005. p. 56.

② Preston Schoyer, "The Smell of the Hidden World", Rev. of *The Rice-Sprout Song*, by Chang Eileen, *Saturday Review*, 21 May, 1955, p. 18.

的，有个比例不对的人形，像鬼魂似的，非常好奇地往里窥视——那是现代人。

这个画面是古今的对照、大小的对照，传统与现代、现实与超现实的组合。她选取的是传统中最富于生命力的民间艺术，她的作品中存在着一个隐而不见的、中国式的戏剧舞台，热闹、开放，有嘈杂的音乐、鲜明而冲突的色彩，富于戏剧性的动作和对白。但她的"现代"与"五四"提倡的"现代"内涵又有所不同，"五四"的现代指的是"科学的""民主的""革命的"，而张爱玲的现代指的是"超越种族的""集体的""世界的"。国内的张爱玲研究和英语世界的张爱玲研究也就是在两种不同的文化下互相地"看"与"被看"，在对现代性的不同理解中，互相影响，走向融合。

## 一　英语世界张爱玲研究的现代性立场

王德威在"海外中国现代文学研究译丛"总序中指出："（西方）现代中国文学研究最重要的成果之一是对'现代性'的探讨。"[①] 布赖恩·麦克黑尔（Brain McHale）认为："现代主义的主旨是认识论的。即现代主义文学作品打算提出下列问题：从作品中获知什么？如何获知？谁知道它？他们如何知道它？其确切程度如何？认识是如何从一个人传到另一个人的？可信性如何？认识从一个人传给另一个人时，认识的对象是如何改变的？什么是认识的极限？等等这类问题。"[②] 这也就是说，现代主义作品犹如一个被编制了各种密码的文本，读者要从中获取知识，就需解开或破译这些密码，因而这种诉诸认识论的问题有着某种"不确定性"（uncertainty）。

英语世界的张爱玲研究学者中，李欧梵以其对中国现代性问题的研究而知名，他以"现代性"的多重面孔为核心，从其博士论文《中国现代作家的浪漫一代》到《现代性的追求》，再到《上海摩登——一种新都市文化在中国（1930—1945）》，都是其文学研究中对"现代性"的理解。

---

[①] 季进、王尧主编：《海外中国现代文学研究译丛》"总序"（王德威），上海三联书店 2008 年版，第 6 页。

[②] 王宁：《二十世纪西方文学比较研究》，人民文学出版社 2000 年版，第 15—16 页。

在对张爱玲的研究中,李欧梵看重的是张爱玲与摩登上海的关系,这个繁华都市给张爱玲的创作带来的影响以及张爱玲与上海之间的感性关系。他将研究上海看作是探讨中国文学现代性过程中带有必然性的结果。李欧梵认为"张爱玲在她的小说中是把艺术人生和历史对立的","她把文明的发展也从两个对立的角度来看:升华——这当然是靠艺术支撑的境界;浮华——则无疑是中产阶级庸俗的现代性表现"。[①] 李欧梵在《追求现代性(1895—1927)》一文中指出:"从西方的眼光看,'现代'这个词被说成是与过去相对立的一种当代时间意识,它在19世纪已经获得两种不同的意蕴。"[②]

上海女作家潘柳黛曾回忆,爱穿老祖母古董衣的张爱玲,曾兴致勃勃地邀她加入复古行列:

> 还有一次相遇,张爱玲忽然问我:"你找得到你祖母的衣裳找不到?"我说:"干吗?"她说:"你可以穿她的衣裳呀!"我说:"我穿她的衣裳,不是像穿寿衣一样吗?"她说:"那有什么关系,别致。"[③]

在杨翼编的《奇女子张爱玲》中也有以下的记载:

> 她为出版《传奇》,到印刷所去校稿样,穿着奇装异服,使整个印刷所的工人停了工。她着西装,会把自己打扮成一个十八世纪的少妇,她穿旗袍,会把自己打扮得像我们的祖母或太祖母,脸是年轻人的脸,服装是老古董的服装。[④]

老祖母的古董衣是张爱玲眼中最别致的穿着打扮,但在别人眼里却如寿衣般带着死亡的气息,是身体的坟场、时间的墓园、家族记忆的"历史残缺物"。张爱玲在《对照记》中更津津乐道家传古董衣的珍贵,有一

---

① [美]李欧梵:《现代性的追求:李欧梵文化评论精选集》,三联书店2000年版,第141页。
② 同上书,第234页。
③ 陈子善编:《记忆张爱玲》,山东画报出版社2006年版,第84页。
④ 杨翼编:《奇女子张爱玲》,奔马出版社1984年版,第17页。

回姑姑拆了祖母的一床夹被的被面给张爱玲，好友炎樱帮忙设计成一件美丽的衣服。"米色薄绸上洒淡墨点，隐着暗紫凤凰。"又有一回舅舅从箱子里找出一件大镶大滚宽博的短毛貂皮袄，叫张爱玲拆掉面子用皮里子做件皮大衣。"我怎么舍得割裂这件古董，拿了去如获至宝。"

古董衣是最"贴身"且"切身"之记忆，张爱玲对老祖母古董衣的迷恋，首先当然是祖传的古董衣见证了张爱玲贵族名门的出身。正如本雅明强调嗅觉记忆的"氛围"（aura），古董衣裳的樟脑甜香，恰是彼时彼地的时间距离召唤。时间的身体感官经验，家族的兴衰沧桑历史，都具体而微成老祖母大镶大滚的古董衣，穿在身上，如获至宝。"回忆这东西若是有气味的话，那就是樟脑的香，甜而稳妥，像记得分明的快乐，甜而怅惘，像忘却了的忧愁。"① 老祖母古董衣的第二层意义，是因为古董衣是过去时间的寿终正寝，在现代性线性时间进步观的催逼风暴下，无可避免地成为"老"古董，成为家族记忆的废墟，成为"过世/过时"的"历史残缺物"。

李欧梵看张爱玲，她就是以"普通人的传奇"对现代中国历史的宏大叙事进行巨大的颠覆，用"超乎历史书写和超乎信仰的类型"的"传奇"，填充那些被"宏大叙事"和"进步主义"书写所遗忘的角落。时尚意识在时间与空间上的交织，扑朔与迷离，使得张爱玲的作品在苍凉废墟中展现了其特有的华丽姿态。"张爱玲作为一个女性作家，借着她小说中的美学资源，也在试图超越她自身写作的历史境遇。因此，张爱玲凭着她的小说艺术特色，对现代中国历史的大叙述造成了某种颠覆。"②

王德威在《想像中国的方法：历史·小说·叙事》一书中，他提到了"被压抑的现代性"，《被压抑的现代性——晚清小说新论》中更进一步详细阐释了"没有晚清，何来'五四'？"这一论点，提出了对"五四"新文学以来形成的"写实主义"传统的质疑。他指出晚清作家的创作内容十分丰富，包括狭邪小说、侠义公安小说、丑怪谴责小说和科幻小说四大文类，它们一一对应"20 世纪中国'正宗'现代文学的四个方

---

① 张爱玲：《流言》，北京出版社出版集团、北京十月文艺出版社 2009 年版，第 17 页。

② ［美］李欧梵：《上海摩登——一种新都市文化在中国（1930—1945）》，毛尖译，北京大学出版社 2001 年版，第 307 页。

向：对欲望、正义、价值和只是范畴的批判性思考，以及对如何叙述欲望、正义、价值、知识的形式性琢磨"。①"五四"以"写实主义"独尊，压抑了晚清的路径多样的"现代性"。

在《张爱玲再生缘——重复、回旋与衍生的叙事学》中，王德威根据德勒兹区分"再现"的两种方法——一种视现实为圣像，务求再现灵光；一种视现实为海市蜃楼，将其作幻影般呈现，认为"张爱玲的与众不同之处，就在于穿梭于此二者之间，出实入虚，终以最写实的文字，状写真实本身的运作与权宜"。这样，张爱玲"以双语四写同一题材的努力，隐含着她对现实，以及写实/现实主义的抵抗"。②

在如何阐释中国的现代性问题上，周蕾在《妇女与中国现代性》一书中从边缘的角度论述了张爱玲对于"不相干"的生活细节的态度。"细节被用来作为问题切入点，探讨现代中国叙事里'历史'探究底层矛盾的情感结构。""张爱玲小说中，女性的问题是其关切焦点，透过感官细节的着墨，她的小说产生出对于现代性与历史的另类探究途径。"③周蕾认为，突出强调现代中国的历史，将"现代中国"研究看作是当代文化研究的基础，目的在于中国这个文明古国转变成现代国家的"命运"，是如何体现和预示了现今西方正面对的许多难题。西方过去几百年来以帝国主义不断践踏非西方文化，因而西方对"现代化"所带来的创伤和灾难的认识，比受它压迫的非西方文化要晚得多。

新泽西州立大学的卢迎九认为，张爱玲的小说文本阅读应该与作者称之为的"一般现代性"的广泛阅读相对抗，这种广泛阅读是在城市环境下的中国现代经验。在《方言现代性：张爱玲与都市中国的现代高雅小说与低俗小说》中，卢迎九通过社会学角度、文化角度、美学角度、认识论角度和人性角度五个方面论证了张爱玲创造性思想和实践在中国现代文学史和文化史中的重要意义：通过这种写的模式，当她放弃了作为现代

---

① [美]王德威：《被压抑的现代性——晚清小说新论》，宋伟杰译，北京大学出版社2005年版，第55页。

② [美]王德威：《张爱玲再生缘——重复、回旋与衍生的叙事学》，许子东、梁秉钧、刘绍铭编：《再读张爱玲》，山东画报出版社2004年版，第18页。

③ [美]周蕾：《妇女与中国现代性》，蔡青松译，上海三联书店2008年版，第131—132页。

精英知识分子的价值创造角色的同时，张爱玲也保留了相当于艺术现代概念的反映。

张爱玲的小说人物，如果将其看成是对之前所描写的中国现代小说的传统的反叛，她达到的已经是非常有意义的了。她的突破一方面在于她的小说确实包含第三人称的维度，张爱玲真实而清楚地描述这些人物，从他们可怜的琐碎和自我欺骗中，我们能感觉到从作者优势地位产生的轻视和距离。但是同时，张爱玲也在小说中建立了第一人称的亲切感。在她的笔下技巧的观点和自由间接的话语成为真切的理解、亲切和同情的工具，表明张爱玲的小说开始感觉像是人物的自传性叙述。张爱玲在描写人物时完全擦去了感伤主义；但是在她努力地去真正理解她们时，她又靠近了她们（"靠近"指的是亲切和感伤），就像那些自我表达的作家靠近他们自己一样。她抵达人物的那些洞见，恰恰是因为亲密的关系事实上是更残忍的真实。

从现代性的角度来看，卢迎九指出张爱玲所发现的现代自我的真相并不是很美好的：现代主体是自恋的（流苏）、难捉摸的（柳原）、分裂的（振保）、被现代技术文明所物化的（吴翠远），或者超过了理性自我的控制或知性的神秘的和非人性的力量所驱动的（薇龙）。事实上，张爱玲带领读者如此走近她的小说人物，使读者深入地、亲密地去研究她的人物的内在生活，仅仅是最后发现这种被称之为内在生活的只是一种内在性，对于自主的个体或相关的主体并没有增加。

张爱玲的作品，尽管在文化、美学和认识论上都构思非常精巧，但是可能还是缺少带来真实的社会和伦理道德改变的力量。正如我们已经认为她是属于我们这个时代的作家，她的局限也是为我们所处的这个历史性时刻所代言的：毕竟，现代时期和现代文化可能是我们所知的能带来革命和划时代改变的构思的最近的一个时代。不管是好还是坏，我们都超越了这点。

## 二 国内张爱玲研究的现代性反思

孟悦的《中国文学"现代性"与张爱玲》（1992）一文是国内对张爱玲的整体研究方面一个突破。孟悦提出张爱玲的独创性在于她将中国现代经验——"不新不旧"的生活和语言经验——转化为一种新的文学想象。孟悦将张爱玲的《传奇》理解为一种形式，它开创了一种对传统和超现代共存的、相反的和相互的定义,这种形式使张爱玲在这两种经验和叙述的空间之间游走。

孟悦的论述是立足于中国大陆对中国现代性进行的思考。她指出:

> 中国文学"现代性"近年来成了一个话题,引起了许多争论,这本是一个极有意思的问题。因为,一个尚未完全"现代化"的国家能否产生自己的"现代"文学,是否产生过这样一种文学,这可以说是中国二十世纪文学评判面临的最大困惑之一。但令人遗憾,这些争论至今既没有充分深入到历史的、写作的具体研究层次,又未在反"西方中心"理论体系的过程中形成有特殊意义的理论话语。不久前重读了张爱玲的作品,从她对中国文学的"现代性"问题的看法和写作角度中得到了许多启示。(我是把中国文学的"现代性"看成一个开放的写作领域的。至于西方关于"现代性"的种种界定,我以为不过是一种曾经获得了话语权威的"现代观"。)她的作品使我们有可能把关于中国文学"现代性"的讨论具体化为一种现代文学写作的研究,即:如何以"现代"这样一种尚待实现的、抽象的历史时间价值去创造"中国"的空间形象,如何使一段"未完成"的历史中的中国生活体验作新的、现代的叙事想象力。[1]

对于"现代性"的这段分析,体现了孟悦作为中国大陆学者在面对中国本土具体语境时的思考,在一定程度上跳出了西方现代性经典界定的范围。西方的现代化是一个整体,而中国的社会现实决定了中国的现代化是新旧间杂的,这就决定了中国的文艺现代性和经济社会现代性无法截然分开。在这样的基础上,孟悦正视中西方差异的存在,在具体的中国本土社会和文学实践上提出中国文学应该怎样表现一个未完成的现代中国的问题。

对于张爱玲的写作,孟悦认为是"打开了一个左翼文学实践和一般'大都市作风'的作家都不曾深入的写作领域:即一个'没有完成'的'现代'给中国日常生活带来的种种参差的形态,以及在这个时代中延续

---

[1] 孟悦:《中国文学"现代性"与张爱玲》,金宏达主编:《回望张爱玲·镜像缤纷》,文化艺术出版社2003年版,第131页。

的中国普通社会",因而"她的写作却与'五四'——左翼的'现代观'及文学观进行了一场更深入的对话"。但是,孟悦认为这种对话在于"俗文化的想象力和视点",因此张爱玲与"从现代政治素质的角度拟设'大众'特别是'农民大众'的声音的左翼创作"只是"视点上的不同而已"。①

孟悦的阐释是富有成效的,它呼唤对张爱玲的解读应该抵抗中国现代经验中的一种复兴的和宽泛的理解。但是它也表明了一种有意义的限制。孟悦的研究聚焦于张爱玲文本的"文学"意象,她最后抛弃了自己想要将张爱玲的研究引向文化问题的想法。通过将张爱玲的小说阐释为对两种现代"经验"的共存的文学形式,孟悦极大地简化了张爱玲的文学事业:张爱玲的作品不仅注明了两种现代经验的模式,而且对两种经验都做了不同的回应。

20世纪80年代的"重写文学史"使张爱玲借文学研究中强调文学标准而政治标准松动的机会重新进入了中国现代文学史的视野,但是直到90年代中后期的"反思现代性"的讨论中,随着以"现代性"为核心的文学史观的完整性、同质性的破裂,张爱玲的现代性价值才得到了发现和重现。在对于张爱玲独特现代性定位的阐释中,刘锋杰的《想像张爱玲:关于张爱玲的阅读研究》不能不提。这本书对孟悦所论述的张爱玲的现代性作出回应并提出了自己关于张爱玲的现代性的观点。

刘锋杰对于"现代性"的理解是:"现代性不是时间性质在价值观上的一种直接反映,它是人类思想价值的一种基本类型,不是存在于人类精神活动的某一时段,而是存在于人类精神活动的所有时段中,它仅仅是在人类活动的某些特定的时段中表现得尤其突出而已。"② 这样一种现代性内涵突破了经济社会决定论以及时间限制成为了一种普世性的标准与价值、一种文学表现方式,因而也就无所谓西方经典现代性与中国未完成的现代性的区别了。从这样一种现代性的视角,刘锋杰通过将张爱玲与鲁迅和卡夫卡等作家比较,认为张爱玲代表的是与鲁迅不同的一种现代性,她

---

① 孟悦:《中国文学"现代性"与张爱玲》,金宏达主编:《回望张爱玲·镜像缤纷》,文化艺术出版社2003年版,第151—153页。

② 刘锋杰:《想像张爱玲:关于张爱玲的阅读研究》,安徽教育出版社2004年版,第411页。

代表着一种日常的现代性，一种个人生活主义，"显示了20世纪中国文学的现代性之转型"，同时"她改写了西方现代性的内涵"。① 由此得出结论，中国文学现代性的独特性是由张爱玲而不是鲁迅完成的。

吴福辉和陈思和两位学者都从通俗文学的角度分析过张爱玲的现代性。吴福辉在《新市民传奇：海派小说文体与大众文化姿态》中为张爱玲在海派中定位，试图从通俗文学的角度解读张爱玲创作中的传统与现代因素，认为"总体上还应承认海派使通俗文学在审美方面得以提高的功绩。海派在大众趣味中同时加进文人趣味，加进文人思想，加进知识者期待物质生活精神化，促进生命价值升华的不懈追求。张爱玲如果没有了对人世间的悲剧型感受，那她只能是个高明些的言情小说家"。陈思和的《民间和现代都市文化——兼论张爱玲现象》一文也是从类似的角度分析张爱玲："张爱玲对现代都市文学的贡献是她把虚拟的都市民间场景……与新文学传统中作家对人性的深切关注和对时代变动中道德精神的准确把握，成功地结合起来，再现出都市民间文化精神"，"使散失在都市里的民间文化碎片中心凝聚起来，再生出真正的'现代性'都市生命"。② 陈思和更多的是将重点放在张爱玲与新文学传统的关系，以及新文学传统中民间与权力的关系，触及了张爱玲的创作与"五四"新文学传统的关系这一问题。

通过比较中国和英语世界的张爱玲研究，可以发现中国大陆学者试图把张爱玲纳入新文学传统，因此从张爱玲创作中的传统与现代特点出发，寻找其与新文学传统相契合的东西。英语世界的研究者在将张爱玲放在中国新文学传统下进行观照之外，还将她置于西方文学发展历程中表现其相对新文学传统而言的"现代性"。在这两种不同的比较参照下，是对"五四"文学传统的不同态度，相比较而言，英语世界的学者在论述中，在西方现代文学传统的参照下，通过与"五四"文学传统的比较，对张爱玲的考察几乎都指向了"现代性"，借此对中国"五四"文学传统进行全方位的考察。在张爱玲研究中，"文学现代性"也就成为中西方学者不同

---

① 刘锋杰：《想像张爱玲：关于张爱玲的阅读研究》，安徽教育出版社2004年版，第478页。

② 陈思和：《民间和现代都市文化——兼论张爱玲现象》，杨泽编：《阅读张爱玲》，广西师范大学出版社2003年版，第225—226页。

话语交锋的场域。

　　英语世界的张爱玲研究，从某种程度上说，在西方学术界是一个"边缘研究"，不管是从中心看边缘，还是从边缘看中心，不同的研究过程都会有不同的收获。同时，边缘与中心实际上是一个动态的，不断发展的互为他者的视角。随着中国作为一个主权国家在政治经济领域的不断发展，综合国力的不断增强，"中国"本身就是一个不断变化的系统，国内的学者和英语世界的学者将中国作为"他者"进行研究，也就需要不断有新的参照物。具体到英语世界的张爱玲研究，我们可以看到海外学者具有独特的问题意识，同时注意批评西方的反殖民霸权，强调中国文学研究中正当的学术立场。

　　通过国内学者与英语世界张爱玲研究的差异研究，我们可以看到海外学者越洋研究张爱玲并做出了一定的学术成果，这些成果对中国国内的张爱玲研究有着促进作用。特别是他们的问题和问题意识，以及对西方新的学术资源的吸收转化，对我们不乏启发甚至解蔽功能。

　　国内的张爱玲研究，更多的是立足于中国本土的实际，一方面有对于西方各种理论的反省，同时也面对中国现实的具体问题。文学研究者在强调自己的本土独立性的同时，又希望具有全球化视野，在"走向世界"希望成为主角的同时，对全球化进程中可能失去的民族文化身份感到焦虑。扩大张爱玲研究的视野，不是在于国内研究界以量多而取胜，只有在东西方话语有效对话的前提下，加强探索性和创新性的反思和建构，真正的影响力只在本土性与全球性有效整合的前提下才能产生。通过英语世界的张爱玲研究这个个案的分析和对比，可以让我们意识到任何一种文学现象都绝非任何单一的理论模式可以穷尽，东西方这种网状交织的话语纠缠促使我们看到狭隘民族主义的危害，也厘清全球化理论的某些误区，只有在全球范围内把握东西方文化的基本走向，理性地进行各种理论的知识共享，才能最终有效地重塑作为有着悠久文明的"中国形象"。

# 结　语

张爱玲成名很早,在她的鼎盛时期,受到编辑和公众的宠爱,评论家要么崇拜她,要么责骂她,她自己也很享受这盛名。但是1954年之后,她处于文学场景的边缘,在中国现代文学的宏大话语中成为一个淡淡的影子,时至今日,对于很多读者,张爱玲还是活在20世纪40年代末期的某个时间,美丽而神秘——永远年轻永远迷人。

钱锺书先生认为"大抵学问是荒江野老五中二三素心人商量培养之事,朝市之显学必成俗学"。① 华语世界里的张学俨然成为门庭若市的显学,张爱玲的小说文集一版再版,出土的佚作遗作不断登场,警句语录充斥小资微博,"张爱玲旅游"也成为老上海的新亮点。但是对英语世界的张爱玲研究以及张爱玲后期在美国的生活研究并不多,而这正是一个对张爱玲及张爱玲研究重新思考、重新定位的过程。本书论述了英语世界的张爱玲研究,书中评述的多为北美学者的英文出版物、硕博论文,因篇幅关系,散发于期刊的文章无法一一分析,所以主要就一些代表性的著作和论文理清英语世界中张爱玲研究的主要方法和问题。

在美国生活了将近40年之后,在西方世界,文学批评家如夏志清、李欧梵、王德威等对张爱玲有很高的评价,试图使西方学术界关注张爱玲的作品,并向更广大的英语世界读者推荐她的作品。通过这些学者的不断努力,英语世界的张爱玲研究得到了很大的发展。但由于文化研究本身就是一个很难界定的"领域",它关注一系列广泛的问题,比如现代性、性别话语、权力、知识、种族、民族、阶级,因此在涉及跨文化研究,西方理论与中国文本之间的不平等关系时,西方学者和中国学者对于文本的理

---

① 转引自王晓路《西方马克思主义文化批评研究》,北京大学出版社2012年版,第18页。

解、理论话语的产生有不同的阐释。同时，意识形态、符号学、结构主义、心理分析和女性主义等理论都为张爱玲研究带来了许多新的方法，一批理论家如巴赫金、波德里亚、德勒兹、德里达、弗洛伊德、拉康、罗兰·巴特、霍米巴巴、萨义德和克里斯特瓦等也给予了研究者们深刻的影响。但是，通过对英语世界的张爱玲研究成果的梳理，发现对张爱玲的研究还有很多未能深入的议题，英语世界的张爱玲研究学者们对于张爱玲在英语世界（美国）的生活经历以及这种经历对她的创作和人生影响也未过多涉及。

与20世纪末21世纪初的喧嚣浮躁相比，近几年来，随着张爱玲《小团圆》《易经》《雷峰塔》等作品的出版，海内外涉及张爱玲的回忆、访谈和钩沉的不断披露，张爱玲的一些佚文也不断发掘和澄清，我们才发现，借用齐泽克对希区柯克的评价，关于张爱玲，永远不能说自己是已经了如指掌。曹顺庆教授指出："在全球化语境下，全世界的学者都不得不面对东西方不同文明的交流、碰撞、对话与比较，东西方不同文明文学的比较早已成绩卓著；而中国学者的比较文学研究，最主要领域就是东西方不同文明背景下的东西方文学比较。"[1] 跨文化的比较文学研究要求我们努力面对不同理论的"复数"形态，以取得"多方位"的参照，多元素的吸纳，才能避免偏执，英语世界的张爱玲研究应更多地注重"在反思中整合，在梳理中建构"。因此，通过对比研究，我们要看到的就是这种差异性。差异的视角是思想的源泉，仅仅是"差异"本身，是无法形成差异的，只有同时认识到差异和特殊性，我们才能更清楚地认识到两者之间的联系与共性，因为任何边界都不是僵硬的，都是不完全的，可以改变的。要想更好地理解两者之间的联系，更准确地懂得跨边界的含义，就必须懂得差异，才能使我们更全面地将普遍的事物理论化，才能给予差异和独特性应有的理解和尊重。任何一种文化对于自身尊严的坚守，并不意味着不能尊重、欣赏和分享同其他文化所存的"差异"。只有在充分认识到不同文明间异质性的基础上，才能实现不同文明间的互证、互释、互补，才有利于不同文化间的融合与汇通。[2]

---

[1] 曹顺庆：《东西方不同文明文学比较的合法性与比较文学变异学研究》，《外国文学研究》2013年第5期，第55页。

[2] 同上。

# 参考书目

## 一 中文论著

艾晓明主编：《世纪文学与中国妇女》，天津人民出版社2008年版。

［美］布鲁斯克：《精致的瓮》，郭乙瑶、王楠、姜小卫等译，上海人民出版社2008年版。

曹顺庆：《中西比较诗学》，北京出版社1988年版。

曹顺庆：《比较文学学科史》，巴蜀书社2010年版。

曹顺庆：《中西比较诗学史》，四川出版集团、巴蜀书社2008年版。

曹顺庆：《比较文学概论》，中国人民大学出版社2011年版。

陈晖：《张爱玲与现代主义》，新世纪出版社2004年版。

陈永国编译：《游牧思想——吉尔·德勒兹 费利克斯·瓜塔里读本》，吉林人民出版社2011年版。

陈静宜：《张爱玲长篇小说的女性书写》，台北：文静出版社有限公司2005年版。

陈永国主编：《翻译与后现代性》，中国人民大学出版社2005年版。

陈子昂：《张爱玲的风气：1949年前张爱玲评说》，山东画报出版社2004年版。

陈子善：《说不尽的张爱玲》，上海三联书店2004年版。

陈子善：《私语张爱玲》，浙江文艺出版社1995年版。

陈子善：《作别张爱玲》，文汇出版社1996年版。

陈惠芬、马元曦主编：《当代中国女性文学文化批评文选》，广西师范大学出版社2007年版。

［英］大卫·麦克里兰：《意识形态》，孔兆政、蒋龙翔译，吉林人民出版社2005年版。

［英］弗吉尼亚·伍尔夫：《一间自己的屋子》，上海人民出版社 2008 年版。

冯世则：《翻译匠语》，文汇出版社 2005 年版。

费勇：《张爱玲传奇》，广东人民出版社 1996 年版。

高鸿：《跨文化的中国叙事：以赛珍珠、林语堂、汤婷婷为中心的讨论》，上海三联书店 2005 年版。

郭银星：《苍凉的信念：张爱玲后期文学成就》，博士论文，中国社会科学院，1999 年。

高全之：《张爱玲学：批评·考证·钩沉》，台北：一方出版有限公司 2003 年版。

［美］哈蒂姆、梅森：《话语与译者》，王文斌译，外语教学与研究出版社 2005 年版。

胡兰成：《今生今世》，中国社会科学出版社 2003 年版。

胡兰成：《中国文学史话》，上海社会科学院出版社 2004 年版。

［美］黄心村：《乱世书写：张爱玲与沦陷时期上海文学及通俗文化》，胡静译，上海三联书店 2010 年版。

［美］哈罗德·伊萨克斯：《美国的中国形象》，于殿利、陆日宇译，时事出版社 1999 年版。

［美］华盛顿·欧文：《欧文小说选》，张爱玲、方馨、汤新楣译，香港：今日世界出版社 1962 年版。

季季、关鸿编：《永远的张爱玲：弟弟、丈夫、亲友笔下的传奇》，学林出版社 1996 年版。

金宏达主编：《回望张爱玲·镜像缤纷》，文化艺术出版社 2003 年版。

［美］佳亚特里·斯皮瓦克：《斯皮瓦克读本》，北京大学出版社 2007 年版。

［法］吉尔·德勒兹：《电影 II：时间—影像》，黄建宏译，台北：远流出版社 2003 年版。

罗婷：《克里斯特瓦的诗学研究》，中国社会科学出版社 2004 年版。

罗婷：《女性主义批评在西方与中国》，中国社会科学出版社 2004 年版。

罗婷：《女性主义文学与欧美文学研究》，东方出版社 2002 年版。

刘川鄂：《张爱玲传》，十月文艺出版社 2000 年版。

［美］李欧梵：《上海摩登——一种新都市文化在中国（1930—1945）》，

毛尖译，上海三联书店 2008 年版。

[美] 李欧梵：《现代性的追求》，生活·读书·新知三联书店 2000 年版。

林幸谦：《荒野中的女体——张爱玲女性主义批评 I》，广西师范大学出版社 2003 年版。

林幸谦：《女性主体的祭奠——张爱玲女性主义批评 II》，广西师范大学出版社 2003 年版。

林幸谦编：《张爱玲：文学·电影·舞台》，香港：牛津大学出版社 2007 年版。

刘锋杰：《想像张爱玲——关于张爱玲的阅读研究》，安徽教育出版社 2004 年版。

李岩炜：《张爱玲的上海舞台》，文汇出版社 2003 年版。

刘勇、尚礼：《现代文学研究》，北京出版社 2001 年版。

孟悦、戴锦华：《浮出历史地表》，中国人民大学出版社 2004 年版。

[美] 米歇尔·福柯：《性史》，张廷琛译，上海科学技术文献出版社 1989 年版。

[美] 玛·金·罗琳斯：《鹿苑长春》，李俍民译，人民文学出版社 1980 年版。

[美] 欧内斯特·海明威：《老人与海》，张爱玲译，香港：今日世界出版社 1979 年版。

钱理群等：《二十世纪中国小说理论资料》，北京大学出版社 1997 年版。

宋明炜：《浮世的悲哀：张爱玲传》，上海文艺出版社 1998 年版。

宋家宏：《走进荒凉——张爱玲的精神家园》，花城出版社 2000 年版。

苏红军、柏棣主编：《西方后学语境中的女权主义》，广西师范大学出版社 2006 年版。

单德兴：《翻译与脉络》，清华大学出版社 2007 年版。

水晶：《替张爱玲补妆》，山东画报出版社 2004 年版。

司美娟：《张爱玲传奇》，时代文艺出版社 1997 年版。

盛英：《二十世纪中国女性文学史》，天津：天津人民出版社 1995 年版。

苏珊·S. 兰瑟：《女性主义叙事理论》，北京大学出版社 2002 年版.

唐文标编：《张爱玲资料大全集》，台北：台湾时报文化出版社 1984 年版。

唐文标：《张爱玲研究》，台北：台湾联经出版社 1986 年版。

［英］特伦斯·霍克斯：《结构主义和符号学》，瞿铁鹏译，上海译文出版社1987年版。

王德威：《落地的麦子不死：张爱玲与"张派"传人》，山东画报出版社2004年版。

王德威：《如此繁华》，上海书店出版社2006年版。

王德威：《想像中国的方法》，生活·读书·新知三联书店1998年版。

王德威：《现代中国小说十讲》，复旦大学出版社2003年版。

王晓路：《西方马克思主义文化批评研究》，北京大学出版社2012年版。

王宁：《二十世纪西方文学比较研究》，人民文学出版社2000年版。

王惠玲：《从海上来：张爱玲传奇》，作家出版社2004年版。

魏可风：《张爱玲的广告世界》，文汇出版社2003年版。

万燕：《女性的精神——有关或无关乎张爱玲》，同济大学出版社2008年版。

王晓明：《二十世纪中国文学史论》，东方出版中心1997年版。

王朔等：《十作家批判书（二）》，北京理工大学出版社2004年版。

王光明：《文学批评的两地视野》，北京大学出版社2002年版。

王辉、李军：《穿越文本——20世纪中国文学的两极阅读》，社会科学文献出版社2006年版。

［德］瓦尔特·本雅明：《摄影小史——机械复制时代的艺术作品》，王才勇译，凤凰出版传媒集团、江苏人民出版社2006年版。

［德］瓦尔特·本雅明：《普鲁斯特的形象》，张旭东、王斑译，生活·读书·新知三联书店2008年版。

汪介之、唐建清编：《跨文明比较文学研究》，译林出版社2004年版。

肖进：《旧闻新知张爱玲》，华东师范大学出版社2009年版。

夏志清：《中国现代小说史》，复旦大学出版社2005年版。

许子东、梁秉钧、刘绍铭编：《再读张爱玲》，山东画报出版社2004年版。

杨泽：《阅读张爱玲》，广西师范大学出版社2003年版。

乐黛云：《比较文学与中国现代文学》，北京大学出版社1987年版。

杨雪：《多元调和：张爱玲翻译作品研究》，浙江大学出版社2010年版。

雅苓：《张爱玲的风花雪月》，中国华侨出版社2003年版。

余斌：《张爱玲传》，南京大学出版社2007年版。

于青:《张爱玲传》,中国华侨出版社2003年版。

于青:《天才奇女——张爱玲》,花山文艺出版社1992年版。

姚君伟:《文化相对主义:赛珍珠的中西文化观》,东南大学出版社2001年版。

杨冬:《文学理论:从柏拉图到德里达》,北京大学出版社2009年版。

张爱玲:《半生缘》,北京出版社出版集团、北京十月文艺出版社2009年版。

张爱玲:《重访边城》,北京出版社出版集团、北京十月文艺出版社2009年版。

张爱玲:《对照记》,北京出版社出版集团、北京十月文艺出版社2007年版。

张爱玲:《红玫瑰与白玫瑰》,北京出版社出版集团、北京十月文艺出版社2009年版。

张爱玲:《红楼梦魇》,北京出版社出版集团、北京十月文艺出版社2009年版。

张爱玲:《海上花开》,北京出版社出版集团、北京十月文艺出版社2009年版。

张爱玲:《海上花落》,北京出版社出版集团、北京十月文艺出版社2009年版。

张爱玲:《流言》,北京出版社出版集团、北京十月文艺出版社2009年版。

张爱玲:《雷峰塔》,赵丕慧译,北京出版社出版集团、北京十月文艺出版社2011年版。

张爱玲:《六月新娘》,北京出版社出版集团、北京十月文艺出版社2010年版。

张爱玲:《倾城之恋》,北京出版社出版集团、北京十月文艺出版社2009年版。

张爱玲:《小团圆》,北京出版社出版集团、北京十月文艺出版社2009年版。

张爱玲:《怨女》,北京出版社出版集团、北京十月文艺出版社2009年版。

张爱玲:《易经》,北京出版社出版集团、北京十月文艺出版社2009

年版。

张爱玲：《异乡记》，北京出版社出版集团、北京十月文艺出版社2010年版。

张子静、季季：《我的姊姊张爱玲》，文汇出版社2003年。

[美]周蕾：《妇女与中国现代性》，蔡青松译，上海三联书店2008年版。

[美]张英进：《影像中国》，胡静译，上海三联书店2008年版。

张均：《月光下的悲凉：张爱玲传》，花城出版社2001年版。

张新颖：《20世纪上半期中国文学的现代意识》，生活·读书·新知三联书店2001年版。

张岚：《本土视阈下的百年中国女性文学》，中国社会科学出版社2007年版。

周芬伶：《艳异：张爱玲与中国文学》，中国华侨出版社2003年版。

钟玲：《美国诗与中国梦——美国现代诗里的中国文化模式》，广西师范大学出版社2003年版。

赵彦春：《翻译学归结论》，上海外语教育出版社2005年版。

子通、亦清主编：《张爱玲评说六十年》，中国华侨出版社2001年版。

庄信正编注：《张爱玲庄信正通信集》，新星出版社2012年版。

## 二 英文论著

### （一）张爱玲研究博士论文

Ahn, Jaeyeon. "The Gendering of Eroticism: Modern Subject and Narrative of Yu Dafu and Zhang Ailing", Yonsei University, 2006.

Brown, Carolyn Thompson. "Eileen Chang's *Red Rose and White Rose*: A Translation and Afterword", University Microfilms International, 1978.

Chen, Chiung-chu. "The Development of Femal Consciousness in the Fiction of Eileen Chang and Fay Weldon", Univesity of South Carolina, 2003.

Chen, Ya-shu. "Love Demythologized: The Significance and Impact of Zhang Ailing's Works", University of Wisconsin-Madison, 1998.

Cheng, Eileen Joy. "Engendering the Modern: Configurations of Femininity in Chinese Literary Culture, Late-Qing-1940's", University of California, 2003.

Hoyan, Carole H. F. "The Life and Works of Zhang Ailing: A Critical Study",

University of British Columbia, 1996.

Hsieh, Lili, "The Politics of Affect: Anger, Melancholy, and Transnational Feminism in Virginia Woolf and Eileen Chang", Duke University, 2005.

Jiang, Jing. "Racial Mimesis: Translation, Literature, and Self-Fashioning in Modern China", University of Michigan, 2006.

Lee, Christopher Ming. "The Asian American Object: Aesthetic Mediation and the Ethics of Writing", Brown University, 2005.

Li, Tsui-Yan. "Rewriting the Female Body in Eileen Chang's Fiction and Self-Translation", University of Toronto, 2007.

Lin, Yu-Ting. "Shadow Play: Fantasies and Subjectivities in European-Chinese Crossings", University of Califonia, 2004.

Lu, Yingjiu. "Vernacular Modernism: Zhang Ailing and High and Low Modern Fiction in Urban China", The State University of New Jersey, 2009.

Lupke, Christopher. M. "Modern Chinese Literature in the Postcolonial Diaspora", Cornell University, 1993.

Ma, Zuqiong Cardine. "Female Cothic, Chinese and American Styles: Zhang Ailing's Ghuanqi in Comparison with Stories by Eudora Welty and Carson Mccullers", University of Louisville, 2010.

Rojas, Carlos. "Flowers in the Mirror: Vision, Gender, and Reflections on Chinese Modernity", Columbia University, 2000.

Roza, George A. Da. "Re-imagining the Site of the Feminine: A Rediscovery of Zhang Ailing's FIctional Works", University of Southern California, 2003.

Stewart, Elizabeth Cheng. "Awareness of the Woman Question in the Novels of George Eliot and Eileen Chang", University of Illinois, 1987.

Tong, Luding. "Writing and Transformation: In Search of Female Subjectivity in Modern Chinese Women's Fiction", Washingtong University, 2000.

Tsai, Hsiu-Chuang. "Domestic Space in Virginia Woolf and Eileen Chang", University of Wisconsin-Madison, 1999.

Wu, MeiLing. "The Alter-Native: Other, Native and/or Alternative Literary and Cultural Representations of Pearl S. Buck, Eileen Chang and Amy Tan", State University of New York, 2000.

Xiao, Jiwei, "Memeory and Woman in Modern Chinese Literature-Shen Congwen, Zhang Ailing, and Wang Anyi", The State University of New Jersey, 2004.

Yin, Cong. "The Literary Reputations of Eileen Chang and Vladimir Nabokov", Purdue University, 2011.

Zou, Lin. "The Emotive Self in Change and Exchange-Early 20$^{th}$ Century Chinese Writers' Response to Classical Chinese Aesthetics", University of California, 2003.

Zhu, Mei. "Our World, The Waste Land: American and Chinese Modernist Fiction in the Early Twentieth Century", Purdue University, 2006.

Zhang, Yingjin. "Configurations of the City in Modern Chinese Literature and Film", Stanford University, 1992.

（二）张爱玲研究硕士论文

Enstace, Emma May. "Lament Everlasting: Wang Anyi's Discourse on the 'Ill-Fated Beauty', Repbulican Popular Culture, the Shanghai Xiaojie, and Zhang Ailing", University of Victoria, 2004.

Le, Nga. "Women in Zhang Ailing's Short Stories: An Insight into Her Vision of Life and Place in Chinese Literature", University of British Columbia, 1989.

Mac, Gladys. "Zhang AIling's Noveletie: *Xiao' Ai*", University of Southern California, 2010.

Schneider, Nancy. "The Song of Everlasting Sorrow: Wang Anyi's Tale of Shanghai", University of Kansas, 2011

Tseng, Sally. "An Analysis of Eileen Chang's The Rice-Sprout Song: Irony", University of Toronto, 1992.

Wang, Yuan. "Transgressing Boundaries: Hybridity in Zhang Ailing's Writing and Its Multidimensional Interpretations in Contemporary China", McGill University, 2006.

Zhang, Han. "Shanghai: Mundane Flowers An Analysis of Shanghai Courtesan Novels at the Turn of the 20$^{th}$ Century", University of Colorado, 2009.

Zhu, Ting. "Examing the Representation of Modern Women in 20$^{th}$ Century Modern Chinese Fiction: the Search for Self in Comparison of Works by

Women Authors Ding Ling and Eileen Chang", University of Southern California, 2009.

(三) 其他英文论著

Abrams, M. H. *A Glossary of Literary Terms*, Orlando: Holt Rinehart and Winston Inc. , 1985.

Agger, Ben. *Cultural Studies as Critical Theory*. London Washington, DC: The Falmer Press, 1992.

Appadurai, Arjun. *Modernity at Large: Cultural Dimensions of Globalization*, Minnesota: University of Minnesota Press, 1996.

Ashcroft, Bill and Griffiths, Gareth and Tiffin, Helen: *Key Concepts in Post-Colonial Studie*s, New York: Routledge, 1999.

Ashcroft, Bill. *Key Concepts in Post-Colonial Studies*, New York: Routledge, 1999.

Bachelard, Gaston. *The Poetics of Space*, trans. Maria Jolas, Boston: Beacon Press, 1969.

Benjamin, Walter. "The Task of the Translator", *Illumination*s, trans. Harry Zohn, New York: Schocken Books, 1968.

Bhabha, Homi. *The Location of Culture*, New York: Routledge, 1999.

Bloom, Harold. *The Anxiety of Influence: A Theory of Poetry*, London: Oxford University Press, 1973.

Braidotti, Rosi. *Nomadic Subjects: Embodiment and Sexual Difference in Contemporary Feminist Theory*, New York: Columbia University Press, 1994.

Brooks, Peter. *The Melodramatic Imagination: Balzac, Henry James, Melodrama, and the Mode of Excess*, vol. London & New Haven: Yale University Press, 1976.

Butler, Judith. *Gender Trouble*, New York, Routledge, 1990.

Butler, Judith. *Bodies that Matter: On the Discursive Limits of "Sex"*, New York: Routledge, 1993.

Butler, Judith. *Antigone's Claim: Kinship between Life and Death*, New York: Columbia University Press, 2001.

Cavell, Stanley. "Knowing and Acknowledging", *Must We Mean What We Say?* Cambridge: Harvard University Press, 1976.

Chang, Eileen. *The Rice-Sprout Song*, Berkeley, Los Angeles, London: University of California Press, 1998.

Chang, Eileen. *The Rouge of the North*, Berkeley, Los Angeles, London: University of California Press, 1998.

Chang, Eileen. ed. by Eva Hung, *Traces of Love and Other Stories*, Hong Kong: The Chinese University of Hong Kong, 2000.

Chang, Eileen. trans. by Andrew F. Jones, *Written on Water*, New York: Columbia University Press, 2005.

Chang, Eileen. trans. by Karen S. Kingsbury and Chang, Eileen, *Love in a Fallen City*, New York: The New York Review of Books, 2007.

Chartier, Roger. *Cultral History: Between Practices and Representations*, Trans. Lydia G. Cochrane, Cambridge, England: Polity Press, 1988.

Chang, Yvonne. *Modernism and the Nativist Resistance: Contemporary Chinese Fiction from Taiwan*, Durham and London: Duke University Press, 1993.

Chaves, Jonathan. *Theories of the Arts in China*, Princeton: Princeton University Press, 1983.

Chow, Rey. *Woman and Chinese Modernity: The Politics of Reading Between West and East*, Minneapolis: University of Minnesota Press, 1991.

Chow, Tse-Tsung. *The May Fourth Movement: Intellectual Revolution in Modern China*, Cambridge: Harvard University Press, 1960.

Conn, Peter. *Pearl S. Buck: A Cultural Biography*, New York: Cambridge University Press, 1996.

Daly, Mary. *Gyn/Ecology: The Metaethics of Radical Feminism*, Boston: Beacon Press, 1978.

Deleuze, Gilles and Guatari, Felix. *A Thousand Plateaus: Capitalism and Schizophrenia*, 1980, trans. Brian Massumi, Minnesota: The University of Minnesota Press, 2000.

Denton, Kirt A., ed. *Modern Chinese Literary Thought: Writings on Literature 1893-1945*, Stanford: Stanford University Press, 1996.

Duke, Michael S. trans. *Raise the Red Lantern: Three Novellas*, New York: William Morrow and Company, 1993.

Duke, Michael S. *Blooming and Contending: Chinese Literature in the Post-*

*Mao Era*, Bloomington: Indiana University Press, 1985.

Douglas, Mary and Isherwood, Baron *The World of Goods*, New York: Basic Books, 1979.

Ellmann, Richard and Feidelson, Charles ed. *The Modern Tradition: Backgrounds of Modern Literature*, New York: Oxford University Press, 1965.

Frank, Joseph. *The Idea of Spatial Form*, New Brunswick: Rutgers University Press, 1991.

Friedman, Edward & Pickowicz, Paul G. *Chinese Village, Socialist State*, New Haven: Yale University Press, 1991.

Frueh, Joanna. *Erotic Faculties*, Berkeley, Los Angles and London: University of California Press, 1996.

Goldman, Merle. *Literary Dissent in Communist China*, Cambridge: Harvard University Press, 1967.

Goldman, Merle ed. *Modern Chinese Literature in the May Fourth Era*, Cambridge: Harvard University Press, 1977.

Gunn, Edward, *Unwelcome Muse: Chinese Literature in Shanghai and Peking 1937-1945*, New York: Columbia University Press, 1980.

Gunn, Edward. *Rewriting Chinese: Style and Innovation in Twentieh-Century Chinese Prose*, Stanford: Stanford University Press, 1991.

Haffenden, John. *Novelists in Interview*, London and New York: Methuen, 1985.

Han, Bangqing, first trans. by Chang, Eileen, *The Sing-song Girls of Shanghai*, revised and edited by Eva Hung, New York: Columbia University Press, 2005.

Hanan, Patrick. *The Chinese Vernacular Story*, Harvard: Harvard University Press, 1981.

Hardt, Michael. and Negri, Antonio. *Empire*, London & Cambridge: Harvard University Press, 2000.

Harvey, David. *The Condition of Postmodernity*, Cambridge & Oxford, Blackwell, 1994.

Hawthorn, Jeremy. *A Concise Glossary of Contemporary Literary Theory*, London: Edward Arnold, 1994.

Hsia, C. T. *A History of Modern Chinese Fiction*, New Haven and London: Yale University Press, 1971.

Hsia, C. T., *The Classical Chinese Novel: A Critical Introduction*, Bloomington: Indian University Press, 1968.

Hutcheon, Linda. ed. *The Politics of Postmodernism*, 2nd Edition, London and New York: Routledge, 2000.

Hooks, Bell. *Yearning: Race, Gender and Cultural Politics*, London: Turnaround, 1991.

Irigaray, Luce. *The Irigaray Reader*, ed. Margaret Whitford, Oxford: Basil Blackwell Ltd. 1991.

Jacqueline, Rose. *The Haunting of Sylvia Plath*, Convergences: Inventories of the Present. Ed. Edward W. Said, Cambridge, MA. Harvard University Press, 1991.

Jameson, Fredric. "Third World Literature in the Era of Multinational Capitalism", *New Political Science*, 15, 1986.

Lauretis, Terea de. *Alice Doesn't: Feminism, Semiotics, Cinema*, Bloomington: Indianna University Press, 1989.

Lee, Leo Ou-fan. *The Romantic Generation of Modern Chinese Writers*, Cambridge Massachusetts: Harvard University Press, 1973.

Li, Wai-yee. *Enchantment and Disenchantment: Love and Illusion in Chinese Literature*, Princeton: Princeton University Press, 1993.

Lin, Yu-sheng. *The Crises of Chinese Consciousness*, Wisconsin: University of Wisconsin Press, 1979.

Link, Perry. *Mandarin Ducks and Butterflies: Popular Fiction in Early Twentieth-Century Chinese Cities*, Berkeley & Los Angeles: University of California Press, 1981.

Loomba, Ania. *Colonialism/Postcolonialism*, New York: Routledge, 1998.

Lucy, Niall. *Postmodern Literary Theory: An Anthology.* Blackwell. 2000.

Massumi, Brian. *Parables for the Virtual: Movement, Affect, Sensaton*, Durham: Duke University Press, 2002.

McCracken, Grant. *Culture and Consumption*, Indianapolis: Indiana University Press, 1988.

McDougall, Bonnie S. and Kan, Louie. *The Literature of China in the Twentieth Century*, New York: Columbia University Press, 1997.

Miller, Daniel. *Material Culture and Mass Consumption*, Oxford: Oxford Basil Blackwell, 1987.

Moi, Toril. *Sexual/Textual Politics: Feminist Literary Theory*, London and New York: Routledge, 1993.

Nabokov, Vladimir. *Strong Opinions*, New York: Mcgrawhill, 1973.

Punter, David. *Gothic Pathologies: The Text, the Body and the Law*, New York: St. Martin's Press, Macmillan Press, 1998.

Said, Edward. *Orientalism*, New York: Random House, 1978.

Spivak, Gayatri Chakravorty. "The Politics of Translation", From *Outside in the Teaching Machine*, New York & London, Routledge, 1993.

Spivak, Gayatri Chakravorty. "Can the Subaltern Speak?" in *Marxism and the Interpretation of Culture*, ed. C. Nelson and L. Grossbet, Basingstoke: Macmillan Education, 1988.

Weldon, Fay. "The Changing Face of Fiction", *Fay Weldon's Wicked Fictions*, ed. Regina Barreca, Hanover and London: University Press of New England, 1994.

Weldon, Fay. *Praxis*, New York: Penguin, 1990.